"十二五"职业教育国家规划教材
经全国职业教育教材审定委员会审定

高等职业教育财经类规划教材·教学改革示范系列

营销策划创意训练教程
（第2版）

黄 尧 主 编

唐可可 侯 勇 副主编

吴代文 参 编

电子工业出版社

Publishing House of Electronics Industry

北京·BEIJING

内 容 简 介

本书是国家精品课程、国家精品资源共享课程"策划创意"的配套教材，突出体现"做中学一体化"和"生态教学法"、"过程训练法"等现代高职教育理念在市场营销专业的运用。本书分为策划理论、创意理论和综合实训三部分，共 11 个项目，其中，项目 1、2 为基本概念和工作流程介绍，项目 3 为创意思维训练，项目 4～11 为营销策划创意分类综合实训。主要内容包括：导论，策划创意工作过程，创意思维训练，广告策划创意实训，非投资性产品营销策划创意实训，投资性产品营销策划创意实训，促销策划创意实训，品牌策划创意实训，公关策划创意实训，整合营销策划创意实训，创业策划创意实训。另外，各项目还设置了案例导入、做中学实训项目、丰富的阅读资料及案例思考、分析提示、课堂练习、知识练习等环节，方便教学和自学。

本书可供高职高专及成人高等院校市场营销专业、工商管理专业及相关专业教学使用，还可供市场营销机构和企业从业人员培训与自学使用。

图书在版编目（CIP）数据

营销策划创意训练教程 / 黄尧主编. —2版. —北京：电子工业出版社，2015.8
高等职业教育财经类规划教材. 教学改革示范系列

ISBN 978-7-121-26709-3

Ⅰ.①营… Ⅱ.①黄… Ⅲ.①营销策划－高等职业教育－教材 Ⅳ.①F713.50

中国版本图书馆CIP数据核字（2015）第164468号

策划编辑：贾瑞敏
责任编辑：胡辛征
特约编辑：赵树刚　赵海军
印　　刷：北京虎彩文化传播有限公司
装　　订：北京虎彩文化传播有限公司
出版发行：电子工业出版社
　　　　　北京市海淀区万寿路173信箱　　邮编：100036
开　　本：787×1092　　1/16　　印张：18　字数：460.8千字
版　　次：2012年3月第1版
　　　　　2015年8月第2版
印　　次：2021年1月第13次印刷
定　　价：38.00元

本教材特色及使用说明

早在 2007 年，作者在市场营销类毕业生就业调查中，就发现"知其然，不知其所以然"的毕业生居多，这大大影响了他们职业生涯的发展。因此，南宁职业技术学院营销与策划专业首创"策划创意"课程，以解决高职学生从理论到实践的职业能力问题，取得了良好的效果。然而，时至今日，我们发现在国内仍有许多高校的毕业生存在这种问题，为此我们出版本教材供各高校参考、使用和交流，共同探讨如何培养有职业生涯发展能力的市场营销类专业高职毕业生。

市场营销是一项理论看似简单、实操却非常复杂的综合职业能力。大学生虽然系统学习了《市场营销学》理论，但在实际工作中会发现知识概念的记忆几乎没有用武之地，只能按照师傅的指令去执行任务，自己却无法提出建议和意见，也很难写出完整可行的营销方案。究其原因，是因为德国著名教育学家维柯所说的"人们只能理解自己亲自建构的一切"，学生如果没有机会在双师型教师的指导下，在实践中体会如何运用理论知识思考、分析和创新，到了工作岗位要么只会纸上谈兵，要么只能机械地行动，绝大部分营销专业毕业生无法真正从事营销工作而仅仅充当推销员的角色，未能体现高职人才"高级应用技能型"这一人才目标。《营销策划创意训练教程》就是让学生们亲自建构自己的一切，让他们在做中学，让他们知其然并知其所以然。

1. 教材编写目标的特色

虽然一些新编的高职高专学生专用教材已经脱离了本科教材的理论化蓝本，形式上大体接近高职教材的要求，增加了"实训"的内容，减少了部分理论内容，但距离真正有助于学生掌握职业能力的要求还存在着很大差距，不少教材除了在第 1 章添加了部分有关策划理论的内容外，其余内容都是《市场营销学》的翻版，学生看到教材的第一反应就是"又学一次营销学"，教师面对这样一本教材也深感无从教起。

本教材以营销策划职业能力培养作为教学的目标，学生们既要消化"适度、够用"的理论知识，又要养成"能说、会做"的行为能力；既要理解营销任务的理论含义，又要掌握完成任务的工作过程；既能提出创新、创意的构思，又深谙商务礼仪的沟通；既有远大的职业目标，又有脚踏实地的职业素养。

2. 教材结构的特色

不少教材在结构上一味追求内容体系的完整性，结果，一是与相关课程之间内容重复过多，如与《市场营销学》之间至少有 60% 以上的内容雷同，没有实质性的差别，使得学生认为只要了解市场营销就等于学会了策划，以至降低对课程的重视；二是教材内容仍然按照知识体系来安排，实践内容和技能性内容的安排显得很突兀，造成教师难教、学生难学的局面。比如产品策划章节的内容，前面介绍知识、概念和案例，后面布置实训题目作为本章结束。但细想可知，此时已经完成本章学习，下一章开始后学生是否还能够开展上一章的实训作业？

本教材的结构采用"翻转课堂"的思路来设计，其独特的指导原则是："重复的是过程不是内容。"从全书的结构来看分为策划理论、创意理论和分类实训三大部分，但细看会发现，每个项目的开头都会布置一个"做中学"实训的项目要求，老师在使用这个项目实训时应做到：从市场中选取项目；用理论解答实训问题；必须按流程完成实训；创意训练和知识学习与实训并行；每一次实训都是营销策划工作的全过程；每个实训项目结束，老师都必须点评。

3. 教材使用的特色

由于教材结构设计是体现"做中学"，将实训与理论糅合到一起，让实训项目始终贯穿知识体系的讲解，就像一个人要学习游泳始终在游泳池里一样，所以我们也称之为"游泳训练法"，这对于营销策划来说是非常有效的方法。

这样的结构对传统的教学体系是一种颠覆，很多老师一开始会很不适应，不过没有关系，很快就会适应的，因为学生在"游泳"的过程中，他们对自我行为能力的应激反应会促使他们非常好学，并且独立行动能力越来越强，老师反而变得越来越轻松。看着学生们迅速成长，老师的心里一定充满了愉悦。

我们在每个项目后半部分安排了几种典型的策划创意技巧，这些是能够达到举一反三效果的重要技巧，老师可以有意识地强调这部分内容的重要性，并且要求同学们自学每个项目后的练习，让同学们得到许多启发。

同时，我们还在每个项目中安排了"实训内容与实施、自检要求"，这部分内容是要求学生们在实训中对照实施和自检的，老师们只需要在其中一个项目中作示范讲解。之所以每个项目都列出来，除了不同类型的营销策划有内容上的不同外，还强调了学生们要反复不断地熟悉工作过程及其重要的环节，这样的学生毕业后到工作岗位，熟悉流程、融会贯通、能抓重点、能提创意，深受企业欢迎。

在实际策划工作中，每一个策划方案都被企业称为一个项目，由参与策划的工作人员共同完成。对照企业工作程序，建议老师在教学中不断强调"项目"、"真实"、"生态"、"过程"的要求，仿照企业的工作方法，对学生实训作业的评分和验收采用"项目提案"和"项目评标"的方法，让学生不断训练真正的工作方法和商业素质。

黄 尧

南宁职业技术学院

2015 年 6 月　中国·南宁

再版前言

策划行业是中国市场经济独有的特色行业。20 多年来，中国企业、社会公众逐渐认可并推动了策划行业的蓬勃发展，现在几乎每个企业都会有策划部门或策划岗位，策划岗位也已经成为炙手可热的就业岗位。2014—2015 年连续两年，南宁职业技术学院营销与策划专业单独招生计划虽然仅几十人，当年网上报名人数高达 3000 多人，当年现场考试人数达到 1300 多人，超过许多高校全校的单招报考人数，高居国内高校市场营销类专业单独招生报考人数的首位。

策划已经从最初的出点子、出构思、出概念发展到能够为了策划目标开展系统、全面的分析和设计。创意是策划的核心，又是最难以表述其概念、训练其能力的策划职业技能，但是，没有创意就没有策划，成功的策划师都有这么一个体会："没有创意不如去死。"2005 年，国家首批 28 所示范院校之一的南宁职业技术学院营销与策划专业在全国首创策划创意课程，至今已有 10 年的历史。期间，这门课程先后获得了国家精品课程、国家精品资源共享课程的"双国精"称号，培养出大批深受欢迎的策划人才。2007 年，该专业首届毕业的廖冠衡同学成功创业，现已成为广西房地产策划行业新锐领军人物，他从 2014 年起每年拿出 8 万元现金回报母校资助贫困学生，成为全国高职院校就业创业的典型。

策划创意课程从无到有、从有到精，说明在课程标准、资源配套、实训体系和师资素质等方面已经逐渐成熟并得到国家的认可，影响力不断提升，越来越多的高校开设策划创意课程，呈现出勃勃生机。本教材是策划创意课程的配套教材，教材结构专门为"教学做一体化"理念而设计，以"项目"、"实训"、"过程"、"生态"为关键词设计学习内容，按照工作过程重构职业能力的知识和技能体系，将市场环境、策划情境的真实生态引入学生实训项目，展现了国家精品课程"生态教学法"和"游泳训练法"教学的关键构思，取得了很好的教学效果。

本教材第 1 版自 2011 年出版以来，承蒙全国各高校市场营销教师与学生们的厚爱，《营销策划创意》引起强烈反响。本次修订本着"适度、够用、适时"的原则，在保持"教学做一体化"特色不变的前提下，努力在资源时效性、教材生动性方面进行更新和充实，并将教材名称修订为《营销策划创意训练教程》，修订的主要内容有：

第一，对第 1 版中有关排版、编辑、内容等方面存在的纰漏和差错进行订正。通过修订，力求做到资料鲜活、概念准确、表述正确、数字精确。

第二，对有关章节的导入案例的资料和案例思考、分析提示进行更新。通过更新，力求达到资料尽量贴近当前、导入更加精准、思考和提示更适合高职学生。

第三，对有关章节的教材内容和条目顺序进行调整、充实、更改甚至重写。通过修改，力求强调实战、强调技能、强化过程。

第四，在各项目中增加了"典型策划的技巧"部分，还增加了"知识练习"和"实务训练"。通过内容的增加，力求做到给学生更具体的实训指导，追踪行业前沿、职业前线、业务前瞻。

第五，对各项目的实训部分进行了更新和调整，将实训部分命名为"做中学"实训，既体现实训部分的要求，也体现教材的理念。为此，还特将实训部分调整到各项目的开头。通过调整，力求做到在实践中学、在过程中学、在项目中学、在市场中学。

第六，对教材配套的多媒体教学课件、影音图像资料、电子资料进行补充。通过补充，力求做到便于理解、便于自学、便于教学。

作为策划职业核心技能培养的课程，《营销策划创意训练教程》是市场营销学习领域的专业核心课程，也是国际贸易、商务管理、连锁经营和工商管理等学习领域应该开设的必修课程。本书由南宁职业技术学院营销与策划专业带头人、财经学院院长黄尧教授担任主编，该专业的负责人唐可可高级经济师和湖南信息职业技术学院的侯勇担任副主编，湖南工业职业技术学院吴代文参编。

在本书第2版的修订编写过程中，我们参阅了国内多位专家、学者的论文、著作或译著，也参考了同行的相关教材和网络案例资料，在此对他们表示崇高的敬意和衷心的感谢！但由于作者的水平有限，加上时间仓促，书中错漏和不妥之处在所难免，恳请专家、同行和读者批评指正。如果各位读者有对本书内容改进的建议，可直接发邮件至 ken5646@163.com 和 185534244@QQ.com。

黄 尧

南宁职业技术学院

2015 年 6 月 中国•南宁

目录

Contents

项目 **1**

导论

学习目标

1. 知识目标

通过本章学习，掌握营销策划创意的基本概念，体会创意如何在市场营销活动中发挥作用，理解"无创意不策划"的含义，掌握策划创意的重要特征和基本要素，融会贯通创意的三要素、三作用、三理论、三法则、三原理、三思维等。

2. 能力目标

学会建立公司的组织和文化，学会通过团队合作完成策划创意项目并参与提案竞争，运用灵感创意、修正创意的方法做出有价值的创意。

学习导航

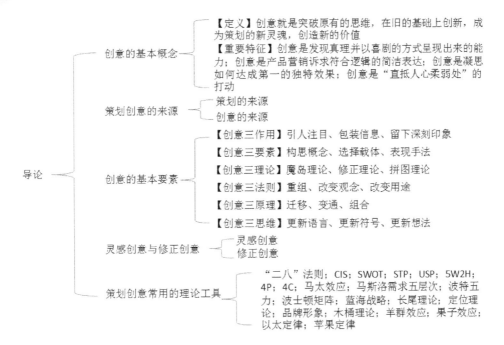

案例导入

大排档的四脚凳

下面是一个真实的案例，同学们可以在自己的类似消费体验中观察、思考。

某天，我们去大排档用餐，坐的凳子看上去还是原来那种四条腿的无靠背凳，但是，坐上去屈腿蹬着凳子横杠很舒服。原来，凳子腿之间的加固横梁比之前低了许多，恰是地方，使我们之前弯腰弓背的难受坐姿马上变得既舒适又优雅，如同肯德基店内的高脚凳。参见图 1.1。

之前的凳子

现在的凳子

肯德基的凳子

图1.1　大排档的四角凳

从图 1.1 中可见，前两种凳子的成本没有任何改变，但结构改变后立即变得因人性化而有创意。这正是对产品资源重新整合后，按照满足消费者需求的目标进行策划创意获得的最佳结果。这样的结果令我们这些消费者喜出望外，进而共鸣、感动并纷纷表示下次还要来这里消费。

连我们内心都说不清楚的对舒适的需求，居然被这家大排档老板主动研究出来了，在没有增加一分钱成本的情况下实现了策划的目标：把需求令人惊喜地呈现出来！对于消费者来说，这样的会心一笑不就是一场喜剧的效果吗？

每一个企业家、老板在追求销售业绩提升、市场占比增加的时候，总会以效益最大化为终极目标，希望新增市场投入的成本很少甚至没有增加而销售量大幅增加。体会一下这家大排档的老板是怎么做到的吧！

果然，之后，我们经常去那里消费，发现他们的顾客越来越多，生意越来越好。

案例思考：为什么原先要把四脚凳的加固梁设计得那么高？

分析提示：

原先的凳子之所以把加固梁设计得那么高，当然也有老板自身需求的考虑：可以摞起来存放，占用地方更少。但是，这却牺牲了消费者的舒适性需求。在消费者看来，这是大排档老板站在自己的角度考虑问题，忽视了他们的需求，他们甚至会怀疑这家大排档提供的产品是否能为他们着想。

可见，创意的点子来源于如何满足客户的需求，能够满足客户需求且带来更多收益的创意才是营销策划中最需要的创意。若只考虑自身的需求，这样的创意对生意反而是有伤害的。

做中学

所在学校的招生宣传策划创意

现在的社会发展变化非常快，信息大爆炸，因此"酒香也怕巷子深"，同学们所在的学校也需要针对同类学校之间进行竞争宣传。

活动目的：通过从同学们自身最熟悉的环境出发，以所在学校招生宣传为项目任务，较容易体会机构、企业对策划创意的迫切需求，理解创意在营销策划中的作用，掌握创意的工作流程。

活动内容：按照学校招生工作的时间安排和工作流程，任课老师主动联系本校招生主管部门，取得他们的认可和支持，共同拟订具体的任务要求，形成真实的项目实训作业。学生团队要通过真实的需求分析、对手分析等市场调查，形成学校招生宣传的市场定位、USP等结论，完成宣传主题口号、主旨文字、广告形象、广告作品等的拟订和设计，形成媒体策略、投放策略、宣传策略等创意，完成投入产出分析和效果预测。

活动要求：全班同学分成若干学生团队（按"模拟公司"组队，并在本教材今后的教学中一直保持团队的稳定），根据任务要求进行分工安排，运用本章介绍的概念知识、理论工具和方法手段，开展市场调查分析和头脑风暴创意，撰写文案和设计广告作品，制订切实可行的实施计划。要求学生团队在提案演讲时统一穿着商务正装。

活动步骤：学生团队首先应召开分工安排会议，根据提案时间安排好市场调查、头脑风暴、创意完稿、方案撰写制作等工作。

成果评价：任课教师要求学生团队三周时间后提交创意方案，同时进行PPT提案演讲与答辩。提案现场邀请本校招生部门负责人与老师共同担任评委，按照写作能力、创意能力和沟通能力三个方面（重点是创意的创新性、逻辑性、可行性）进行提问和评分。

参见表1.1，今后"做中学"活动的作业均可使用该表。

表1.1　"做中学"活动评分表

提案项目：　　　　　　　评委姓名：　　　　　　　时间：　年　月　日

内容　分　序号	写作能力		创意能力			沟通能力		加减分	总分
	文案	PPT	创新性	逻辑性	可行性	演讲及礼仪	答辩	(+/−10)	100
	10	10	20	20	20	10	10		

实训提示：项目实训获得好成绩的关键取决于三个词：逻辑性、创新性和可行性，其核心是创新性。创新必须建立在策划人对社会、行业经验的认知和积累基础之上，因此，试图仅仅通过课堂上的学习就能达到创新的目标是不可能的，同学们要充分利用互联网和社会实践进行学习，主动观察、分析各类策划创意作品。

同类作品欣赏

参考资料：某院校招生计划书的作品。

1.1 策划创意的概念

1.1.1 策划的含义

基于对策划作用和效果的理解，可以将其定义为：策划是将真理以喜剧的方式呈现。

真理是事物的本质和发展规律，在市场营销中就是市场的真实需求和发展规律，需要我们通过市场调查分析获得。由于消费者往往会固执地按照自己的心理和行为规律去消费，如果没有出乎意料的喜剧方式，没有令人惊喜的呈现，目标消费者不会被打动，策划就没有好的效果。

从另一个角度来说，真理是分析后的发现，是调查后的真知灼见；喜剧的方式就是抖包袱，应该以常理的思维逻辑为基础，在一波三折后步步推高，逐步推向悬念的顶端，最后瞬间点爆包袱，引起撼动人心的共鸣；呈现是运用符号表达真理的能力，可以是文字、字母、图形、色彩、视频、音效……关键是让人喜欢看、看得懂、记得住。

此外，在众多经典教科书和学术专著中，还对策划做过很多描述，如下所述：

- 策划是针对事物未来发展及其发展结果所做的决策，预先决定该做什么、何时做、如何做、谁来做、在哪里做（5W）。
- 策划通过精心安排的宣传和手段，对事件的发生、发展进行操作。
- 策划是有效地组织各种策略方法来实现战略的一种系统工程。
- 策划是一种从无到有的精神活动。
- 策划是一种程序，在本质上是一种运用脑力的理性行为。
- 策划与其说是一种设计、一种安排、一种选择，或是一种决定，不如说是一张改变现状的规划蓝图。
- 策划是用你有的，去寻找你没有的。
- 无论是在做什么样的策划，在此过程中，相信你会因为不断地发现，不断地受到资料的启发，找到很多灵机闪现的方法，而感到策划工作是如此的快乐。
- 一个好的策划，文字流畅、脉络分明、表达清晰，能顾及这个策划中应该涉及的方方面面。
- 一个好的策划能让人读起来就有赶快去实现它的冲动。
- 一个好的策划能读出成功就在眼前。

1.1.2 创意的含义

创意字面解读：

创——繁体字为"創"，字的结构是用刀、斧去开启，意思是要用锋利、尖锐的形式才能去开创。如果不是第一个想出来的，是抄来的，就不是"创"；如果是借鉴别人的方法、思路，但是形成了明显区别于原来的和其他的新方法、新思路，也是"创"。耐克的广告词是 just do it，中文是"想做就做"；阿迪达斯的广告词是 nothing is impossible，中文是"没有什么不可能"；李宁的广告词是"一切皆有可能"，英文是 anything is possible。耐克和阿迪的广告词在前，李宁的广告词在后，创新性不足。

意——心里构思的、想好要表达的意图、主意、意念、想法、思维。

创意的定义：创意就是突破原有的思维，在旧的基础上创新，成为策划的新灵魂，创造新的价值。对市场营销来说，创意是独一无二的策划，创意是首创的独特构思。

1.1.3 创意的重要特征

1. 创意是发现真理并以喜剧的方式呈现出来的能力

创意是策划的核心，是找出事物的本质和规律，然后以喜剧的方式呈现出来。反差越大，喜剧效果越强烈，越容易赢得喝彩和记忆，越被受众认可和赞同其效果。

我们会经常看到谐音广告语，因其喜剧效果让大家忍俊不禁后记住了宣传的品牌。比较知名的是恒源祥的广告，"恒源祥，发羊财"。从1993年10月到年底，恒源祥在中央电视台19点新闻联播之后的广告时段"反复轰炸"。采用5秒一个广告、3个连播的方式，更增添了创意效果。这句广告词是灵机一动得来的，原来的广告词是"恒源祥，绒线羊毛衫羊发财"，但广告带送上去后没有被通过，说词不好，羊是动物怎么会发财？于是他们灵机一动，干脆将这一句改成了通俗易懂的"发羊财"。恒源祥就是因为富有喜剧性地反复重复这个内容极其简单的广告而成为妇孺皆知的品牌。

还有一些谐音广告的例子也比较有喜剧性创意。例如，英特尔的"给电脑一颗奔腾的芯"；红桃K的"补血，我就服红桃K"；桂龙咳喘宁的"咳不容缓，请用桂龙"。多年前，还有过一个有意思的广告词，那时联想为惠普的打印机做代理，四处广而告之："买惠普找联想，想都不用想。"几年后，联想收购IBM的PC部门，惠普意识到联想是自己养大的对手，反过来做了广告："惠普，连想都别想。"既有喜剧效果，又富有深意。

不过，很多策划人因此而迷恋谐音的"语言游戏"就不好了。由于过分迷恋叠音、谐音广告语的效果，同时在创意与策划的关系上产生了模糊的认识，一些谐音广告语与产品定位、目标受众心理、品牌策略相冲突，最终因创意与策划的脱节而不能为策划带来好的效果。这种情况往往发生在策划人遭遇创意瓶颈后想采取走捷径和投机取巧的方法。上面提到过的恒源祥广告，后来按照十二生肖系列在新年广告上改为"恒源祥，羊羊羊"、"恒源祥，牛牛牛"、"恒源祥，猪猪猪"，引起了受众的争议甚至是反感。

每次广告应该是对品牌形象的长期投资，应该是正面价值的不断积累增值，负面的争议会造成品牌形象的模糊和减退。有一些策划人为店名取非常另类的谐音词，如"非发走丝"、"高级发院"等，就走火入魔，甚至违法了。因此，喜剧效果的创意不可走向极端，不能乱想，要有守法意识。

2. 创意是产品营销诉求符合逻辑的简洁表达

广告处于整个策划活动的末端，担负与消费者沟通的职能，而营销策划需要更多关注如何满足需求，即策划的创意。广告创意一直很受关注，容易引起轰动，是因为消费者直面企业的一般就是广告，企业也因此直接承受消费者对广告的看法。

因此，广告不能只是形式的创意，无论采用多么高超的艺术手法和工具技巧，停留在形式上的创意是没有用的，必须使广告内容的创意能简洁传递产品的营销诉求，使消费者能不费力地理解。

某乳酸饮料制作了这么一段视频广告。一位年轻女孩早上起床，突然高喊一声"哇"，以焦急而失望的眼神照着镜子，原来脸上长了个青春痘。旁白："有什么了不起，是酸也是甜。"于是，姑娘就在痘痘周围装点几颗彩色的饰品，非常满意地照照镜子，喝着某品牌的乳酸饮料高高兴兴地上学去了……这个创意是想把年轻女孩成长的甜蜜和青春的烦恼类比乳酸的酸甜，可是长痘的酸和饰品的甜与乳酸饮料在这里没有必然联系，观众的思维里没有时间去想青春痘与乳酸饮料的逻辑关系，因此看不明白到底广告是在表达青春痘的有趣，还是想表达乳酸饮料可以治疗青春痘。很快，厂家因为其广告效果不好迅速换上了其他广告。倒是后来蒙牛通过张含韵、王心凌代言酸酸乳"酸酸甜甜就是我"表达简洁的逻辑关系获得成功，产品的广告目的和目标群定位显得清清楚楚。

营销定位理论创始人特劳特说过：我们不要试图改变消费者脑子里固有的思维模式，那是件徒劳无功的事情。他告诫人们：营销一定要围绕消费者简单的思维逻辑来做，而不是把复杂的、牵强的东西强加给消费者。

3. 创意是凝思如何达成第一的独特效果

在策划创意的过程中，要经常做的功课就是寻找差异化特征，而且不要多，就要最有力量、最震撼、最能打动人心的那一个，瑞夫斯称之为独特销售主张（Unique Selling Proposition，USP），并运用到 M&M 巧克力豆的营销策划中获得成功。"只溶在口，不溶在手"，看似一句简简单单的直白广告，其实提炼了企业 80 多年前用 50 万美元研制的独特糖衣配方，并一举命中消费者吃巧克力时尴尬的状况，激发出强烈的需求。

研究 M&M 广告，会发现创意的效果不仅是因为跟对手进行差异化比较，而且是在目标消费者的心智中第一次出现，能达到最有力量、最震撼、最能打动人心。

案例资料

"哪里有男人，哪里就有万宝路"

万宝路是个蜚声国际的世界品牌，它的品牌形象和广告创意不靠哗众取宠的广告词，不靠新奇特异的创意画面，而靠一以贯之的西部牛仔大气场面和音乐，几十年来总是能够打动人心，令人印象深刻，难以忘记。它的广告词只是简单的一句"进入品味境地，进入万宝路的世界（Come to where the flavor is，Come to Marlboro Country）"（参见图 1.2）。它的魅力，也是因为它是烟草中美国西部形象的第一个。此后出现的第二个和最后一个已经没有什么区别，再出现西部牛仔都不会被大众记住了，西部牛仔的记忆符号只有"万宝路"！

20 世纪 20 年代的美国，被称为"迷惘的时代"，无论男女，他们嘴上都会异常悠闲雅致地衔着一支香烟。于是"万宝路"出世了。"万宝路"这个名字也是针对当时的社会风气而定的。MARLBORO 其实是 Man

图1.2　万宝路的广告创意

Always Remember Lovely Because Of Romantic Only 的缩写，意为"男人们总是忘不了女人的爱"。其广告口号是"像五月的天气一样温和"，用意在于争当女性烟民的"红颜知己"。

但是，"万宝路"从 1924 年问世，一直至 20 世纪 50 年代，始终默默无闻，因为广告定位虽然突出了自己的品牌个性，也提出了对某一类消费者（这里是妇女）特殊的偏爱，但却为其未来的发展设置了障碍，导致它的消费者范围难以扩大。

抱着心存不甘的心理，菲利普•莫里斯公司开始考虑重塑形象。公司派专人请李奥•贝纳为"万宝路"做广告策划，以期打出"万宝路"的名气和销路。"让我们忘掉那个脂粉香艳的女子香烟，重新创造一个富有男子汉气概的举世闻名的'万宝路'香烟！"李奥•贝纳对一筹莫展的求援者说。一个崭新大胆的改造"万宝路"香烟形象的计划产生了。产品品质不变，包装采用当时首创的平开式盒盖技术，并将名称的标准字（MARLBORO）尖角化，使之更富有男性的刚强，并以红色作为外盒主要色彩。

广告的重大变化是："'万宝路'的广告不再以妇女为主要对象，而是硬铮铮的男子汉"。在广告中强调"万宝路"的男子气概，以吸引所有爱好追求这种气概的顾客。菲利普公司开始用马车夫、潜水员、农夫等做具有男子汉气概的广告男主角，但这个理想中的男子汉最后还是集中到了美国牛仔这个形象上：一个目光深沉、皮肤粗糙、浑身散发着粗犷、豪气的英雄男子汉，在广告中袖管高高卷起，露出多毛的手臂，手指总是夹着一支冉冉冒烟的"万宝路"香烟。这种洗尽女人脂粉味的广告于 1954 年问世，给"万宝路"带来巨大的财富。仅在 1954—1955 年间，"万宝路"销售量就提高了 3 倍，一跃成为全美第十大香烟品牌，1968年其市场占有率上升到全美同行第二位。现在，"万宝路"每年在世界上销售香烟 3000 亿支，用 5000 架波音 707 飞机才能装完。世界上每抽掉 4 支烟，其中就有一支是"万宝路"。

是什么使名不见经传的"万宝路"变得如此令人青睐的呢？美国金融权威杂志《富比世》专栏作家布洛尼克在 1987 年与助手们调查了 1546 个"万宝路"爱好者。调查表明：许多被调查者明白无误地说他喜欢这个牌子是因为它的味道好，烟味浓烈，使他们感到身心非常愉快。可是布洛尼克却怀疑真正使人着迷的不是"万宝路"与其他香烟之间微乎其微的味道上的差异，而是"万宝路"广告给香烟所带来的感觉上的优越感。布洛尼克做了个试验，他向每个自称热爱"万宝路"味道品质的"万宝路"瘾君子以半价提供"万宝路"香烟。这些香烟虽然外表看不出品牌，但厂方可以证明这些香烟确为真货，并保证质量同商店出售的"万宝路"香烟一样，结果，只有 21% 的人愿意购买。布洛尼克解释这种现象说："烟民们真正需要的是'万宝路'包装带给他们的满足感，简装的'万宝路'口味质量虽同正规包装的'万宝路'一样，但不能给烟民带来这种满足感。"调查中，布洛尼克还注意到这些"万宝路"爱好者每天要将所抽的"万宝路"烟拿出口袋 20 ~ 25 次。"万宝路"的包装广告所赋予"万宝路"的形象已经像服装、首饰等各种装饰物一样成为人际交往的一个相关标志。而"万宝路"的真正口味在很大程度上是依附于这种产品所创造的美国牛仔形象之上的一种附加因素。这正是人们真正购买"万宝路"的动机。

从"万宝路"两种风格的广告戏剧性的效果转变中，我们可以看到创意的独特魔力。正是首创第一的创意产品形象，增添了产品的独特价值，得以采用"集中策略"，精准定位目标市场需求，使"万宝路"成长为当今世界第一香烟品牌。

【案例思考】

万宝路的策划创意是全球营销界的一个经典案例，值得我们反复思考。几十年不变的西部场景、几十年不变的原装牛仔、几十年不变的广告词，却铸就了国际知名的品牌。到底什么才是策划创意最重要的内容呢？这里面有非常重要的3点：

① 确定目标市场。确定男人才是吸烟的主要群体，通过分析美国男人的英雄情结，在香烟行业第一个用西部牛仔形象来代言的创意。

② 确定市场定位。史诗般的美国西部故事成为万宝路品牌文化的注脚，男人这种目标消费者品尝的不是香烟的味道，而是居于美国英雄文化首位的西部牛仔味道。

③ 广告是品牌的长期投资。根据奥格威品牌形象论来分析，品牌创意成功后，不间断的广告是品牌长期的投资积累，维护增值就好了，不要分岔、歧义，可以对创意进行修补，无须画蛇添足地变革性创新。

李奥·贝纳不是简单地按照万宝路的请求直接做广告创意，而是经认真调查后发现市场问题；针对调整后的目标市场，不是仅仅创意一个记忆符号，而是构建整个品牌文化。最后，万宝路广告音乐已经成为美国家喻户晓的英雄凯歌，万宝路文化如同可口可乐文化一样，成为美国文化的象征。这个案例说明，营销策划人的眼光不能只看到后期策划和创意，如广告、促销、渠道建设、营销队伍建设、策划创意及销售等，如果问题发生在产品前期，也要做策划和创意的调整，如改变产品包装、改变市场定位、改变品牌文化等，这才可以使后期策划势如破竹、事半功倍。2002年，我国某位著名的营销学专家空降广东某超级大型企业两年后黯然离开，可能正是前期策划没有得到相应调整，结果策划创意的效应没有如期产生。仅仅迷恋营销技术、迷恋广告的效果、迷恋分销的作用，是我们国家难以打造国际化顶级品牌的问题所在，因此，策划创意应该成为企业文化建设思考的核心内容。

可见，坚持首创，坚持创意第一，坚持发掘与消费者心灵相通的文化，是大师级策划人成为大师的原因。国内许多策划团队往往将相同的创意用到自己不同的客户身上，产生了相似的品牌文化传播，导致最受伤的是那些品牌，自然策划团队自身也会很受伤。

万宝路策划创意的思路参见图1.3。

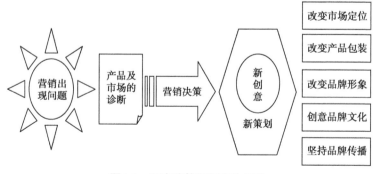

图1.3　万宝路策划创意的思路

我国也有一个曾经代表着中国传统文化价值的著名香烟品牌"红金龙"。2008年在某策划人的策划下,抛弃了龙的形象和品牌口号"日出东方红金龙",而改用太空人形象和广告语"思想有多远,我们就能走多远"。该策划人认为:"红金龙"的品牌口号"日出东方红金龙"是一句从企业角度出发的品牌口号,预示着企业的勃勃雄心,但是它不能与消费者进行有效的品牌沟通,因为口号中不能反映出消费者认知的品牌核心价值,进而得出要颠覆原品牌形象的研究结论,认为"品牌形象的'龙'形元素过时了、陈旧了",参见图1.4。

图1.4 红金龙的品牌口号

该品牌的消费者和策划界很多人士都为此惋惜。许多人认为"日出东方红金龙"的品牌口号非常明显地传达出了"红金龙"带给国人自信、自豪,甚至是成就感的精神共鸣:"我是龙的传人!"——这便是"日出东方红金龙"给予消费者的核心价值,体现了中国人的文化价值,是"泱泱大中华"的民族精神气度。现在,作为传播主体的"红金龙"品牌中的"龙"的特定意象却因为这个策划创意而将在千千万万龙的传人的记忆中渐渐淡忘。

"越是民族的,就越是世界的;越是传统的,才越是时尚的。"这句话已经得到策划界人士的普遍共识。中国八千多年的历史文化经久不衰,在新世纪越来越成为世界的一种时尚,那是因为文化的精髓透射出人类文明的伟大,永远不会过时。红金龙原来的"龙",就像万宝路的"牛仔",分别是中国和美国文化中独特的第一占位符号,历久弥坚,哪个品牌首先拥有了这个符号的具象,哪个品牌就占领了一个国家文化的制高点,会长久引起受众的共鸣,使消费者在享用的同时获得心理上极大的满足。因此,红金龙的策划创意改变是件很可惜的事情,这个缺乏某类文化第一占位的品牌,被黄鹤楼、黄山等这些因占有某类文化第一位置的后起之秀远远抛在后面。

4．创意是"直抵人心柔弱处"的打动

营销策划研究的重点不是产品，而是需求，这是营销界的共识，但未必所有的企业家在具体的营销策划实践中时时都能够这样保持清醒。营销策划是让企业内外的资源能以最经济有效的方法去整合，整合的目的是满足客户需求，创意则能让这种满足感显现、放大，也就是让消费者在实现消费前放大了对满足的期待，在消费后获得了超出期待的满足，因此愿意掏出更多的钱，而心里仍然在说："物超所值"。

可见策划创意的能量如核裂变般能够传递、放大产品和服务的价值。为什么能够这样？因为消费者是人类，人类都有一颗"柔弱"的心脏。哪怕我们需要提供"洗澡"服务的对象是冷冰冰的钢铁，如汽车，但为之付款的仍是汽车的拥有者，他心灵的最柔弱处决定了这笔钱花得值不值。

这种"柔弱"就是消费者的心理。人非草木，孰能无情。情之所至，金石为开。因此，创意就是让消费者动情，营销策划所追求的目标就是"感性诉求解除防备，理性诉求征服消费"。

目前还有许多企业忽视品牌的感情建设，忽视产品的人性化建设，所以给消费者的印象就是缺乏创意。

心理试验已经表明，价值认同感是人类获得更高层次需求满足的前提。通俗地说，就是"你给人们什么样包装的瓶子，瓶子里装的就是什么样的水"。

我们做过这样的试验：邀请同样的3个对象，相隔3个月，分别在两个不同的场地中谈谈最近的工作和生活。场地中没有其他人的干扰，我们安排一位咨询师仅作为观察员，不参与交谈。当他们坐在优雅精致的咖啡吧里谈话时，大家以优雅的言辞谈论着工作和生活中美好的事情，心中充满了热情和善良的愿望；当他们坐在公路旁一个小饭馆里谈话时，大家的言辞无所顾忌，谈论的多半是工作和生活中琐碎烦心的事情。

我们还做过这样的试验：将农夫山泉瓶子里的矿泉水和娃哈哈瓶子里的纯净水进行交换，两个瓶子的外包装和商标依旧，然后请3名大学生来品尝，试试哪一瓶水更有矿泉水的甘甜味，他们都不约而同地说是农夫山泉瓶子里装的水。

这是人们内心对高层次价值需求期待满足的结果，当他发现外界事物存在价值认同的对象时，他的内心会加强这一价值，并不断产生共鸣和提升这一价值体验，使自己的心理获得欣慰的满足感，此时往往会忽视其他因素的存在，正如广告歌词中唱道："我的眼中只有你。"

案例资料

电视连续剧《士兵突击》的创意特点

请同学们有空的时候去网上搜索并欣赏经典电视连续剧《士兵突击》。一部好的电视剧的策划要点是什么呢？就是"灵魂"二字。一部没有灵魂的电视剧是不会有大作为的。阅读每一个剧本，李洋导演总是习惯性地寻找该剧的灵魂所在。《亮剑》里有"亮剑精神"，《狼毒花》里有"酒神精神"，好作品和特好作品的差距就在这么一点点上看出门道。那么，《士兵突击》里是什么呢？就是今天对于许多人变得有些陌生了的"崇高精神"。这部剧里四处阳光灿烂，我们可爱的官兵生活行进在阳光下，浑身洋溢着健康的质朴和真挚、灵动、活跃的生命力。他们坚守崇高，坚守最传统的做人做事的原则——"不抛弃、不放弃"、"选择有

意义的生活方式，好好地、健康地活着"。就是这些最普通、最基本的人生理念，感动了将传统价值观早已抛到脑后的我们。所以，李洋导演为这部剧选择了回归，回到了生活的原点，让许三多和他的战友们从零点出发，经历一波又一波的磨炼和磨难，磕磕碰碰，百炼成钢。一个士兵的成长故事，放置到了一群官兵活生生的军营氛围中，让我们看到了一个懦弱的小人物的成长。我们从俯视这个人开始，逐渐过渡到可以平视，到最后可以仰视这个平凡而又不平凡的人。全剧通过钢七连官兵的整体形象，展示出了这支队伍所坚守的捍卫团队和个人荣誉、勇往直前的一种军人精神。

在全社会洋溢着浓郁的娱乐文化和消费文化氛围的当下，崇高精神还会有人喝彩吗？经过一番调查论证，买方市场的反应是踟蹰而谨慎的，个别区域的反应几乎是断然否定的。一部连一个女性都没有的电视剧，一部没有男欢女爱的电视剧，一部大兵戏，究竟谁会喜欢呢？终端决定命运，终端决定电视文化产品能不能最终和观众见面，终端的意见几乎是致命的绝对权力。但是最终全社会对于《士兵突击》发自内心的支持，显示了我们这个古老民族内心深处的理性和真正的力量。

【案例思考】

习惯是一种病，一种可怕的思维病，是创新和创意的敌人，就是凭经验觉得足以应付，已经懒得去思考。

在中国，90%的企业日常做着的策划应该称为"计划"。

计划是以一个工作任务为目标，不讲究创新、创意，依照经验和习惯，对工作流程、时间流程进行人力、财力、物力的配置。

2014年《福布斯》最新公布的世界百强企业名单中，前三名是中国企业，一共有9家企业，但却没有一家是中国的民营企业，他们全部为大型国有或者国有控股企业，行业涵盖金融、化工、建筑、运输等，全都是依靠政府的资源和控制力建设的行业垄断企业。它们的营销工作就只需要做好计划，基本不需要策划。也许我们很多企业是以它们为榜样的，但如果没有国企的资源和政府扶持，就没有办法达到国企的高度。或许我们更应该向那些成功的民营企业学习它们的营销策划能力，它们无一不靠充满创意的策划取得成功，如阿里巴巴、娃哈哈、蒙牛、吉利汽车等。

课 外 作 业

撰写以"士兵突击"为拓展训练主题的活动策划方案

【目的】

① 员工素质提升。

② 企业性格优化。

③ 团队纪律塑造。

④ 激昂团队士气。

⑤ 锻炼指挥才能。

【创意要求】

21 世纪的企业竞争越来越激烈，现代企业领导者的困境也越来越多：内部和外部客户的要求提高、市场中的变化迅速、人力及资源成本增加、优秀的人才流失等都成为现代企业领导者最为关注的问题。《士兵突击》电视剧作品里呈现出各种矛盾，对企业自身发展、对员工的成长与激励、对企业文化的建设都有什么启示呢？如何在"士兵突击"主题拓展训练中让公司和员工切身体会并找到解决矛盾的答案？

以拓展训练的活动为载体，通过整合训练场地、训练时间、训练器械等资源，贯穿沟通、协作、凝聚力的训练目标，在"士兵突击"的场景体验中，使团队的个人和集体的精神得到升华，达到本次拓展训练的目的。

【作业要求】

个人完成作业，一周后以纸质打印提交。

【参考答案】

略。

1.2 策划创意的来源

1.2.1 策划的来源

策划的目标是拥有忠诚客户，提高客户黏性，从而提升业绩、提高市场占比。因此，可以说策划的过程就是"取之有道"的道，包括目标、资源、策略、计划、实施 5 个方面，可分为策略和计划两个部分，意即"策略 + 计划 = 策划"（参见图 1.5）。

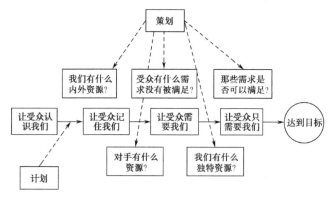

图1.5 策划过程是"取之有道"的道

① 目标。图中的"达到目标"，这个目标表面上看是提升业绩、提高市场占比，实质上是拥有越来越多的忠诚客户且使他们的消费黏性越来越大。这就要求营销策划要善于调查分析消费需求，分析"受众有什么需求没有被满足"和"那些需求是否可以满足"；要善于运用 STP 理论、马斯洛需求层次理论来描述目标消费群的基本特征和需求特征，阐述产品如何满足需求、如何占据"第一提及"位置。

② 资源。图中的"我们有什么内外资源"、"对手有什么资源"、"我们有什么独特资源"，这就要求在形成策划创意之前要进行企业资源和市场资源的调查分析，运用 SWOT 理论、波特五力模型、波士顿矩阵、竞争理论来分析我们和对手的营销资源，指出我们的独特优势资源，并围绕如何满足目标消费群需求来形成独特的销售主张（USP）。

③ 策略。策略是为达到目标而形成的针对性环环相扣的步骤措施，就是图中的"让受众认识我们"、"让受众记住我们"、"让受众需要我们"、"让受众只需要我们"，才能达到最终拥有忠诚客户的目标。那么，在以上四个步骤中，就要求我们在目标分析和资源分析后形成创意构思，例如，"让受众认识我们"，需要通过创新和创意的手段让信息抵达受众；"让受众记住我们"，没有创意根本就不能引起人们注意，信息湮没在信息如潮的海洋中，受众过目即忘，绝不会记住我们；"让受众需要我们"，如果创意的包装和表达与受众需求背道而驰，受众就会抵触；"让受众只需要我们"，创意传递的价值是独一无二且满足受众需求的，受众就会只需要我们。

④ 计划。以时间为轴线，以达到目标为终点，将策略四个步骤的创意进行层层推进、环环相扣的合理编排。

⑤ 实施。按照计划的要求，组织企业的人力、物力、财力实施，形成高效的信息流、现金流和物资流，并根据具体情况随时评估效果，及时校正计划，直至达到目标。

1.2.2　创意的来源

创意来源于思维的积累，需要知识积累、经验积累、时间积累、资源积累等。换句话说，创意需要经验，需要经常训练。有的创意往往需要很长的时间才能实现，因为只有量的积累才能达到质的飞跃。一个好的创意需要智慧和睿智，需要对创意事物本质的把握，更需要具有相当的综合知识和专业能力，而且只有当面对某种事物或特定环境时，思维才能产生联想，思考才会得到升华，才能不断迸发出灵感的火花，获取创意能量的释放。

马克思说："所有人都是为了成功降临世界的，但有的人成功了，有的人却没有，那是因为他们使用头脑的方法不同。"可见成功依赖于使用头脑的方法，也就是依赖于创意方法。

对于创意的来源，世界公认的创意大师詹姆斯·韦伯·扬（James Webb Young）也有过详尽论述。他认为，创意也是有规律可循的，产生创意的基本方针有以下两点。

① 创意完全是把事物原来的许多旧要素做新的组合。

② 必须具有把事物旧要素予以新的组合的能力。

在营销策划中，创意的来源反映了对市场分析和对资源掌握的积累能力，也反映了对创意不断修正以达到目的的过程，参见图 1.6。

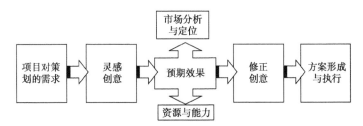

图1.6　创意灵感和修正的过程

1.3　创意的基本要素

1.3.1　创意三作用

第一个作用：引人注目。

创意能够引起别人的注意，并且能够吸引更多人的注意。例如，"书可不可以听"、"汽车可不可以飞"。这些出乎意料的创意必定能吸引更多人的注意。

第二个作用：承载创意。

把一个很好的创意通过某种方法、手段承载起来，才能让别人看到、理解并且使用，如"发明录音机让书可以听"、"发明空中客机让汽车飞起来"。

第三个作用：留下深刻印象。

创意能够冲击灵魂，产生心理上的震撼，这样才能被深刻记忆。例如，"随时随地都可以听书，将无聊的打发变成宝贵的学习"，"劳斯莱斯不是最好的汽车，会飞的才是"。

 课堂练习

创意作用训练

为手机构思一个创意，达到上述 3 个作用。

每个模拟公司派一个代表上讲台来讲解自己的创意，老师和其他小组共同给予评分。老师的评分成绩占 50%，其他小组的评分占 50%。

1.3.2　创意三要素

第一个要素：构思概念。

再好的想法，如果不能提炼出精辟、简练、实效的概念，就无法成为创意。

例如，看书写字，天经地义，但是能不能打破这个规则？让书不是用来看的，而是摸、听、闻、啃等。这个思维的过程还不能成为创意，因为没有形成概念。当我们明确地提出"书可不可以听"这个概念时，创意才开始具备基础，这是创意产生的第一要素。

第二个要素：选择载体。

构思的概念必须有效、有用，才能成为创意，否则就是空想，所以需要"大胆假设，小心求证"。

为了有效、有用，需要认真选择实现创意的载体。这里所谓的载体，可以是器具，也可以是材料、途径、手段、方法等。例如，为了实现"书可不可以听"的概念，可选择如下载体：说书人、MP3 设备、电脑、CD 播放器、收音机等。

第三个要素：表现手法。

表现手法是创意在受众面前的直接体现，相同的载体运用不同的表现手法就会产生不同的创意效果。

例如，翻译分为两种：一种是现场同步翻译，每个人戴着耳机；另一种是逐段翻译，讲话人讲一段，译者跟着翻译一段。又如，以前我们都用相机照相，那么手机可不可以照相？

可以。于是手机增加了一项功能——拍照。一开始，手机拍照的像素比较低，所以拍出来的照片效果不是很好，也就是表现手法不够好。但是现在，手机像素越来越高，有的手机可以拍摄 500 万像素甚至更高，已经跟一般的数码相机差不多了，这就是提高了表现手法。

继续讨论前面的例子"书可不可以听"，假如选择的工具是播放器，那么播放器是什么外观、多大的内存、怎样的音响效果、需不需要配音箱和耳机等，可以通过创意表现手法体现出来。

 课堂练习

创意生成训练

每个模拟公司在之前创意的基础上，派代表清晰地描述你们小组创意生成的三要素。评分方法同前。

1.3.3 创意三理论

第一个理论：魔岛理论。

什么是魔岛理论？魔岛理论就是灵感理论，灯泡一亮，灵感一来，创意于是诞生。

在古代的水手中传说有一种魔岛存在。他们说，根据航海图的指示，这一带明明应该是一片汪洋大海，却突然冒出一道环状的海岛。更神奇的说法是，水手在入睡前，海上还是一片汪洋，第二天早上醒来，却发现周围出现了一座小岛，大家称之为"魔岛"。创意的产生，有时候也像"魔岛"一样，在人的脑海中悄然浮现，神秘而不可捉摸。这种方式产生的想法会稍纵即逝，所以应该随时将想法记录下来。可能你随手写下来的东西就会成为改变人生的源泉。有一个人洗脚，洗完脚之后在穿袜子的时候突然想到，如果袜子可以在人们洗完脚之后帮助人来按摩就好了，于是他记下了这个想法并且动手去做，结果发明了一种新的袜子。这种袜子的底部有 18 个按摩穴位，人们穿上袜子之后走路时就感觉到是在按摩。

新加坡的一家公司生产按摩椅，请了一位著名歌星拍摄广告，广告上的歌星一边躺在按摩椅上享受按摩，一边戴着耳机听音乐。后来，他们突然想到，生产一种按摩椅可以根据不同的音乐节奏调节按摩的力度和大小，例如，古典音乐的敲槌速度就很慢，摇滚乐敲槌的速度就很快，把音乐同按摩结合在一起产生了新的创意，突破了传统的观念。

第二个理论：修正理论。

修正理论认为灵感靠天才，灵感人人都有，所以人人都是天才，但通常认为的灵感只是一个点子，天才创意却是"创新性、逻辑性、可行性"的完整构思，因此，对灵感的修正才是真正的天才创意。

有一个英语培训师在尝试了传统的种种方法后，发明了一种学习英语的好办法，叫作"疯狂英语"，即用呐喊的方法来学习英语，强化了记忆、增强了信心，成为一种非常有效的创意；讲师梦工厂也是一种修正形成的天才创意，讲师还是那些人，但修改了讲师宣传方式，采用明星包装来推广，形成了新的营销手段；"把公司的高管当明星来包装"是一个类似的天才点子，实施起来却需要一套完整的系统；古代的蔡伦想到了造纸的天才点子，但必须经过大量不同材料的尝试后，才形成了纸张的创意，而后来几代人不断改良使纸张能够大批量廉价生产，更是一个庞大的修正系统。

第三个理论：拼图理论。

拼图理论体现了创意的逻辑性，就是通过研究两个看起来完全不相关的事物，发现其内在逻辑，组合起来变成另一种有用的东西，因此"创意就是旧有元素的重新组合"。

例如，音乐贺卡是把贺卡和音乐组合在一起。又如，逛街本来是一件花钱的事情，但是有人想出了一个创意：利用逛街来赚钱，他找了一批喜欢逛街的人，让这些人穿上他提供的广告衫去逛街，这些衣服上面都有一个非常薄的电子屏幕，屏幕上不断播放广告，每个人这样逛一天街可以获得 100 英镑的报酬。

 课堂练习

美国著名企业苹果电脑公司现任首席执行官蒂姆·库克（Tim Cook）说："要把重要的决定权交给直觉，你就必须放弃规划人生未来的想法。直觉决定当下发生的事情。如果你认真聆听它，它就有可能把你导向最适合你的人生道路上。在 1998 年年初的那一天，我听从了我的直觉，而不是我的左脑或最了解我的人。我不知道我为什么会这样做，时至今日我也仍然无法确定。但是，在我与史蒂夫·乔布斯（苹果前任首席执行官）会面不到 5 分钟，我就把逻辑和谨慎抛到了一边，加入了苹果。我的直觉告诉我，加入苹果是一生仅有一次的机会，我能借此机会为富有创意的天才工作，加入可能创造伟大公司的管理团队。如果当时我的直觉在与我左脑斗争的过程中败下阵来，我真不知道我现在会在哪里，但是肯定不会站在你们面前。"

思考：

① 如何解释这一思维现象？对策划创意的影响有何意义？

② 苹果公司是世界上伟大的产品创意生产公司之一，在这样的公司中工作，需要怎样的人才？

1.3.4　创意三法则

第一个法则：一切皆有可能法则（巴列托法则）。

这种创意是将相关的东西进行重新组合。

比如，汽车可以飞吗（汽车与飞行的组合）？未来，人们可能发明一种汽车，这种汽车具有汽车的造型，但是两边有飞机的机翼，这样就可以完成汽车与飞行的结合。

杂志可以像书本一样持久吗（杂志的快速更新与书的耐久性的组合）？杂志一般是一个月出一期或两期，而一本书可以保留三五年甚至几十年。现在，日本人创造了一种新产品，叫 Mook，即杂志书，这种书有非常完整的内容，里面的资讯不会随着时间的流逝而失去它的有效性，可是看起来又像是一本杂志。为什么要做成杂志的形式？因为在一般的报刊亭，每种杂志会有一个固定的摆放位置，可是如果是书，除非很热门，否则不一定被放在顾客能够看到的显眼位置。

不喝香槟的人，可以享受开瓶时"嘭"的一声乐趣吗（香槟的开瓶情调与其他饮料的组合）？现在有一种汽水饮料也做成香槟的样子，顾客把汽水摇一摇，开瓶的时候就会像香槟一样发出"嘭"的一声。还有一种饮料叫作弹珠汽水，整个汽水瓶的最上面是一颗弹珠堵住瓶口，顾客开启瓶子时不是把塞子拔出来，而是要把瓶口的弹珠压下去。

"中菜"可以"西吃"吗（享受中国菜的美味和西式餐厅的情调）？中国菜可以用西餐的方式来吃吗？现在很多快餐店就是源于这一想法。

昂贵的汽车可以像水果一样零买吗（高价值与低消费的组合）？36个月或60个月分期付款，使8万元的汽车每个月只需要支付1000多元，是不是很便宜？工薪层马上就可以开汽车回家。

 课堂练习

营销活动策划创意

不需要花钱也可以吃饭吗？请各模拟公司运用重组法则给出一个创意。

第二个法则：改变观念法则。

观念就是力量，有时仅仅是认知上的改变，就可以产生效果无穷的创意。有时候，只是用不同的眼光看一个旧东西，视角改变了，东西就成了新的。

例如，20世纪90年代，我国台湾地区有人在做录像带租赁的连锁店发展业务，当公司签约的店达到1000多家的时候，他发现绝大部分录像机的用户都与他的公司有某种程度的关系："我发现我不是一个录像节目的供应商，我是一个没有频道的电视台。"以前，我国台湾地区只有3家官方电视台，完全没有民间电视台，现在有100多家电视台都是民间的。在我国台湾地区要办"民间电视台"有两种新办法：第一种叫卫星电视，在自己家的楼上装一个信号接收"锅"，就可以在家里接收通过卫星发送的节目；第二种是最重要的，即每个人家里的录像机就是一家"民营电视台"，如果有谁可以提供足够好的节目，就能控制这个"电视台"，所以可以开一个租碟片店，做一个建议播放节目表，顾客可以在店里租了碟回家去看。如果有足够的资料能够持续供应，保证一个月30天、一天24小时不重复地播放，那么就可以形成自己的"电视台"。

 课堂练习

媒体策划创意

设想一下，班级里的同学们通过什么媒介跟我们保持某种程度的关系？我们可以创建一份属于我们班的"杂志"吗？请各模拟公司给出一个创意。

第三个法则：改变用途法则。

改变用途可以创造更多新的可能。

染布工人的手经常泡在水里面，难免会皮肤皲裂。宋朝一个人家里有一个祖传的秘方，这个秘方可以有效地防止皮肤皲裂。一个聪明人听说了这件事之后，就花钱买下了这个药方，拿回来之后用于国防。因为冬天将士们手会皲裂，会疼得拿不了兵器，所以不能打仗。而使用了这个秘方配制的药，将士们不再出现手脚冻伤的现象，所以一口气打败了敌人，而这个聪明人因为贡献秘方有功，得到了"赏地封侯"的奖励。

女性保养品最贵面膜之一的SKⅡ，来自于日本的一种传统技术——有人在酿酒的时候发现酿酒的那些女性，即使是老太太，脸上的皮肤都非常光滑。原来她们在酿酒的时候，经常把酒糟抹在脸上，所以皮肤变得很光滑。SKⅡ的制造者就把酿酒不要的酒糟带回去研究，生产出面膜，再以很高的价格出售。

其实我们的日常生活中充满了这一类的创意：裁纸时，如果手边没有刀片，我们会顺手拿一张名片来替代刀片；我们要粘东西，但是没有糨糊，就会拿一粒米饭抹上去；吃饭的时候桌脚倾斜，一时找不到垫木，我们就会拿一本杂志充数……只要留心，我们会发现生活中到处都可以有创意。

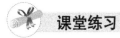

产品策划创意

长期坐在凳子上会使人发胖，那么，改变凳子的用途可以减肥吗？请各模拟公司给出一个创意。

1.3.5 创意三原理

第一个原理：迁移原理。

这个原理认为，创意是一种迁移。所谓迁移，就是用观察此事物的办法去观察彼事物，也就是用不同的眼光去观察同一个现象，即采取移动视角的办法来分析问题。通过视角的迁移，人们可以很简单地创造出众多新鲜的、交叉的、融合的、异化的、裂变的、创新的事物来。这就是创意产生的成因。

自然科学里的转基因研究、社会科学中的交叉学科和边缘学科的出现，实际上都是学者迁移观察的结果。科研是这样，产品是这样，策划更是这样。在市场实践中，许许多多杰出的策划创意都源于这类的"再认识"。"现代管理之父"彼得·德鲁克（Peter F. Drucker）在谈到创新的来源时，也认为"认识的改变"是重要的创新来源。

第二个原理：变通原理。

创意有时候只是"概念的一扭"，只要换一种方式去理解，换一个角度去观察，换一个环境去应用，一个新的创意就产生了。这就是创意的变通原理。

某种事物的功效作为一种能量，在一定的条件下是可以转换的。例如，用于战争的兵法，经过变通可用于经济，这是一种观念的嫁接；原本属于动物本能的保护色，经过变通，可用于军队的迷彩服，这是功能的变通；民用产品可以用于军需，军需产品也可以转为民用，这是能量与功效的传递和延伸。显然，上述各种物质的转换、功能的变通，对策划创意的产生是极有启示性的。同样，知识的用途可以被拓宽，如心理学应用于管理，产生了管理心理学，成为管理者必备的知识；军事谋略应用于商战，使精明的商人懂得韬略；公关策略引入政界，成为竞选的有力武器，等等。

对策划来说，创意就需要这种变通，创意就产生于这种变通。"改变用途"是创意的重要源泉。策划人应该善于运用这种思路，通过改变策划对象的用途，赋予策划以新奇和独创。事物的用途可以交换、转换和传递，改变人的观念与改变事物的用途一样，实际上也是一种能力的改变。以一样的眼光看待不一样的事物，或对一样的事物用不一样的眼光来看待，都是一种功能变通，都能产生新的创意。

第三个原理：组合原理。

在自然界，元素通过组合可以形成各种各样的新物质，因此，策划的创意也可产生于元素组合，即策划人可以通过研究各种元素的组合而获取新的创意，这就是创意的组合原理。

策划师不能墨守成规，必须不断尝试和揣测各种组合的可能，并从中获得具有新价值的创意。元素的组合不是简单的相加，而是在原有基础上的一种创造。能够产生创意的元素包罗万象，可以是实际的，也可以是抽象的；可以是现实存在的，也可以是虚构想象的。电视机可以论斤出售、冰激凌可以油炸、外墙涂料可以人喝等，不一而足，都是一些超越常人思维习惯与方向的元素组合。

1.3.6 创意三思维

第一种思维：更新语言。

语言是意义的载体，也是概念的载体。新语言可能来源于新概念的发生，也可能是旧语言的应用发生变化，语言本身又可以带来更多的改变。现在很多公司和媒体都喜欢使用同音词或者同义词来表达一种意思。例如，一家百货公司打出大大的条幅，上面写着"夏一跳"，意思是现在是"盛夏"，如果来商场，打折价格会让消费者"吓一跳"；"超级女声"风靡全国之后，"玉米"、"凉粉"、"盒饭"等词语有了新的含义，也成为最新的流行词。当然，有时候人们也会使用反义词来吸引别人的注意。例如，有一家餐厅的名字叫作"真难吃美食城"，很多人都觉得好奇，到底有多难吃呢？于是都去试试看，结果餐厅的生意还挺好。

第二种思维：更新符号。

所有的符号都可以传递信息，语言只是其中之一。当了解清楚新语言所隐含的新创意之后，很快就会注意到，一切颜色、线条、声音及符号，都是创意的来源。

比如，有一家公司叫作"罗曼蒂克公司"，每到情人节的时候，"罗曼蒂克公司"推出的巧克力都很特别。1984 年它的创意是"爱情诙谐故事"系列：一块心形巧克力的里面有一个小小的核心，把核心打开，上面会写着一些话，如"你的存在使我的人生有了意义"等。试想，在情人节的晚上，一个男孩把这样的巧克力送给他心仪的女孩，会有怎样的效果呢？

第三种思维：更新想法。

行为源于想法的推动，没有想法就没有行为的动力，很多时候创意并不需要对观念进行颠覆，只需要一点新的想法来推动行为的更新。

例如，一个可爱的想法变成了被市场上追捧的宝宝画册。所有的妈妈都喜欢给自己的孩子照相，但是芬兰的一位妈妈照相的时候却与众不同,在她的小宝贝女儿Mila睡觉时，用衣服、毛巾这些家里的"道具"给 Mila 摆出了许多故事里的场景姿势拍了下来，每张照片就花几分钟的时间，都是很自然的创意和造型。她把这些照片集成了一本相册——"Mila 的白日梦"。出版商发现后用高价买下其版权出版，发行了几十万册。

案例资料

士兵是最好的"广告员"

美国商界利用海湾战争做广告，把商战推向战场的历历往事，至今还令那些死里逃生的美国士兵记忆犹新。

每天清晨，士兵们都会等待地平线上扬起尘土，一列列卡车将给他们运来最需要的给养品——可口可乐和百事可乐。卡车还没停稳，士兵们就排起了长队。他们在冰冻的可口可乐上看见了这样的广告词："挡不住的诱惑！"

这不是插入电视节目的一个广告，而是沙特阿拉伯沙漠中每天的现实。

可口可乐公司发言人在谈及从美国国内向沙漠无偿供应可口可乐的行动时说："帮助一个出门在外的人，就获得一个终身的朋友。这毫无疑问对每个企业都有好处。"

在海湾战争的那几周里，任何人在电视上出现的次数都不比美国士兵多。

美国的电视台日夜在报道"我们在海湾的小伙儿"，世界各地的电视台也整天在播放海湾战争的新闻。人们看见了美国士兵们拿着可乐、罐头、万宝路香烟和索尼牌小收放机。那段时间，士兵们成了世界上最好的"广告员"。

出资做战争广告，在许多人看来是难以想象的事情，可已被证明对每家参与的企业都是值得的。难怪美国喜欢战争，原来连美国营销专家都认为这是一次千载难逢的广告良机。

 **课堂练习**

一家烧烤店起名为"就酱紫烤吧"，对年轻人非常有吸引力。请各模拟公司运用创意三思维为这家店的烧烤产品、海报广告语、促销招贴等广告宣传进行一系列创意。

1.4　灵感创意与修正创意

1.4.1　灵感创意

灵感创意是针对问题获得的一种突发性的创新思维结果。

2200多年前，希腊的叙拉古王国，有个家伙突然从澡缸里跳出来，大叫："尤里卡！尤里卡！"意思就是"我找到了！我找到了！"他全身赤裸，光着屁股向前冲。他是发明裸奔的第一人吗？不！他叫阿基米德，他洗了一个最有创意的澡，他找到了如何证明王冠是不是纯金的方法！原来叙拉古的亥厄洛国王，命金匠打造了一顶纯金的王冠，但他怀疑金匠掺了假。但王冠的重量同国王给金匠金子的重量完全一样，于是国王便叫阿基米德想办法。阿基米德日思夜想，终于在他将身体浸入澡缸时，看着从澡缸徐徐溢出的水，找到了解决问题的方法。阿基米德跑进王宫，在国王和金匠面前把王冠、和王冠等重的金块、等重的银块分别放入不同的水盆里，结果发现银块排出水量最多，再者是王冠，然后是金块。

这可谓是最典型的一个灵感创意例子，其特点正如"魔岛理论"，具有突发性、偶然性的特点。

1.4.2　修正创意

修正创意是不断积累知识、信息，不断分析，试图发现创新思维结果的过程。

阿基米德的创意，真的是在洗澡的时候"突然想到"的吗？是。但从洗澡入水那一刻到得出结论要有一段路，路也许长，也许短，可都要有"想"这一段过程。也许阿基米德洗澡的时候没想到，也许他要喝水的时候，假牙掉到水杯里，水溢出杯外时会想到。因此，从另一方面来说，灵感创意的结果又有其必然性，是不断积累知识、经验、信息，不断思考的结果，这个过程实际上是修正创意的过程。

　　修正创意以构思灵感创意为基础,对灵感创意进行矫正和推动。灵感创意仅针对"做什么"一个方面就突然产生了创新思维结果,而修正创意则要在"谁来做、何时做、在哪做、如何做"4个方面也进行分析论证才能得到创新思维结果(参见图1.7)。

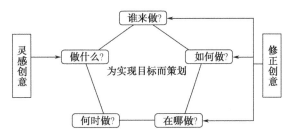

图1.7　修正创意对灵感创意进行矫正

　　按照灵感创意和修正创意的产生规律来训练,就能够有效培养策划创意能力。策划创意的工作成果与个人思维能力有很大关系,往往会被误认为都是灵感,因此使人陷入创意依赖天才的误区。其实,策划创意与市场环境、产品资源、执行条件密切有关,这是与绘画、书写等艺术创意的完全不同之处。因此,在策划创意工作过程中,修正创意与灵感创意一样重要,甚至更重要。

　　策划公司、创意公司等企业在策划创意工作过程中一般采用《创意工作卡》(参见图1.8),学生模拟公司应采用《创意工作卡》来完成每个创意项目的工作。

开卡时间		客户简报			
项目名称		工作要求			
工作时间要求		创意诉求			
开卡责任人		项目成员			
工作流程	主要内容	完成效果	完成时间	承担人签字	总经理签字
前期沟通客户					
探究性市场调查					
市场分析与定位					
头脑风暴组织					
创意开发简报					
验证性市场调查					
确立创意					
广告物料等设计					
文案制作					
提案制作					
比稿竞标讲解					
后期跟进客户					

图1.8　创意工作卡

《创意工作卡》被用来跟踪、控制创意工作过程，检验创意成果，反馈客户沟通状况，收集市场和客户数据，激发创意成果，是灵感创意与修正创意相互发挥作用的有效方式（参见图1.9）。

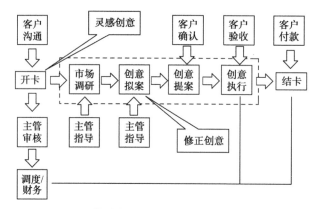

图1.9 灵感创意与修正创意相互发挥作用

灵感创意和修正创意都会存在于每个人的大脑中，只是因为每个人的思维天性和特点的不同而在不同方面有专长。相对于本科高校的学生来说，高职院校的学生更擅长修正创意，因此，应该从修正创意入手，逐渐提高灵感创意能力，最终能够成为才思敏捷、创新创意能力强的人才。

1.5 策划创意常用的理论工具

因为修正创意是运用理论工具和方法对灵感创意进行分析论证的结果，因此，同学们必须对营销策划的常用理论工具运用非常熟练，才能信手拈来对症分析头脑风暴中的创意闪光。

1.5.1 "二八"法则

意大利经济学家帕累托提出：80%的收入来源于20%的客户；公司里20%的资源完成80%的业绩；20%的强势品牌占据着80%的市场……

"二八"法则要求策划人在创意思维中不能"胡子眉毛一把抓"，而是要针对目标消费群中的意见领袖、营销中的关键环节、营销推广的关键项目等。

"二八"法则倡导"有所为，有所不为"的创意思维方法，确定了营销策略的重点和视野。

1.5.2 CIS

CIS的英文全称是Corporation Identity System，中文译为"企业识别系统"。识别是通过符号来实现的，"识别系统"实际上就是"符号识别系统"，而"更新符号"是创意三思维之一，因此，对CIS理论的掌握越熟练越能发挥创意。

CIS主张将企业理念、企业文化、企业行为及企业视觉标志通过统一的符号设计加以整合，强化其传播效果，使组织迅速提升自己的知名度、美誉度和公众的认可度。这是策划整合能力中的至高境界，是品牌策划的核心内涵。

CIS 由以下 3 部分构成：

① 企业理念识别（Mind Identity，MI）。

② 企业行为识别（Behavior Identity，BI）。

③ 企业视觉识别（Visual Identity，VI）。

形象地说，要把 CIS 看作一支军队，MI 就是军心，是军队投入战争的指导思想，是貌似抽象的一部分；VI 就是军旗，是军队的精神符号，是所到之处的形象标志；BI 则是军纪，是军队的行为规范和准则，是取得战争胜利的重要保证。

1.5.3 SWOT

SWOT 分析法又称为态势分析法，是由美国旧金山大学的管理学教授于 20 世纪 80 年代初提出来的，是一种能够客观准确地分析一个企业、产品或品牌内外环境条件，结合资源现状而得出创新性对策的方法。

SWOT 四个英文字母分别代表：优势（Strength）、劣势（Weakness）、机会（Opportunity）、威胁（Threat）。

从整体上看，SWOT 可以分为两部分：第一部分为 SW，主要用来分析内部条件；第二部分为 OT，主要用来分析外部条件。可将调查得出的各种因素根据轻重缓急或影响程度等排序方式构造 SWOT 矩阵（参见图 1.10）。

S 优势	O 机会
W 劣势	T 威胁

图1.10　SWOT矩阵

同学们务必注意，仅填空完成 SWOT 矩阵是不够的，关键是要得出分析结论，从四个方面中找出策略创意。

① 优势—机会（SO）策略：发挥优势利用机会。

② 弱点—机会（WO）策略：利用机会改变劣势。

③ 优势—威胁（ST）策略：发挥优势减轻威胁。

④ 弱点—威胁（WT）策略：减少弱点回避威胁。

1.5.4 STP

STP 理论是重要的营销策划创意理论，其目的是通过细分市场找到营销效率最高的那些目标市场，并为产品在目标消费者心智中创意一个有利的定位。

STP 即：

S——市场细分。

T——目标市场。

P——市场定位。

由于市场是一个综合体，是多层次、多元化消费需求的集合，任何企业都无法满足所有的需求。为此，企业首先应将市场细分为由相似需求构成的若干消费群，即若干细分市场。

其次，企业根据自身战略和实力从中选取营销投入产出比最高的那些细分市场作为目标市场。最后，企业应完成市场定位的创意，即需要通过创意将产品定位在目标消费者某一类需求的有利位置上，使消费者在需要满足这类需求时"第一提及"该产品。

1.5.5　USP

美国广告大师罗瑟·瑞夫斯要求每一个广告都必须向消费者提出一个"独特的销售主张"（Unique Selling Proposition），简称 USP。

USP 理论包括以下 3 个方面。

一是每个广告的创意不仅是文字或图像，更要创意一个主张，即向消费者提出一个购买本产品将得到明确利益的主张。

二是这一主张一定是该品牌独有的，是竞争品牌不能提出或不曾提出的。

三是这一主张必须具有震撼力、穿透力，能够吸引、打动目标消费者，刺激他们购买产品。

1954 年，瑞夫斯为 M&M 糖果所做的"只溶在口，不溶在手"广告创意是 USP 理论的典范之作。

1.5.6　5W2H

5W2H 是修正创意的思维路径，以达到严谨、周密、深入的创新目的，由以下 7 个方面组成。

① Why：为何，为什么要如此做？

② What：何事，做什么？准备什么？

③ Where：何处，在何处着手进行最好？

④ When：何时，什么时候开始？什么时候完成？

⑤ Who：何人，谁去做？

⑥ How：如何，如何做？

⑦ How much：何价，成本如何？达到怎样的效果？

1.5.7　4P

美国营销学大师杰瑞·麦肯锡（Jerry McCarthy）教授在其《营销学》一书中最早提出了4P 理论，为企业的营销策划创意提供了一个完整的系统框架，即：

① 产品——Product。

② 价格——Price。

③ 渠道——Place。

④ 促销——Promotion。

1.5.8　4C

美国营销专家劳特朋教授针对 4P 过于强调产品导向而提出了消费需求导向的 4C 理论，强调企业应该把满足消费者需求放在第一位，即：

① 消费者的需求与欲望——Consumer。研究消费者的需求与欲望，确定怎样满足目标

消费群的需求。

② 消费者愿意付出的成本——Cost。消费者满足自身需求愿意付出的代价。

③ 购买商品的便利——Convenience。如何给消费者提供最大便利。

④ 沟通——Communication。忘掉促销，正确词汇应该是"沟通"。

1.5.9 马太效应

马太效应为战略创意指明了明确而简要的发展方向。

美国科学史研究者罗伯特·莫顿（Robert K. Merton）归纳"马太效应"为：任何个体、群体或地区，一旦在某个方面（如金钱、名誉、地位等）获得成功和进步，就会产生一种积累优势，就会有更多的机会取得更大的成功和进步。"马太效应"的名字来自于圣经《新约·马太福音》中的一则寓言。此术语后来为经济学界所借用，反映贫者越贫、富者越富，强者恒强、弱者恒弱，或者说，赢家通吃……竞争将更加残酷。商业模式策划创意应该以"马太效应"为目标，这样才能使被策划的对象越来越强，更富有核心竞争力和可持续发展能力。

参 考 资 料

《新约·马太福音》中有这样一则寓言：一个国王在远行前，交给三个仆人每人一锭银子，吩咐他们："你们去做生意，等我回来时，再来见我。"国王回来时，第一个仆人说："主人，你交给我的一锭银子，我已赚了10锭。"于是，国王奖励了他10座城邑。第二个仆人报告说："主人，你给我的一锭银子，我已赚了5锭。"于是，国王便奖励了他5座城邑。第三个仆人报告说："主人，你给我的一锭银子，我一直包在手巾里存着，我怕丢失，一直没有拿出来。"于是，国王命令将第三个仆人的那锭银子赏给第一个仆人，并且说："凡是少的，就连他所有的，也要夺过来。凡是多的，还要给他，叫他多多益善。"这就是马太效应的故事。它的寓意是贫者越贫，富者越富。

1.5.10 马斯洛需求五层次

分析市场就是分析需求，分析需求才能获得正确的创意。

分析需求应依据美国心理学家马斯洛首创的需求五层次理论来进行，将需求进行细分，从而完成市场细分和目标市场确定（参见图1.11）。

图中的五层次自下而上分别为：

① 生理需求。这是个人生存的基本需要，如吃、喝、住处等。

② 安全需求。这包括心理上与物质上的安全保障，如不受盗窃的威胁，预防危险事故，职业有保障，有社会保险和退休金等。

③ 社交需求。人是社会的一员，需要友谊和群体的归宿感，人际交往需要彼此同情、互助和赞许。

④ 尊重需求。包括要求受到别人的尊重和自己具有内在的自尊心。

⑤ 自我实现需求。这是指通过自己的努力，实现自己对生活的期望，从而对生活和工作真正感到很有意义。

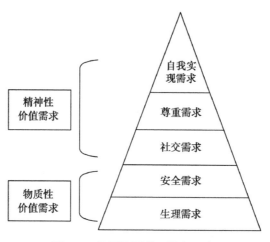

图1.11　马斯洛需求五层次理论

1.5.11　波特五力

美国麦克尔·波特教授于 20 世纪 80 年代初提出了波特五力分析模型，对企业战略的创意产生了全球性的深远影响。利用这个模型，可以有效地分析品牌的竞争环境，获得竞争战略的创意。五力分别是：供应商的讨价还价能力、购买者的讨价还价能力、潜在竞争者进入的能力、替代品的替代能力、行业内竞争者现在的竞争能力（参见图 1.12）。

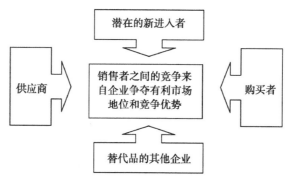

图1.12　波特五力分析模型

1.5.12　波士顿矩阵

美国波士顿教授设计的矩阵分析理论认为公司若要取得成功，就必须拥有增长率和市场份额各不相同的产品组合，组合的构成取决于现金流量的平衡。这个方法使我们在完成产品组合的策划任务时，拥有系统性、可行性、创新性的分析和创意方法。

① 评价各产品的市场前景。用"市场增长率"指标来表示发展前景。

② 评价各产品的市场竞争地位。用"相对市场份额"指标来表示竞争力，计算公式是把某产品的收益除以其最大竞争对手的收益。

③ 表明各产品在矩阵图上的位置。以产品在二维坐标的四个象限上，以坐标点为圆心画

一个圆圈，圆圈的大小来表示企业每项业务的销售额。

通过波士顿矩阵可以诊断企业的产品组合是否健康。一个不健康的产品组合要么有太多的瘦狗产品或问题产品，要么有太少的明星产品或金牛产品；还可以通过一段时间的观察，分析处于不同象限的各种产品的发展趋势，比如明星产品也许会发展成金牛产品，也可能会变成问题产品（参见图1.13）。

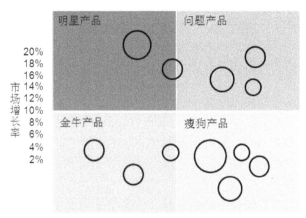

图1.13　波士顿矩阵分析模型

1.5.13　蓝海战略

蓝海战略理论表明，即使竞争再激烈的市场也一样会有市场空白存在，我们应该善于发现市场空白并第一时间介入，这是非常重要的开创市场的创新思维。

这一战略源自 W. 钱·金和勒妮·莫博涅教授合著的《蓝海战略》一书。蓝海战略其实就是企业超越传统产业竞争，开创全新的市场的企业战略。如今这个新的经济理念正得到全球工商企业界的关注。"红海"是竞争极端激烈的市场，但"蓝海"也不是一个没有竞争的领域，而是一个通过差异化手段得到的崭新的市场领域，在这里，企业能够凭借其创新能力获得更快的增长和更高的利润。

1.5.14　长尾理论

与"二八"法则相对，21世纪又出现了长尾理论的创新。长尾理论的基本原理是：只要存储和流通的渠道足够大，需求不旺或销量不佳的产品所共同占据的市场份额可以同那些少数热销产品所占据的市场份额相匹敌甚至更大，即众多小市场汇聚成可与主流大市场相匹敌的市场能量。在长尾理论中，实际上"长尾"是"二八"法则中原先不怎么被重视的那80%非关键的市场和低收益客户等，这为互联网、移动通信时代的电子商务找到了营销创意的理论依据。

长尾理论要想发挥效果，必须具备的条件是：便利而快速的流通渠道，并且市场维护成本要尽可能小。计算机和网络技术的高度发展使之得以实现，如淘宝网。因此，我们看到大批长尾理论的获利者都是互联网企业，而在传统市场中，"二八"法则依旧大行其道。

1.5.15　定位理论

定位理论的创始人是美国的里斯和特劳特。定位起始于产品，但并不是对产品本身做什么行动。定位是指要针对目标消费者的心理反应和思考模式进行分析，最终要将产品在他们的心智中确定一个适当的位置，最好是"第一提及"的位置。定位是对顾客的头脑进行争夺，目的是在目标消费者心智中获得有利的地位。

定位理论实际上是 STP 理论的发展和深化。

1.5.16　品牌形象

美国广告创意大师大卫·奥格威提出的品牌形象论是广告创意理论中的一个重要学派。在此理论影响下，出现了大量优秀的、成功的广告。

其基本要点如下。

① 为塑造品牌服务是广告的最主要的目标。广告就是力求使品牌具有并维持一个高知名度的品牌形象。

② 任何一个广告都是对品牌的长期投资。从长远的观点来看，广告必须尽力去维护一个好的品牌形象，而不惜牺牲追求短期效益。

③ 随着同类产品差异性的减小，品牌之间的同质性的增大，消费者选择品牌时所使用的理性就越少，因此，描绘品牌的形象要比强调产品的具体效用和功能特征要重要得多。

④ 消费者购买时所追求的是"效用利益＋心理利益"，对某些消费群体来说，广告尤其应该运用形象来满足其心理上的利益诉求。

1.5.17　木桶理论

一个木桶盛水的多少，并不取决于桶壁上最高的那块木块，而恰恰取决于桶壁上最短的那块，因此：

只有桶壁上的所有木板都足够高，那个木桶才能盛满水；

只要这个木桶里有一块不够高度，木桶里的水就不可能是满的。

"木桶理论"可以启发我们许多思考，因为最短的木板在对最长的木板起着限制和制约作用，决定了创意的结果。

1.5.18　羊群效应

羊群效应是市场行为的一种常见现象，如果一个消费者宣称吃到了新鲜的青草，其他消费者就会一哄而上争抢那里的青草，全然不顾其他地方还有更好的青草，这给我们的策划创意带来许多启发。

有一则幽默故事反映了羊群效应的作用：一位石油大亨到天堂去参加会议，一进会议室发现已经座无虚席，没有地方落座，于是他灵机一动，喊了一声"地狱里发现石油了。"这一喊不要紧，天堂里的石油大亨们纷纷向地狱跑去，很快，天堂里就只剩下那位后来的了。这时，这位大亨心想，大家都跑了过去，莫非地狱里真的发现石油了？于是，他也急匆匆地向地狱跑去。

1.5.19　果子效应

对于消费者而言，品牌是一种经验，也是一种代表性的符号。在物质生活日益丰富的今天，同类产品多达数十上百甚至上千种，消费者根本不可能逐一去了解，只有凭借过去的经验，或别人的经验加以选择。因为消费者相信，如果在一棵果树上摘下的一颗果子是甜的，那么这棵树上的其余果子也都会是甜的。这就是品牌的"果子效应"。

"果子效应"对品牌创新提出了一种高效的创意策略，企业在开发新产品、介入新的领域后仍然能够利用原品牌的影响力来统领市场。

1.5.20　以太定律

从古至今，对于物理学家们来说"真空有何物"是他们头脑里挥之不去的问题。在经典力学时代，人们认为真空充满着"以太"。以太是静止的、均匀分布的、充满空间各个角落的连续性媒质，所有物体，包括地球和各天体都在以太中运动，并且光波依靠以太这种媒质传播。虽然物理学实验证明并没有"以太"这种物质，但是"以太"代表了一种似乎存在但是看不见的事物。

我们用"以太"的概念来比喻市场营销环境中充满了看不见、摸不着的一种"物质"。它是变幻莫测的，使得我们无法以一个固定的策划创意思维模式解决营销问题，只有一个创意的思路："感性诉求解除防备，理性诉求征服消费"。

1.5.21　苹果定律

现在的苹果一般是 5 元一斤，大概有二三个。如果将这二三个苹果切成片，装上盘，在KTV 包房或大酒店出售，可以卖 48 ～ 98 元一盘。这就是"盘子里的苹果更值钱"的苹果定律。

在营销策划里，这个盘子可以是品牌、可以是包装、可以是广告等。同样是皮包，全球首席奢侈品 LV 的箱包，是采用同类品质牛皮和配饰设计制作的，价格就是其他牌子的几十倍到上百倍；耐克设计师设计的运动鞋，在中国代工生产，同类品质的产品价格要比国产的高 4 ～ 10 倍。

案 例 资 料

策划人才应该是怎样的？由于策划人才奇货可居，也带来了一个鱼龙混杂的问题。有一天来了一位 70 多岁的老先生，耳朵都聋了，一帮年轻人拥着他。这老先生倒很谦卑，他自言自语地说：其实我不想来，他们硬叫我来，我也不知道他们让我来干什么。大家当时不知道这个老先生是谁，折腾了半天，老先生告辞了。后来，他旁边的人告诉我们，这是中国最后一位王爷。大家奇怪：把他请来同我们见面干什么呢？这几个人说，老人家能知天下大事，霍英东、李嘉诚想见他都见不到，我们今天把他请来是想和你们探讨一下策划的事，他也是搞策划的。不管怎样，大大小小、形形色色的策划人都能找到活儿干，这说明了一个问题，在中国社会重大转型的时候，策划人的需求量是非常大的。任何一个行业兴旺以后，什么人都想往里面挤，难免就有歪嘴和尚把经念歪的时候，这时，大家把账都算到策划业的头上。所以，鉴于这种危机感，我们所做的任何策划都采取一种非常稳妥、非常谨慎的态度，做不到的绝对不吹牛。因为我们希望通过自己的努力，能够为中国的文化人、知识分子和智慧业走出一条比较长期的、健康的和发展的道路。此外，建立行业的规范、标准也迫在眉睫。

 # 知识练习

一、问答题

（1）什么是策划？

（2）说说"创意"的字面意义？

（3）创意有哪四个重要的特征？

（4）创意三作用和三要素是什么？

二、判断题

（1）营销策划研究的重点不是产品，而是需求。（　　）

（2）创意是策划的核心，是找出事物的本质和规律，然后以喜剧的方式呈现出来。（　　）

（3）最有力量、最震撼、最能打动人心的那一个，瑞夫斯称之为独特销售主张（USP）。
（　　）

（4）"直抵人心柔弱处"的打动就是要让消费者在实现消费前放大了对满足的期待，在消费后获得了超出期待的满足，因此愿意掏出更多的钱。（　　）

三、选择题

（1）创意的三法则是：

A．知名度法则

B．一切皆有可能法则

C．提高概率法则

D．改变观念法则

E．提醒消费法则

F．改变用途法则

（2）修正创意要分析论证四点：

A．谁来做

B．何时做

C．在哪做

D．如何做

E．做什么

实务训练

每天撰写创意日记

目标：每天训练创意思维。

内容：每天将自己遇到或想到的一件创意事情记录下来，20字以上，须配手绘图。

组织形式：每个人都要有一本《创意日记》，老师每周抽查一次。

要求：每个人都必须参加撰写创意日记的训练。

训练要点：

创意是可以通过简单的训练培养出来的。很多时候，我们以为我们没有创意，其实是我们没有挖掘内心的想法；我们以为我们做不到表达头脑中的构思，其实是我们没有坚持训练；我们以为我们做不到表达心中的情感，其实只要坚持，不久以后的某天早晨，就会发现自己的表达已经很有说服力。

策划创意工作过程

 学习目标

1. 知识目标

通过本章学习，掌握策划创意工作过程五个环节的有关内容，把握不同环节的不同要点，掌握开展策划创意工作所需的知识、手段和方法。

2. 能力目标

学生团队应学会通过分工安排调动每个成员的积极性，培养责任感和行动能力，能够运用不同工作环节所需的专业知识和理论工具出色地完成任务。

 学习导航

策划创意工作过程

- 基本概念 —— 在营销策划中，创意是核心、发动机，是贯穿营销策划工作的重要内容

- 策划创意工作过程的五环节 —— 资讯的准备和消化、创意的灵感和修正、策略形成、行动计划、效果评估

- 重点内容
  - 【资讯的准备和消化】准备资讯、消化资讯
  - 【创意的灵感和修正】捕捉创意的灵感、进行创意的修正
  - 【策略形成】创新中国特色的营销策略、形成创意支撑的营销策略内容、在营销组合策略中发挥创意作用
  - 【行动计划】基本原则、主要内容
  - 【效果评估】提升销售业绩、提升市场占比、提升品牌形象

- 采用工作过程系统化学习本课程
  - ■工作过程是一个策划人承担岗位工作任务、解决实际问题、达到任务目标的过程
  - ■工作过程是运动的过程，从任何要素入手都可以构成一个工作过程
  - ■构建工学一体的工作过程学习环境，是本课程学习的重要基础
  - ■为解决教学的动态性和对象的成长性，学习情境和教学载体应采用真实项目法

案例导入

第五届国家示范高职院校建设成果展示会

2012年11月2日，"高等职业教育服务青年成长发展暨第五届国家示范性高职院校建设成果展示会"在山东省潍坊市隆重召开。会议全方位展示《教育规划纲要》颁布实施两周年来我国高职教育战线改革发展取得的丰硕成果，是《2012中国高等职业教育人才培养质量年度报告》丰富内涵和精神实质的立体呈现。展示会以"创意高职"为主题，意在发现高职不一样的价值：一是通过学生的职业发展体现教育对人生成长的价值；二是通过办学特色体现高职教育的类型价值；三是通过社会服务体现助力社会发展的价值。

这届成果展示会与往届最大的不同就是按照策划创意工作过程，由南宁职业技术学院营销与策划专业09级和10级的学生组成专项策划团队，历时半年，在高职院校校长联席会的领导下，通过项目调研、选址考察、主题创意、会徽设计、活动策划、现场实施等工作内容进行了全程策划，该学生团队因此获得教育部颁发的"青春才华奖"，以此表彰南宁职业技术学院学生策划团队为本届以"创意高职"为主题的展会所带来的突出贡献。参见图2.1，可参阅该展会策划稿。

图2.1　学生团队创意的开幕启动仪式

案例思考：由策划专业学生团队完成本届展示会的全程策划有何意义？

分析提示：

这次展示会是"第五届国家示范性高职院校建设成果展示会"，同时也是"高等职业教育服务青年成长发展展示会"，除了通过现场图片、文字、物品、展装、影音等展示外，还希望通过展示学生真实的职业行为能力来展示建设成果。这是一个很好的创意，是行为艺术在本展会的灵活运用，为此，本展会的主题确定为"创意高职"，体现了高等职业教育在大学生创新、创业方面已经取得前所未有的历史性成果。

 ## 做中学

校园营销策划节策划创意

实训目的：展会活动策划是最常见的营销策划类型之一，从最贴近学生的内容和形式开始本教程的实训，能够很好地体现"学生行动能力由低到高、实训内容由简单到复杂"

的行动能力导向教学方法，使学生能够很快上手，亲自建构策划创意项目的全程内容。

　　实训内容：为本校园开展营销策划节进行策划创意，按照展会的规律，一般集中在三天内完成展会活动，为此展会进行的策划创意则要经过一系列工作过程，如市场调查、主题创意、内容策划、形式策划、招商策划、推广策略等。

　　实训要求：学生以模拟公司为团队，按照策划创意的工作过程开展实训。

　　实训步骤：学生团队应合理安排公司成员的分工，及时完成工作过程各个环节的工作任务。

　　成果评价：任课教师应明确实训任务的完成时间，要求学生团队在提交创意方案的同时进行 PPT 提案演讲，现场邀请行业专家共同担任评委。

同类作品欣赏

2.1　策划创意工作过程

　　在营销策划中，创意是核心、发动机，是贯穿营销策划工作的重要内容。营销策划的工作过程参见图 2.2。

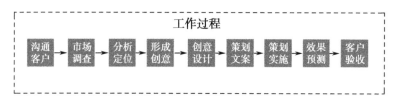

图2.2　营销策划的工作过程

　　根据对策划创意工作规律的分析和总结，提炼归纳为 5 个环节，即资讯的准备和消化、创意的灵感和修正、策略形成、撰写行动计划、效果预测。本教材将按照策划创意工作过程 5 个环节来进行知识传授和技能实训，参见图 2.3。

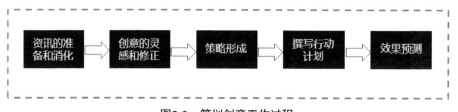

图2.3　策划创意工作过程

2.2　资讯的准备和消化

2.2.1　准备资讯

　　一般来说，准备资讯就是通过采集二手资料和市场调查的方法来进行，相关资讯应该有以下两种类型：

① 特定资讯。这主要是指与营销策划对象（如企业、品牌、产品、活动等项目）相关的资料，如政策法规、行业状况、目标市场、竞争对手等资讯。

② 一般资讯。这类资讯未必都与营销策划对象相关，但一定会对策划创意思维有帮助，至于哪些资讯更有帮助，取决于策划人的判断。

因此，策划人应该对各方面的资讯具有浓厚的兴趣，而且善于广泛了解各种资讯。创意思维犹如一个万花筒，万花筒内的材料越多，组成的图案就越多，因此，掌握的资讯越多，就越容易产生创意。

在资讯收集阶段，要完成以下工作任务：

* 特定资讯采集。
* 一般资讯采集。
* 消费需求调查。
* 竞争对手调查。
* 产品资讯采集。
* 相关资讯采集。

2.2.2 消化资讯

资讯收集到一定的程度，就要进行消化资讯的工作。

首先，对所收集的资讯进行认真的阅读、理解。这时的阅读不是一般地浏览，而是要认真地阅读，要围绕着项目的目标，带着战略意图去阅读。对所收集到的全部资料，包括特定资讯、一般资讯、实地市场调查资讯等，以及脑海中过去积累的资讯，逐一综合梳理，进而理解、掌握。

其次，采用策划创意理论工具（参见 1.5 节）进行分析研究。这个阶段，最考验策划人的经验与技巧，要针对不同的情况、不同的对象，采用不同的理论进行分析，最终形成市场需求细分、目标市场特征、市场定位、产品独特卖点、营销目标等结论。

在消化资讯阶段，要完成以下工作任务：

* 市场需求细分。
* 目标市场特征描述。
* 市场定位描述。
* 产品独特卖点描述。
* 营销目标描述。

案例资料

广西大明山4A景区旅游品牌策划创意

2013 年，广西南宁奥理可赢公司中标国家 4A 级景区——广西大明山景区旅游品牌策划创意项目，奥理可赢的专家与南宁职业技术学院的老师一起，历时 8 个月，带领营销与策划专业 150 个学生组成 28 个市场调查小组，完成了准备资讯和消化资讯的市场调查与分析工作。相关工作包括：

① 景区资料收集。通过资料复印、实景拍照收集景区与品牌营销相关的印刷品、宣传品

和广告资料；召开中层以上管理人员座谈会，集中听取信息反馈；单独访问 16 名中层以上管理人员，收集有关资讯和意见建议。

②消费者问卷调查。在广西南宁市 10 所高校和 8 个大商圈共发放 5600 份的问卷。

③消费者焦点座谈会。召开了 4 场，每场有 10 人参加。与会者身份包括学生、教师、公务员、国企职员、外企职员、私企职员、个体老板、私企领导、公职领导、离退休人员等，按照一定比例名额随机抽选参会。

④消费者深度访谈。同样按照一定比例名额随机抽选了 80 人接受访谈，他们的身份包括学生、教师、公务员、国企职员、外企职员、私企职员、个体老板、私企领导、公职领导、离退休人员。

⑤现场专家座谈会。邀请多位来自北京、深圳的旅游行业资深专家对大明山景区进行实地考察后，就大明山旅游品牌的定位、开发及产品体系设计等进行了座谈。

⑥清华大学专家研讨会。由清华大学紫荆养生俱乐部在紫光大厦就大明山养生旅游项目进行了研讨和招商路演，与会单位包括清华养生研究院、清华浙江研究院、清华深圳研究院、中国医药大学、北大养生研究中心、全国市长研修学院城市发展与品牌定位项目、江西证券、北京金城投资公司、《中国旅游报》、天道茶缘、陈氏太极传人、吴氏太极传人、梁漱溟嫡孙等著名机构和专家。

经过大量的工作，广西大明山旅游品牌策划创意工作取得了突出的成绩，通过了广西有关政府部门的验收，形成了品牌定位、广告口号等策划创意结论。

（本案例来源于编者亲自参加的南宁职业技术学院营销与策划专业和广西南宁奥理可赢企业管理咨询有限公司合作完成的项目"广西大明山 4A 景区旅游品牌策划"。）

【案例思考】

　　旅游品牌策划是旅游市场的策划项目，其核心是品牌定位的创意和广告口号的创意。一个这样的策划项目应该如何科学合理地实施？从本案例中可以看到从企业内部和从市场、社会环境收集资料、消化资料的重要性，这个环节的典型工作内容就是市场调查分析。"没有调查就没有发言权"，通过调查分析形成的结论才能拿出过硬的创意。所谓"过硬的创意"就是在创新性、逻辑性和可行性三个方面是经得起推敲的。

2.3　创意的灵感和修正

2.3.1　捕捉创意的灵感

上阶段的任务完成之后，暂时放开任务，放松自己，选取自己最喜欢的娱乐方式，如打球、听音乐、唱歌、看电影等，总之将精力转向任何能使自己身心放松的节目，完全顺乎自然地放松。不要以为这是一个毫无意义的过程，实质上，这个过程是转向刺激潜意识灵感的创作过程。

假如在上阶段任务中确已尽心尽责，几乎可以肯定会有创意灵感的出现。创意灵感往往

会在策划人费尽心思、苦苦思索，经过一段停止思索的休息与放松之后出现。

如创意大师韦伯·扬在研究网版印刷照相制版法的问题时，进行完前两个步骤后疲劳至极，睡觉去了。一觉醒来，整个运作中的照相制版方法及设备影像映在天花板上，创意出现了。

又如，阿基米德发现不规则庞然大物的重量计算方法，是在极度疲劳，放开思索沐浴时，完毕起身离开浴盆，"哗哗"一声水响触动了他的灵感！从此以后，人类对浮在水面的万吨巨轮就是以排水量来计算其重量的。

在捕捉创意灵感阶段，要完成以下工作任务：

- 个人头脑风暴。
- 团队头脑风暴。
- 捕捉记录所有点子和想法。

2.3.2　进行创意的修正

这个阶段要对灵感产生的创意进行创新性、逻辑性和可行性推敲，进行细致的修改、补充、锤炼、提高。这个创意修正的过程是至关重要的工作，因为一个创意的灵感肯定会不够完善、不够全面，所以要运用营销理论反复构思方可加以完善。

在进行创意修正阶段，要完成以下工作任务：

- 运用理论工具分析完善创意。
- 运用技巧和方法激发更多创意。
- 分析论证最优创意。
- 全面系统地描述最优创意。

课堂练习

思考以下问题，并由每个团队派代表到讲台上进行交流演讲。

1. 创意是如何产生的？是与生俱来，还是后天练就？是无心偶得，还是勤奋所赐？
2. 策划是思维活动还是实践活动？策划创意中最重要的内容应该是什么？
3. 在策划创意活动中，"大胆假设，小心求证"应该怎样理解？

2.4　策略形成

2.4.1　创新中国特色的营销策略

可以在下述 10 个建议的方面创新营销策略，这些建议在中国特色的市场环境中是比较适用的。但应注意，营销策划没有一成不变的公式和套路，凡是成功的企业，总能发现是它们第一个创新了营销策略和商业模式，正所谓的"一流企业做标准，二流企业做品牌，三流企业做产品"，只有三流企业步人后尘做产品。因此，策划创意永远是企业的核心竞争力。

①功效优先策略。国人购买动机中列于首位的是求实动机。任何营销要想取得成功，首

要的是要有一个功效好的产品。因此，市场营销第一位的策略是功效优先策略，即要将产品的功效视为影响营销效果的第一因素，优先考虑产品的质量及功效优化。

② 价格适众策略。价格的定位也是影响营销成败的重要因素。对于求实、求廉心理较重的中国消费者，价格高低往往直接影响着他们的购买行为。所谓适众，一是产品的价位要得到产品所定位的消费群体大众的认同；二是产品的价值要与同类型的众多产品的价位相当；三是确定销售价格后，所得利润率要与经营同类产品的众多经营者相当。

③ 品牌提升策略。所谓品牌提升策略，就是通过各种形式的宣传，提高品牌知名度和美誉度的策略。提升品牌，既要求量，同时更要求质。求量，即不断地扩大知名度；求质，即不断地提高美誉度。

④ 刺激需求策略。所谓刺激需求策略，就是将消费者需求视为营销的源头，通过营销活动，不断刺激消费者的购买需求及欲望，实现最大限度地为消费者服务的策略。

⑤ 现身说法策略。现身说法策略就是用真实的人使用某种产品产生良好效果的事实作为案例，通过宣传手段向其他消费者进行传播，达到刺激消费者购买欲望的策略。通常利用现身说法策略的形式有小报、宣传销售活动、案例电视专题等。

⑥ 媒体组合策略。媒体组合策略就是将宣传品牌的各类广告媒体按适当的比例合理地组合使用，刺激消费者的购买欲望，树立和提升品牌形象。

⑦ 单一诉求策略。单一诉求策略就是根据产品的功效特征，选准消费群体，准确地提出既能反映产品功效，又能让消费者满意的诉求点。

⑧ 终端包装策略。所谓终端包装，就是根据产品的性能、功效，在直接同消费者进行交易的场所进行各种形式的宣传。终端包装的主要形式有：一是在终端张贴介绍产品或品牌的宣传画；二是在终端拉起宣传产品功效的横幅；三是在终端悬挂印有品牌标记的店面牌或门前灯箱、广告牌等；四是与终端营业员进行情感沟通，影响营业员，提高营业员对产品的宣传介绍推荐程度。调查显示，60% 的新产品购买者要征求营业员的意见。

⑨ 营销组织策略。组织起适度规模而且稳定的营销队伍，最好的办法就是根据营销的区域范围，建立起稳定有序、相互支持的各级营销组织。

⑩ 动态营销策略。所谓动态营销策略，就是要根据市场中各种要素的变化，不断地调整营销思路，改进营销措施，使营销活动动态地适应市场变化。动态营销策略的核心是掌握市场中各种因素的变化，而要掌握各种因素的变化就要进行调研。

 课堂练习

广告创意

个人练习，把以下胡思乱想改造成一个广告创意：

1. 假设今天要去逛街买东西，把想买的东西的特点做成广告创意。
2. 假设今天去游玩，把要游玩的地点、方式做成广告创意。
3. 假设今天去约会，把约会的想象改造成广告创意。
4. 把今天上课学习的内容改成一个征答广告创意。

练习：请每位同学将上述练习结果写在一张纸上交上来，老师选取其中 10 位公开朗读，并邀请全班进行点评和讨论。

2.4.2　形成创意支撑的营销策略内容

只有当获得一个很强的创意支撑时，品牌或产品的营销策略才有效。反过来说，营销策略若没有创意做支撑是没有作用的。客户往往只是买我们的创意点子，而不是买我们的产品。如要推销一款健身器材，可以向客户说"我们应该向妻子展示的是充满肌肉的身体，而不是健身器材"，潜台词就是，"只有我们的健身器材才能让你充满肌肉，这是因为我们的健身器材的独有技术和创意"。

从营销策略内容的六个问题去思考，解决营销策略如何获得创意支撑的问题。

1．如何达成营销目标

即如何通过创意增加目标消费群的消费黏性、消费频率、转移成本等。

2．如何影响目标消费者

即如何通过创意影响目标消费群的消费心理、消费行为等习惯，尽快转移到本品牌的消费行列。

3．如何改变竞争状况

即如何通过创意使我们获得更大的竞争优势。

4．如何创造新价值

即如何通过创意创造出获得目标消费群认可的新利益、新价值。

5．如何发现独特的销售主张

即在若干给予目标消费者的利益与价值中，发现哪一点特征可以成为最具独特优势、最震撼、最突出的卖点，进一步提炼成为一句广告口号，它就是独特的销售主张（USP）。

6．如何形成品牌印象或格调

即通过创意如何建立目标消费者对品牌的印象，为品牌塑造什么样的格调。

在策略形成阶段，要完成以下工作任务：

* 选择与最优创意配套的营销策略类型。
* 形成以最优创意支撑的策略内容描述。
* 在创新性、逻辑性、可行性方面对策略创意进行全面分析论证。
* 完善策略创意的内容。

2.4.3　在营销组合策略中发挥创意作用

从根本上来说，营销策划的任务就是形成 4 个策略，对营销组合的 4 个方面发挥创新和统筹的作用，使营销活动能真正促进营销效益的提高。

1．产品策略

① 市场定位创新。要为产品在目标消费者的心智中寻找一个恰当的位置，形成目标消费者"第一提及"的效果，使产品迅速启动市场。如果该产品原来的市场定位未能达到这个效果，

更需要通过创意的创新来改变定位。

② 品牌形象创意。遵照既定的市场定位，创意视觉设计如 Logo、包装、广告等，更容易达成较高的知名度、美誉度，树立消费者心目中的"第一提及"品牌。

③ 产品三层次策略创新。从核心产品、包装产品、延展产品三层次进行创意构思，对产品给消费者的利益、对消费者心理的暗示、售后的服务等方面都应发挥创意作用。

2．价格策略

① 创新价格策略以调动批发商、中间商的积极性。

② 考虑给代理商以适当数量的抵扣，鼓励多购。

③ 针对同类竞争产品的价格，改变产品价格使之更具竞争力。

3．渠道策略

创新营销渠道拓展方式，建立新型的代理模式。

4．促销策略

① 让促销策略服从创新的品牌形象和产品策略。

② 创新促销活动安排，掌握适当时机，及时、灵活地进行。

2.5　撰写行动计划

在营销策划中，创意是点子，策略是围绕点子而构思的方案，行动是为了实施策略而需完成的工作，计划则是为了达到营销目标而按照时间进度安排的一系列层层推进、环环相扣的策略内容。

2.5.1　基本原则

1．求实原则

实事求是是一条基本原则。策划创意必须建立在对事实的真实把握基础上，并根据事实的变化来不断调整策略内容和时机，所以制订行动计划必须依据市场调查所获得的真实数据。

2．系统原则

在策划创意中，应将营销活动视为一个系统工程，按照系统的观点和方法予以谋划统筹。

3．创新原则

策划创意必须打破传统、刻意求新、别出心裁、突破旧思维，给受众留下深刻而美好的印象。

4．弹性原则

策划创意方案实施的环境和条件是充满弹性和柔性的，行动计划应留有余地和弹性，才能在实施的时候进退自如。

5．道德原则

策划创意应符合社会伦理道德，策划人的行为也应该符合职业道德和伦理道德。

6．心理原则

要运用心理学的一般原理及其应用，正确把握目标消费者心理，按消费者的消费心理偏好和习惯来制订营销策略。

7．效益原则

创意的目的就是要以较少的费用，去取得最好的营销效果。

2.5.2　主要内容

行动计划主要包括的内容如下。

1．营销目标

营销的行动计划必须有明确的营销目标，一般从提升销售业绩、提高市场占比、提升品牌形象三个方面来设计营销目标。

2．策略安排

不同的时机运用不同的策略，这本身就是一种创意，因此要特别注意按照达成目标的时间点来倒推策略实施的时间安排。

3．费用预算

没有费用预算就没有计划的可行性，包括总费用、阶段费用、活动费用、媒体费用、物料费用等均应一一列出，并需要标明单价、数量，以此考察费用的合理性。

2.6　效果预测

营销策划创意的效果不外乎达成营销目标、超过营销目标和达不到营销目标三种情况，预测应说明在什么时间能达成什么营销目标。

每次策划所定的目标不一样，企业的性质不一样，市场环境也不一样，因此往往没有办法以一个标准来衡量策划创意的效果。根据营销策划的规律，我们通常只需从提升销售业绩、提高市场占比、提升品牌形象三个方面的营销目标来预测效果。

2.6.1　提升销售业绩

提升销售业绩的预测是指未来特定时间周期内某产品的销售目标（销售量或销售额）较基数有多大提升的预测。

为此，其一，要进行销售业绩回顾，主要回顾过去同期销售业绩，但随着时代的变迁，未来销售业绩必然有所变化，故在决定销售目标之前，应将过去同期的销售业绩结合市场环境各种影响来考虑；其二，要进行市场需求预测，即预测在指定时间周期内的目标市场需求变化情况，当判断市场需求存在增长的趋势，就可以在过去同期销售业绩的基础上提高销售目标；其三，要分析营销策划创意所带来的积极作用，比如促销的效果、广告的作用、移动互连的运用等带来的销售业绩提升。以上三个方面的分析明确了只有提升销售目标，才能预测营销策划活动能够提升销售业绩。

2.6.2　提高市场占比

市场占比就是指市场占有率，所谓市场占有率是指某种产品的销售量或销售额与市场上同类产品的全部销售量或销售额之间的比率。

提升市场占有率的预测是指未来特定时间周期内某产品的市场占有率较基数有多大提升的预测，着重考虑策划创意在产品策略、价格策略、渠道策略、促销策略 4P 组合方面产生的市场吸引力，即能够刺激形成多少消费。

在市场占有率预测中，还要考虑竞争对手和其他产品替代能力的影响。因此，除了要预测总的市场需求外，还需要预测竞争对手的市场发展趋势和前景，掌握了这些方面必要的情报、数据，就可以正确地评价竞争对手，清醒地认识到自己在竞争中所处的地位，估计竞争形势，准确预测市场占比能否提升。

2.6.3　提升品牌形象

品牌是一个以消费者为中心的概念，没有消费者，就没有品牌。品牌形象的价值体现在品牌与消费者的关系之中。品牌形象的最终目的是谋求与消费者建立长久的、稳定的、强劲的关系，博得他们长期的偏好与忠诚。

提升品牌形象的预测是指未来特定时间周期内某品牌的形象较基期的形象有多大提升的预测。为此，需要对基期的品牌形象进行评价才能作出未来提升的预测。品牌形象的评价一般涉及以下问题：有多少消费者能够第一提及该品牌？有多少消费者忠诚于该品牌？消费者能否清晰地描述出该品牌的个性？消费者对该品牌有什么期望？该品牌和竞争品牌在目标消费者心目中的位置如何？

对品牌形象的评价一般需要通过市场调查采集消费者信息，借助营销分析的理论工具和计算机辅助手段得出量化评价与感性评价。

2.7　采用工作过程系统化学习本课程

高职院校的教育目标是职业能力还是职业技能？一字之差，却有本质上的不同。前者包含了社会能力、方法能力和专业能力，是职场和社会上可持续发展的能力；后者只是专业能力和方法能力，也许能够在职场上就业，但是缺乏持续发展的潜力。因此，高等职业教育注重的应该是职业能力教育，而不仅仅是职业技能培训。

以工作过程系统化方法构建课程就是解决职业能力培养的教学方法。

1. 工作过程是一个策划人承担岗位工作任务、解决实际问题、达到任务目标的过程

一个职业策划人在工作岗位上能够胜任、称职，需要具备 3 个条件。

（1）具备全局观

① 对整个工作过程熟稔于心。

② 对机构拥有的资源和个人能够掌握的资源已经深刻领会。

③ 对工作的条件和环境已经进行充分调查分析并熟悉掌握。

④ 对完成工作任务所需要掌握的知识和技能要素已经掌握。

（2）具备能力观

① 具备能够担当工作责任的能力。

② 能够完成任务目标，实现岗位履职承诺。

③ 具有团队合作精神和善于交流、互相支持的能力。

④ 具有不断学习、不断总结提高的能力。

⑤ 拥有符合岗位职业形象的举止和礼仪。

（3）具备品质观

① 认可社会道德公约和职业道德规范。

② 希望个人的道德修养能够获得团队、雇用单位和社会的认可。

③ 尊重他人的人格、自由、信仰、学识和能力等。

④ 希望以不断提升的职业能力获得尊重。

2. 工作过程是运动的过程，从任何要素入手都可以构成一个工作过程

通常情况下，工作过程有 6 个要素，分别是：对象、内容、手段、组织、产品、环境。根据营销策划的特点，本教材认为选择"对象"作为解构和重构工作过程系统化课程的要素是最为合适的，参见图 2.4。

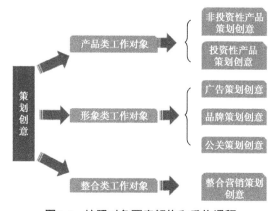

图2.4 按照对象要素解构和重构课程

3. 构建工学一体的工作过程学习环境，是本课程学习的重要基础

工作过程系统化的课程建设，既需要以"对象"为要素构建按对象分类、按类型并列、完全覆盖职业能力的典型工作过程，又需要投资建设工学一体化仿真的学习实训教室、场所。

为完成课程的学习，本课程的学生需分组组成模拟公司团队，按图 2.5 构建学习环境。

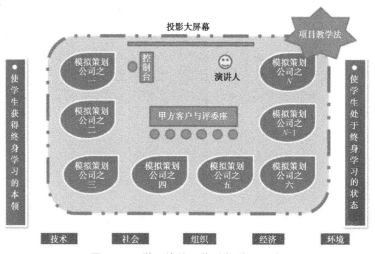

图2.5　工学一体的工作过程学习环境

4．为解决教学的动态性和对象的成长性，学习情境和教学载体应采用真实项目法

为了满足教学规律的要求，突出"教学做一体化"的特点，在策划创意课程以工作过程系统化重构的教学情境中，完全按照策划创意工作过程的 5 个环节来安排学生团队的项目作业，即资讯的准备和消化、创意的灵感和修正、策略形成、撰写行动计划、效果评估。

最后，要组织全部学生团队面对项目委托方的人员和行业的专家，进行现场提案竞标。

项目企业、行业专家、授课教师、学生团队等在项目教学法中的地位和作用参见图 2.6。

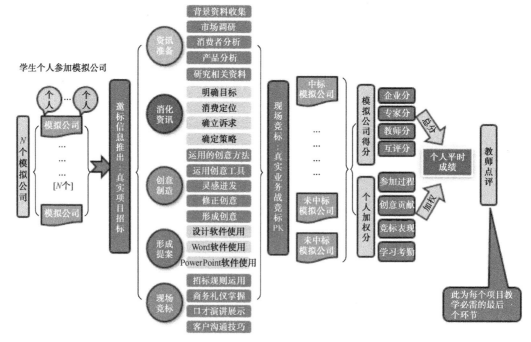

图2.6　真实项目教学法的课程设计

知识练习

一、问答题

（1）为什么说采用策划创意理论工具进行分析研究的阶段最考验策划人的经验与技巧？

（2）在捕捉创意灵感阶段要完成哪些工作任务？

（3）什么是品牌提升策略？

（4）从营销策略内容的哪六个问题去思考，可以解决营销策略如何获得创意支撑的问题？

二、判断题

（1）在营销策划中，创意是核心、发动机，是贯穿营销策划工作的重要内容。（   ）

（2）一般资讯是指与营销策划对象（如企业、品牌、产品、活动等项目）相关的资料，如政策法规、行业状况、目标市场、竞争对手等资讯。（   ）

（3）创意修正的任务包括运用技巧和方法激发更多创意。（   ）

（4）准备资讯不能通过采集二手资料，而是采用市场调查的方法来进行。（   ）

三、选择题

（1）营销策划的任务就是形成四个策略：

A．产品策略　　　　　　　　B．广告策略

C．价格策略　　　　　　　　D．公关策略

E．渠道策略　　　　　　　　F．促销策略

（2）撰写行动计划的七条基本原则：

A．求实、系统、创新、弹性、道德、心理、效益

B．求实、系统、逻辑、弹性、道德、心理、效益

C．获利、系统、创新、弹性、道德、心理、效益

D．求实、系统、创新、弹性、可行、心理、效益

 实务训练

目标：30分钟练习如何安排策划创意的工作过程和内容。

内容：老师可指定某个大家熟悉的产品，为其设计广告口号即创意任务，要求各模拟公司讨论如何安排成员们的工作过程和内容。

组织形式：请各模拟公司学习小组按照以下流程完成练习。

① 用5分钟讨论创意任务的目标是什么。

② 用5分钟讨论每个人的特长是什么。

③ 用10分钟研究每一个工作环节的工作内容和工作量。

④ 用5分钟将工作过程中的每个环节名称、内容和成员分工写下来。

⑤ 老师随机挑选部分团队上来分享。

要求：每个模拟公司学习小组的成员都必须参与练习。

训练要点：掌握策划创意的工作过程及其内容。

项目 3

创意思维训练

 学习目标

1. 知识目标

通过本章学习，理解创意思维的基本概念和特点。

2. 能力目标

掌握训练的类型和训练的重点，掌握创意的技巧并加以熟练运用。

学习导航

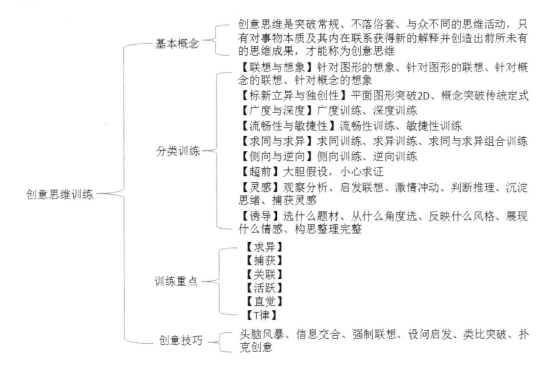

创意思维训练

- 基本概念 —— 创意思维是突破常规、不落俗套、与众不同的思维活动，只有对事物本质及其内在联系获得新的解释并创造出前所未有的思维成果，才能称为创意思维

- 分类训练
  - 【联想与想象】针对图形的想象、针对图形的联想、针对概念的联想、针对概念的想象
  - 【标新立异与独创性】平面图形突破2D、概念突破传统定式
  - 【广度与深度】广度训练、深度训练
  - 【流畅性与敏捷性】流畅性训练、敏捷性训练
  - 【求同与求异】求同训练、求异训练、求同与求异组合训练
  - 【侧向与逆向】侧向训练、逆向训练
  - 【超前】大胆假设，小心求证
  - 【灵感】观察分析、启发联想、激情冲动、判断推理、沉淀思绪、捕获灵感
  - 【诱导】选什么题材、从什么角度选、反映什么风格、展现什么情感、构思整理完整

- 训练重点
  - 【求异】
  - 【捕获】
  - 【关联】
  - 【活跃】
  - 【直觉】
  - 【T律】

- 创意技巧 —— 头脑风暴、信息交合、强制联想、设问启发、类比突破、扑克创意

案例导入

"白纸创意"突破思维

美国著名的广告策划人乔治·路易斯，因其广告创意被誉为影响美国十年的大师，讲过自己刚开始学习创意时的一个故事。

老师布置考试题，要求他们在 18 厘米 ×24 厘米的纸上以长方形为基准做设计。他立刻想到一个好点子，整堂课两个小时就双手抱胸，双眼盯着自己的画纸。考试时间快到的时候，老师在他背后催他快点动手，而他只是在最后几秒钟的时候，在画纸右下角签下自己的名字。老师当然非常生气，给了他不及格。但他坚持认为自己表现了一个最好的创意：一张 18 厘米 ×24 厘米的白纸本身就是长方形最终极的设计形式，而这种形式也因他的大胆行为而被强化。虽然他被老师淘汰了，但是此后他在市场和业界并没有被淘汰，在美国哥伦比亚广播公司担任了很长时间的广告策划人，创作出大众甲壳虫汽车等效果非凡的广告，这正是他坚持"白纸创意"理念的成就。

突破常规，不落俗套，与众不同，这些正是创意思维最显著的特征！

案例思考：为什么路易斯的老师无法接受他的创意？如何让别人接受你的创意？

分析提示：

我们要用一个创意来说服别人的时候，必须依靠创意的逻辑性。路易斯的老师之所以无法接受他的创意，正是因为他没有说一句话，但路易斯经过这个事情反而学会了今后在创作广告作品的时候如何说服广告受众。

做中学

邦迪创可贴平面广告策划创意

实训目的：平面广告是最常见的营销策划创意作品，因其直观性而对推销产品有极好的作用。本实训从平面广告的创意入手，便于学生理解创意思维的作用和创意形成的规律。

实训内容：曾经红极一时的电视连续剧《士兵突击》中男主角许三多，同学们可在网上自行搜索观看。许三多在训练中难免磕磕碰碰受伤，创可贴正好可以利用这个吸引眼球的人物形象来做广告。

请以模拟公司为团队，通过观看电视剧后了解许三多的性格特征，创意并设计出一套五张系列的邦迪创可贴平面广告作品。

实训要求：完成 STP 和 USP 等市场分析，确定广告主题、广告词和广告口号等广告概念，运用计算机设计制作完成一套五张系列的邦迪创可贴平面广告作品。

实训步骤：学生团队应逐个环节完成了解产品、了解影视角色、市场分析、创意概念和设计作品等工作。

成果评价：一周内完成实训任务，要求学生团队在提交平面作品的同时提交分析报告，进行 PPT 提案演讲，现场邀请广告专家共同担任评委。

同类作品欣赏

3.1　创意思维的基本概念

3.1.1　创意思维的定义

创意思维是突破常规、不落俗套、与众不同的思维活动，只有对事物本质及其内在联系获得新的解释并创造出前所未有的思维成果，才能称为创意思维。创意思维是有针对性地根据信息的特征和规律进行创意构思，是一个先认识后创新的过程，只有如此，才能准确把握创意的效果。

创意思维给人带来新的具有社会意义的成果，是一个人智力水平高度发展的产物。创意思维与创造性活动相关联，是多种思维活动的统一。创意思维是普遍存在的，任何人都离不开它，只是谁更善于掌握、更善于发挥其作用而已。

因此，灵感无定式，每个人都会有；创意无公式，却有规律可循。创意必定来源于策划人的创意思维训练。训练，并非要训练"良性的沟通"或"安全的营销"，而是培养能够充满广泛而发散思维点子的灵感创意能力和充满理性而归纳思维逻辑的修正创意能力，使策划人能够做出好的营销策划和好的广告创意。

一个合格的策划人应该坚信这样的理念：无论问题是艰巨还是渺小，都能依靠我的创意思维来解决。

3.1.2　创意思维的特点

一个优秀的创意思维应该具备以下特点。

① 推动信息有效传递，无阻碍。

② 创造性提炼出易懂好记的语言、图形等符号。

③ 对营销的问题有出众的解决能力。

④ 改变人们习惯和看法的出众力量与速度。

⑤ 衍生于哲学、艺术、心理、社会、政治、历史、地理等，并非仅仅是"流行的火花"。

⑥ 具有天然的激情和充沛的动力。

⑦ 突破传统思维的大胆构思。

参见图 3.1。

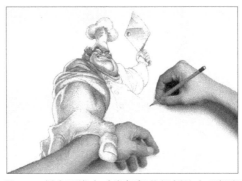

图3.1　创意思维突破常规却获得新的合理解释

3.1.3　创意思维的分类

按思维内容的属性，可分为：形象思维、抽象思维。

按思维过程的指向，可分为：发散思维（即求异思维、逆向思维、想象思维、广度思维等）、聚合思维（即求同思维、联想思维、归纳思维、深度思维等）。

按思维意识的深浅，可分为：显意识思维、潜意识思维。

3.2　分类训练

3.2.1　想象与联想训练

想象与联想在创意思维中是最自然、最原始的类型，每个人天生都会有这类思维的能力，因此，创意思维首先从想象与联想的训练入手。

1. 针对图形的想象

想象是基于大脑记忆的信息，经过修改、增删、异化等超前思维，获得与原来的信息既有逻辑关联，又完全不同于原来信息的新对象。

图形想象是形象思维的主要形式，也是高职院校学生开始接触创意思维训练时，最有趣、最容易理解的方式。

人们最初的图形想象是看到某个视觉对象而想到另一个事物，比如孩子们经常会惊讶地发现白云像羊羔、石头像狮子、树干像人脸等，参见图3.2。

图3.2　图形的想象

更进一步的图形想象则是视觉触及的对象与周围环境关联组合成的图形产生想到另一个事物，这种环境与视觉对象的转化形成的视觉选择性，在现代视觉科学中称为图地反转（视觉对象图形与周围环境背景的反转），是更高阶的图形想象。

图地反转训练是图形想象最常用、最重要的思维训练方法之一。

最早研究图地反转的是丹麦心理学家鲁宾（E. Rubin），他画出了著名的"鲁宾杯"图形。在一个长方形的画面中间画着一只白色的杯子，当你注视杯子的时候，黑色的部分就成了背景；当你注视杯子左右的黑色部分时，白色的杯子就成了背景，则会发现是相对的两个人像侧脸。随着视觉的转换，杯和人的侧面像相互交替出现，形成特殊的画面，参见图3.3。我们可以进一步想象这个图形是否很像某种物品？有人将它创意成广告作品，参见图3.4。

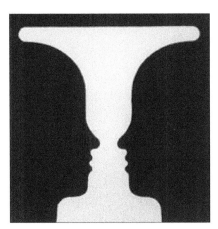

图3.3　著名的鲁宾杯

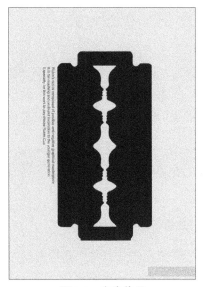

图3.4　广告作品

图地反转变化的理论强调了人们的感觉不是孤立存在的，而是受到周围环境的影响。因此，利用这个方法加以训练，有助于丰富我们的图形想象力。

在标志 Logo 设计、平面广告等创意中，运用图地反转设计作品会获得意想不到的效果，参见图 3.5。

图3.5　天使基金Logo

 **课堂练习**

思维训练

1. 运用图地反转法，在图 3.6 所示的两幅图中你看到了什么？
2. 运用图地反转法，在图 3.7 所示的两幅图中你分别能数出几个人？

图3.6 图地反转思维发现什么图形

图3.7 图地反转思维发现多少个人

2．针对图形的联想

联想是由此及彼的思维衍生，其思维的逻辑是此对象与大脑记忆中的彼内容因为具有某种关联性而产生新的思维对象，由此可以无限地衍生下去，可见联想思维的爆发、裂变能力极其强大。

图形联想的训练方法是先针对某图形，触发联想的神经，无拘无束地发散思维；后针对某概念，舒展联想的翅膀，自由自在地挥动思维。

同学们在训练的时候，首先要明确，联想是与印象或记忆的经验有关的，没有印象和记忆，联想就是无源之水、无本之木。因此，在创意思维的过程中，联想和想象都是记忆的提炼、升华、扩展和创造，而不是简单地再现，从这个过程中产生的一个构想导致另外一个构想或更多的构想，就能不断地产生令人称赞的创意，参见图 3.8。

图3.8 从一头驴和一个修士联想到一个老头

3．针对概念的联想

概念与图形的联想只是对象不同而已，思维的逻辑路径是一样的，是通过赋予一系列概念之间微妙的逻辑关系，从中展开联想而获得新的概念的思维过程。但由于概念联想比较抽象，未经训练的情况下许多人往往会停留在图形联想层面。例如，提到"速度"这个概念，人们往往会联想到呼啸的飞机、奔驰的列车、下落的重物等画面，经过训练的人们则会进一步产生"飞速"、"闪光"、"坠落"、"爆炸"、"粉碎"等一系列概念联想，这些联想引导我们去体验许多只可意会不可言传的概念。比如，从唐代张若虚的《春江花月夜》"春江潮水连海平，海上明月共潮生。滟滟随波千万里，何处春江无月明"的优美诗句中，一般人可以联想到波涛翻涌的江水、一望无际的大海、清冷宁静的月夜画面，少数人则会联想到如梦如歌的乐曲、跌宕起伏的情感、峰回路转的事业等。

针对概念的联想对创意思维的帮助是非常大的，是灵感创意至关重要的手段，我们通常采用"思维导图"的方法进行训练，参见图3.9。

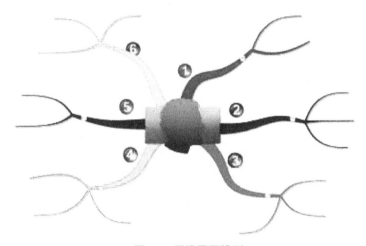

图3.9　思维导图模型

思维导图俗称脑图，我们可以依据图3.9所示的思维导图模型来练习。首先，以某个概念为出发点，写在一张空白A4纸张的中央；然后，在它的周围画5、6个甚至更多圆圈，一般按照相对的思维方向在圆圈里填上第一级联想的概念，然后根据逻辑发展让大脑自然地衍生出下一级概念，以此类推，画满整张纸。这种自由联想式的概念辐射就可以帮助你把自己头脑中的概念无限衍生出一张无比巨大的思维"蜘蛛网"。

之所以能产生如此效果，是因为人对事物的记忆片段是通过联想思维的形式进行逻辑衔接、转换的，往往如脱缰的野马向更多、更复杂的方向发散。因此，加强主动的、有意识的联想训练，能够有效促进人的创意思维。

相对的思维方向通常是一组相反、对抗、矛盾的概念，如正面的与负面的、增加的与减少的、困难的与顺利的、白天的与黑夜的、密集的与稀疏的、初级的与高级的等。参见图3.10。

图3.10　采用相对的思维方向进行联想思维衍生

　　联想思维往往是快速闪现或是模糊不清的，创意人应该及时捕捉使其成为清晰的概念，其中既有依据概念进行直接的、相关的发散联想形式，也有相近的或多种元素组合起来进行联想的形式，更有甚至是看似毫不相干的几个因素通过中间因素的逻辑转折达到联想的目的。事实上，它们之间存在着某种内在的联系，如同"月晕必有风来，础润必有雨落"，只不过这种联系并不是每个人都能够直观发现的，但经过训练后每个人都能够运用起来。参见图 3.11。

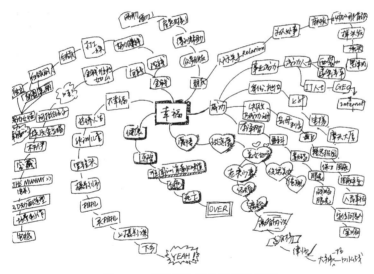

图3.11　　"幸福"概念的思维导图

4．针对概念的想象

　　我们经常有这样的体会：某个创意产生了令人惊讶、拍案叫绝的想象效果，是因为它将两个表面看似毫无联系的概念，经过若干次联想的逻辑转折后，最终联系在一起。这种针对某个概念得到出乎意料的另一个概念的想象思维能力，是创意思维能够创造"喜剧效果"的重要特征。

　　为了提高这种创意思维能力，可以经常进行两种脑操训练。

　　第一种，随机写出一个概念词，心中默念 3 次以上联想思维的逻辑转折后，再写出另一个概念词，这个最终的概念词看似越不可能、越出乎意料则越成功。参见图 3.12。

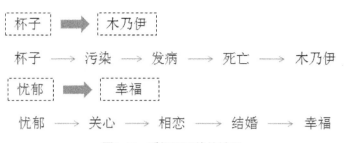

图3.12   看似不可能的结果

第二种，随手写出两组看似毫无联系、相差甚远的概念词，再写出 3 次联想思维的逻辑转折节点概念，然后把它们两两配对用画线连接起来。参见图 3.13。

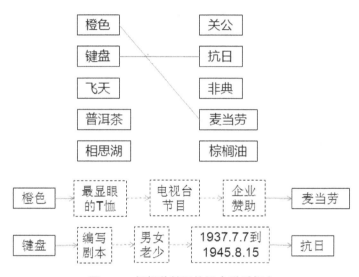

图3.13   把相差甚远的概念联系起来

课堂练习

请每位同学以"潇洒"为中心概念词，在 A4 白纸上画出思维导图，20 分钟后提交作业。

3.2.2   标新立异与独创性训练

在策划的领域中，对策划人的创意要求总是强调不断创新，在创意的风格、内涵、主题、概念、表现形式等诸多方面必须与众不同，充满个性和独创性。策划人终身的追求就是不安于现状，不落于俗套，标新立异、独辟蹊径。

标新立异是策划创意思维中一个非常独特的方法，当策划人在市场调查阶段看到、听到、接触到信息和事物时，应尽可能地让自己的思绪突破限制、向外拓展，让思维超越常规，务必找出与众不同的看法和思路，赋予最新的概念和内涵，使策划创意的成果从外在形式到内在意境都表现出策划人独特的营销主张和传播效果。

标新立异与独创性思维的训练从突破图形的视觉习惯入手，进而在概念上训练突破传统思维定式，不顺从既定的思路，采取灵活多变的思维战术，多方位、跳跃式地从一个思维基点跳到另一个思维基点。

那些遨游在思维空间的基点，代表着一个个思维的要素，如在广告策划中需要考虑的风格、流派、色彩、图案、题材、材料或定位等。多一个思维的基点，就多一条创新的思路，策划人要从众多的思路中寻找出最新、最佳、最独特的方案。

首先，我们可以在平面设计中训练视觉图形如何突破 2D 效果，这将帮助我们理解标新立异思维的特征。参见图 3.14。

图3.14　我们看到的是门还是墙

在日常生活中，人们往往习惯于接受符合常规的视觉形象而忽视变异的方法，因此，在平面设计中利用常规视觉的定式而产生出错觉，体现出标新立异的创意。初看完全合理的形象，经过仔细观看后却发现了许多不合理的矛盾空间形态。矛盾空间造型训练的方法，能够培养理性思考中具有趣味性、独特性和标新立异的特性。参见图 3.15。

图3.15　水会往上流吗

明明是纸面上的静态图形，盯着看，轮子怎么会转起来了？这种突破常规的思维，正是创意所力求的效果。参见图 3.16。

其次，我们进一步训练如何在概念上突破传统思维定式。比如，按照广告宣传中的传统思维定式，消极的画面和故事是不利于品牌形象传播的。离婚对于家庭来说绝不是开心的事情，但美国福特汽车公司却利用这件消极的事情制作了一则 30 秒的新款车型广告，获得巨大成功。

图3.16　在平面空间中图形会自己动起来吗

在广告中，一辆福特 Freestyle 汽车行驶在风景如画的田野，车内爸爸、妈妈和孩子们有说有笑。黄昏时，他们在海边嬉戏，俨然一个幸福家庭。但紧接着，汽车缓缓驶入一个住宅小区，爸爸下车拥抱孩子，对前妻说："谢谢你邀请我共度周末。"当爸爸挥手目送汽车驶远之时，画外音响起："敢作敢为：每天都在发生。"

美国离婚者众多，许多孩子不与双亲住在一起，但罕有厂家利用这一事实吸引消费者。福特公司此举可谓标新立异，利用突破常规的手法呼吁父母不要因婚姻状况而忽视孩子对亲情的渴望，这段至真至纯的温情广告是"直抵人心柔弱处"的优秀创意，能够打动消费者就是必然的事了。

课堂练习

南宁 CBD 的地王大厦 50 层是观光层，要修建一个公共洗手间。请各模拟公司进行头脑风暴，15 分钟后，派一个代表上台讲解他们标新立异的方案，参见图 3.17。

图3.17　在楼顶观光层创意标新立异的公共洗手间

3.2.3 广度与深度训练

1.广度训练

思维广度是指要善于全面地看问题。这是指思维横向联系的范围。假设将问题置于一个立体空间之内,可以围绕问题多角度、多途径、多层次、跨学科地进行全方位研究,因而有人称之为"立体思维"。

创意思维的广度表现在主题、概念、取材、形式、组合等各个方面的广泛性上,从广阔的宏观世界到神秘的微观世界,从东方与西方的文化交流,从传统理念与现代意识的融合,都是进行创意所要涉及的广度内容。

策划创意不仅要依靠营销策划的知识来指导,还要得到其他学科诸多方面的支持。如进行广告策划创意时,策划师不仅要有商业素养,还需要有美学、心理学、色彩艺术、符号艺术、社会历史、文化地理等多方面的知识,这表明营销策划创意更需要多进行思维的广度训练。

思维广度可以按照"逆向思维—减法思维—横向思维—纵向思维"的思维路径进行训练。例如以主题为"明天上午如何吃早餐"进行训练,参见图3.18。

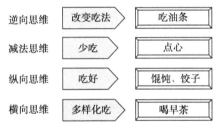

图3.18 按照四个思维路径打开思维的广度

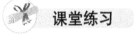 **课堂练习**

脑筋急转弯也是训练思维广度的好方法,请同学们用最快的速度思考以下问题,并举手回答。

1. 当今社会,个体户都靠什么吃饭?

2. 什么照片看不出照的是谁?

2.深度训练

思想深度是指考虑问题时,要透过表面现象深入到事物的内部,抓住问题的关键、核心(事物的本质)来进行由远到近、由表及里、层层递进、步步深入的思考;要善于客观、辩证地看问题,不要被事物的个别现象所迷惑。参见图3.19。

因此,创意思维的成果中,既要体现跨行业、跨领域的信息量,也要展现深刻的思想内涵。具有一定思想深度的创意构思,才能让受众回味无穷并产生共鸣,体味其中的魅力。一般来说,如果创意具有较高的思想性、较深的文化内涵和较好的表现力,那么就说明创意思维具有一定的深度。

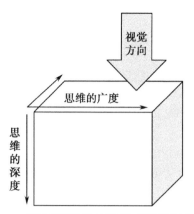

图3.19 思维深度训练宜采用"层层剥笋"法

思维深度可以按照"榨汁思维—剥皮思维—提炼思维—化学思维"的分解步骤，自我挑选主题进行训练。

例如，主题仍为"明天上午如何吃早餐"，参见图 3.20。

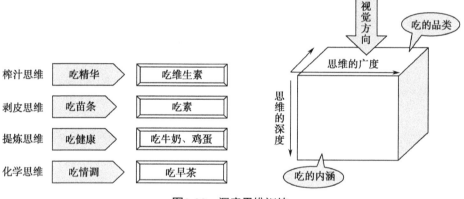

图3.20 深度思维训练

阅 读 资 料

深度思维使戴尔成功

16 岁的戴尔假期接受了《休斯敦邮报》的征订工作,公司给了他一本厚厚的电话号码簿,要求一一拨打,在电话上销售全年的邮报。

打了两天电话后，戴尔发现了一些规律，有些客户非常爽快地接受了订阅，他几乎没有机会按照公司培训的套路来介绍邮报就获得了订单；而有些客户苦口婆心地说上一个小时也没有用。因此，第三天，戴尔决定上门拜访一下那些爽快的客户，了解一下他们为什么订阅邮报。

经过拜访，戴尔发现，客户的回答没有规律可循，无非是认为"这是一份严肃的报纸"，或者"这是一份讲究的报纸"、"这是我们城市的新闻"等，对提高订阅量没有什么具体、明确的帮助。

然而，经过思考，戴尔发现了一个重要的事实：那些爽快的订户几乎都是刚搬的新家,而搬家的人中有 80% 都是刚登记结婚的。于是，戴尔判断他们的爽快与他们搬入新家有关：刚搬到一个新地方，信箱中什么都没有的时候，一份报纸定期而至更体现家的存在。

接下来，戴尔该怎么办呢？

戴尔思考，有两个地方可以找到这两个群体的资料：搬家公司；婚姻登记处。

此后，从这两个地方得到的数据让戴尔签约订户的成交率高达 60%。

16 岁的戴尔假期结束，开着一辆宝马回到学校，报告老师他收入了 18 000 美元，比老师一个学期的收入还多，老师非常惊讶，甚至以为他写错了小数点。

这个戴尔就是全球著名电脑公司 Dell 的创始人，这个故事说明掌握深度思维能力的人总是能够迅速成功。

（摘自新浪网"新浪教育"栏目）

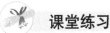 **课堂练习**

请同学们用最快的速度思索以下问题，并举手回答：

1. 美国城市街道的交叉路口上，明文规定着步行者横穿公路时，车辆应停在人行道前等待。可是偏偏有个汽车司机，当交叉路口上还有很多人横穿马路时，他却突然撞进人群中，全速向前跑。这时旁边的警察看了也无所谓，并没有处罚他。为什么？

2. 某人有过这样一次经历：他乘坐的船驶到海上后就慢慢地沉下去了，但是，船上所有的乘客都很镇静，既没有人去穿救生衣，也没有人跳海逃命，却眼睁睁地看着这艘船完全沉没。为什么？

3.2.4 流畅性与敏捷性训练

1. 流畅性训练

思维的流畅性是指思维对外界刺激词作出反应的速度。

我们常说某人的思维流畅，就是指他遇到问题时，总能迅速找到上策、中策、下策等不同层次、不同效果的多种解决方法。不同的人思维的流畅性是有区别的，面对同样一个问题，有的人久久想不出解决的办法，有的人则能迅速想出十几种乃至几百种处理方法。

思维的流畅性是可以训练提高的，而且有着较大的发展潜力。具体做法是：确定思维主题后，将此主题词作为思维刺激词，由浅入深、由低到高，在短时间内迅速将涌现出的想法一一记载下来，要求数量多、想法好。

据有关统计分析发现，受过这种训练的学生与没有受过训练的学生相比，思维的流畅性大大提高，思维也更加活跃。

2. 敏捷性训练

敏捷性通常是指在很短的时间内向外"发射"出来的想法数量。

我们常说某人的思维敏捷，就是在很短的时间内就能有很多种解决的方法。据科研人员用现代化仪器测定，人的思维神经脉冲沿着神经纤维运行，其速度大约为每小时 250 千米，说明只要是人类，脑神经的敏捷性是可以令人瞠目结舌的。常用的训练方法是进行"个人头脑风暴"训练，就是不允许头脑做深入的分析和思考，只要求思维以极快的速度对事物作出反应，想出点子，快速激发新颖独特的构思。

 课堂练习

下面将先后出现两个刺激词，请分别在 3 分钟内写出 5 次向深度快速构思的内容，要求具有新颖独特性，举例参见图 3.21。

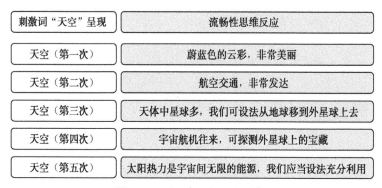

刺激词"天空"呈现	流畅性思维反应
天空（第一次）	蔚蓝色的云彩，非常美丽
天空（第二次）	航空交通，非常发达
天空（第三次）	天体中星球多，我们可设法从地球移到外星球上去
天空（第四次）	宇宙航机往来，可探测外星球上的宝藏
天空（第五次）	太阳热力是宇宙间无限的能源，我们应当设法充分利用

图3.21 "天空"的五次联想

流畅性思维训练刺激词：

- 寒冷
- 芒果树

3.2.5 求同与求异训练

求同思维和求异思维是指思维主题的两个逻辑路径方向，前者的路径是从外部聚合到这个主题去，后者是从这个主题向外发散出去。

以此为基础，又引申出思维的方向性模式，即思维的侧向性和逆向性。对于创意的思维形式来说，这些方面都是进行策划创意非常重要的思维要素，了解、掌握并有意识地进行这种思维方法的训练，有利于在创意中充分开发思维潜力，提高创意思维的效率和能力。

1. 求同训练

求同思维，就是将感知到的素材、搜集到的信息依据一定的标准"聚集"起来，探求其共性和本质特征。求同思维的运动过程中，最先表现出的是处于朦胧状态的各种信息和素材，这些信息和素材可能是杂乱的、无秩序的，其特征也并不明显突出，但随着思维活动的不断深入，主题思路渐渐清晰明确，各个素材或信息的共性逐渐显现出来，成为彼此相互依存、相互联系且具有共同特征的要素，焦点也逐渐地聚集于这些共性的中心，使思维的目标逐渐地清晰明确起来，最终找到问题的答案。

 课堂练习

找出朝韩会谈和创可贴之间的共同特征，为邦迪创可贴创意一句广告语。参见图 3.22。

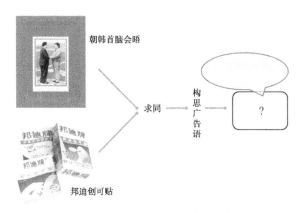

图3.22 利用求同思维模型创意广告口号

2．求异训练

求异思维，是从思维的中心点向外追求尽量相异的构思和想法，辐射发散，产生多方向、多角度的捕捉创作灵感的触角。如果把人的大脑比喻为一棵大树，人的思维、感受、想象等活动促使"树枝"衍生，"树枝"越多，与其他"树枝"接触的机会越多，产生的交叉点（突触）也就越多，并继续衍生新的"树枝"，结成新的突触。如此循环往复，每一个突触都可以产生变化，新的想法也就层出不穷。人类的大脑在进行思维活动时，就是依照这种模式进行思维活动的。人们每接触一件事、看到一个物体，都会产生印象和记忆，接触的事物越多，想象力越丰富，分析和解决问题的能力也就越强。

这种思维形式不受常规思维定式的局限，综合创意的主题、内容、对象等多方面的因素，以此作为思维空间中一个个中心点，向外发散吸收诸如传统文化、现代文化、艺术风格、民族习俗、社会潮流等一切可能借鉴吸收的要素，将其综合在自己的创意思维中。因此，求异思维法作为推动创意思维向深度和广度发展的动力，是创意思维的重要形式之一。

求异思维与联想思维的发散形式类似，但不同的是，联想思维是沿着逻辑路径联想下一个构思或想法，求异思维则是追求下一级的构思或想法与之前的尽量相异，这样求异的效果会更好。

参见图 3.23。

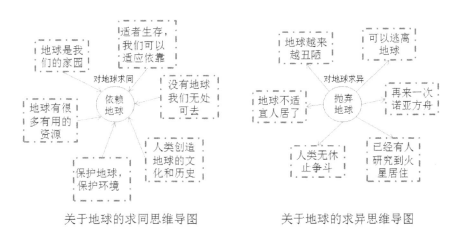

图3.23 关于地球求异与求同的各自思维导图

3．求异与求同组合训练

求同思维与求异思维是创意思维过程中相辅相成的两个方面。在创意思维的过程中，先求异后求同。首先，以求异思维去广泛搜集素材，自由联想，寻找创作灵感和创作契机，为创意创造多种条件，然后再运用求同思维对所得素材进行筛选、归纳、聚类、概括、判断等，从而产生正确的创意和结论。

这个过程也不是一次就能够完成的，往往要经过多次反复，求异—求同—再求异—再求同，二者相互联系、相互渗透、相互转化，从而产生新的认识和创意思路。

阅 读 资 料

百万格子的创意传奇

在我们今天生活的这个世界上，草根的崛起竟如此简单，一个异想天开的创意就足以创造一个奇迹。英格兰的21岁青年亚历克斯一筹莫展，新学期的大学生活就要开始了，母亲宣布无法支付高昂的学费，他要么贷款等毕业后在15年或20年还清，要么自己挣。

他需要另外的路子。坐在电脑前，他的手无意识地拨弄着鼠标。忽然，他的眼睛睁大，一个念头闪电般钻入脑海深处，亚历克斯随之激动不已！10分钟后，亚历克斯建起一个个人网页，将首页均匀地划分为一万个格子，他突发的奇想就是卖掉这些格子。100美元，他马上给每个格子定好了价格。百万首页，他自信地给崭新的网页标注了名称——Million-dollarhomepage.com。亚历克斯声明，购买者可以在这些格子中随意放上任何东西，包括自己网站的Logo、名字，或者特意设计的图片链接等。

结果好得超出了亚历克斯的想象，不到两个月，已经有4281个格子有了归属，亚历克斯进账42.8万美元。不到4个月，亚历克斯已经获得了90.71万美元的收入，百万价值的网页所剩的空白格子如今不到5%了。

在中国也有人学着做百万格子，而且也取得了不错的业绩，参见图3.24。

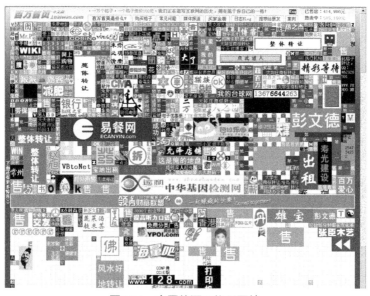

图3.24 中国的百万格子网站

从思维导图分析，亚历克斯先对自己爱干的事情"玩电脑"和想干的事情"挣钱"求异，分别发散形成思维导图，然后在两者之间求同找到交点：既可以玩电脑又可以挣钱，最具共同特征的要素是"建网站为客户打广告"。最终，亚历克斯觉得把网页分割成小小的方块适应不同的客户挑选和承担广告费用，百万格子创业成功了！参见图3.25。

图3.25 求异与求同组合思维形成的百万格子创业点子

3.2.6 侧向与逆向训练

1．侧向训练

在日常生活中常见人们在思考问题时"左思右想"，说话时"旁敲侧击"，这就是侧向思维的形式之一。在创意思维中，如果只是顺着某一思路思考，往往找不到最佳的感觉而始终不能进入最好的创意状态。这时可以让思维从侧面寻找出路，有时能得到意外的收获，从而促成创意思维的成功。这种情况在策划创意中非常普遍。

作为策划人，要把写好的创意文案放进抽屉里面，隔天再推敲，会发现更多需要修改、润色的地方。在推敲创意的时候，一定要兼顾"创意效果好还是坏"及"卖点正确还是错误"两个标准，缺一不可。

2．逆向训练

逆向思维是一种比较特殊的思维方式。它的思维取向总是与常人的思维取向相反，如人弃我取、人进我退、人动我静、人刚我柔等。

逆向思维是发现问题、分析问题和解决问题的重要手段，有助于克服思维定势的局限性，是决策思维的重要方式。当然，这个世界上不存在绝对的逆向思维模式。当一种公认的逆向思维模式被大多数人掌握并应用时，它也就变成了正向思维模式。

需要注意的是，逆向思维并不是主张人们在思考时违逆常规，不受限制地胡思乱想，而是训练一种小概率的思维模式，即在思维活动中关注于小概率可能性的思维。逆向思维训练必须遵照认知理论，首先在训练中感知逆向思维的不同点并总结，然后用总结的逆向思维理论去指导实践。

传统思维模式："因"至"果"。

逆向思维模式："新果"至"否定旧因"。

课堂练习

逆向思维训练

　　一位富豪到一家银行借一美元，贷款部经理说："要有担保，无论借多少，我们都办。"于是，富豪取出一大堆股票、国债、债券。经理清点后结论："一共50万美元，作为担保足够了，请办手续吧，手续费年息6‰。"富豪办了手续。

　　思考：富豪为什么要以50万美元的担保借一美元呢？

3.2.7　超前训练

　　超前思维是人类特有的思维形式，是人们根据客观事物的发展规律，在综合现实世界提供的多方面信息的基础上，对客观事物和人们的实践活动的发展趋势、未来图景及其实现的基本过程进行预测、推断和构想的一种思维形式。它能指导人们调整当前的认识和行为，并积极地开拓未来。

　　在策划创意中，超前思维训练也是非常重要的，可以从思维的纵向、横向、主客观因素，多角度、多层面去训练超前思维。

　　但是，超前并不是没有根据的超前，超前思维也不是幻想，是经过"大胆假设、小心求证"后构思的未来。美国的莱特兄弟努力观察研究，终于发明出了虽然简单但能够飞上天的第一架飞机；法国科幻小说家德勒·凡尔纳在他的科幻小说中描述出当时还没有出现的潜水艇、导弹，后来都成为现实。这些超前思维都是实实在在影响世界历史的创意。

 课堂练习

思维训练

1. 如果改变纸杯形状，纸杯还可以有哪些超前的用途？
2. 三年后营销策划行业对职业能力有什么要求？为自己设计一套有效的学习对策。

3.2.8　灵感训练

　　在策划创意过程中，人们潜藏于心灵深处的想法突然闪现出来，或因某种偶然因素激发突然有所领悟，达到认识上的飞跃，或各种新概念、新形象、新思路、新发现突然而至，犹如进入"山穷水复疑无路，柳暗花明又一村"的境地，这就是灵感。灵感的出现是思维过程必然性与偶然性的统一，是智力达到一个新层次的标志。

　　灵感的出现虽然有着许多偶然的因素，但我们能够努力创造出现条件，也就是说要有意识地让灵感更多地涌现出来，这就需要按照灵感的活动规律来训练灵感思维。

　　首先，灵感的突发性其实是以思考的持续性为前提的，"得之在俄顷，积之在乎日"，我们就要训练善于观察、勤于思考的能力，为产生灵感提供前提条件。

　　其次，要学会及时准确地捕捉住转瞬即逝的灵感火花，不放弃任何有用的、可取的闪光点，哪怕只是一个小小的火星也要牢牢地抓住。这颗小小的火星很可能就是足以燎原的智慧火花。那些努力追求、刻意进取、随时留意并敏锐地感觉、捕捉到灵感的人是成功的典范。这就要求我们训练思维的敏感和条件反射特性。

具体来说，灵感思维的训练可以按照如下步骤进行。

① 观察分析。有目的、有选择地去分析所要了解的目标。

② 启发联想。从已经熟悉的事物或知识上展开联想。

③ 激情冲动。投入激情，调动全身心的巨大潜力去创造性地思考问题。

④ 判定推理。对于新发现或新产生的结果做逻辑分析和判定。

⑤ 沉淀思绪。暂时放下思考工作，做些别的事情，让灵感慢慢"发酵"。

⑥ 捕获灵感。保持对思考目标的敏感性，随时捉住灵感的火花。

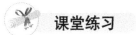
课堂练习

思维训练

看着在一张白纸上画的一个符号"*"，你会想到什么？参考下面给出的提示后，用1分钟时间快速写下头脑中迸发出来的其他灵感。每个模拟公司请写得最多的同学上台交流。

3.2.9 诱导训练

在策划工作中需要创意具体的概念、主题、口号、广告等，此时可借助创意诱导流程来完成创意。创意诱导步骤如下。

第一步：选择什么题材？

可从下列内容中选择其一：

古今中外，民间艺术，自然景观，科学技术等。

第二步：从什么角度选？

可从下列角度中选择其一：

思想意识，科学技术，宗教信仰，民俗礼仪等。

第三步：反映什么风格？

可从下列内容中选择其一：

古典，现代，乡村，幽雅，浪漫，自然，前卫，奇特，梦幻，乡俗，田园等。

第四步：展现什么情感？

可从下列内容中选择其一：

热情，亲情，开朗，欢乐，孝心，豪放，奔涌，忧郁，悲伤，痛苦，自豪等。

第五步：根据以上四个方面的要素，构思完整的创意作品。

案例资料

日本三菱小轿车在我国台湾地区做的30秒视频广告，非常感人，影响很大，获得了当年台湾地区评选的最佳视频广告。采用诱导流程可按如下步骤完成创意。

第一步，选择什么题材？选"现代生活"，将女主角创意为成功白领。

第二步，从什么角度选择题材？选"民俗礼仪"，该款车的销售目标市场为大众市民，因此创意为老百姓的生活题材。

第三步，反映什么风格？选"田园乡村"，田园风光最能创意出温暖的感觉。

第四步，展现什么情感？选"感恩、孝心"，孝心最能打动人，为此创意出汽车和自行车的巨大反差带来的感恩、孝心。

3.3　创意思维训练的重点

经研究发现，创意思维其实是有规律的，这些规律也是我们在创意思维训练中的重点。

3.3.1　求异

创新就是求异，创意思维是一种求异思维，尤其是在创意活动的初期，这种规律更为明显。人们在创意的过程中，特别关注事物之间的差异性与独特个性，特别关注现象与本质、形式与内容之间的差异。这种对司空见惯和权威性结论的怀疑，正是创意思维的基础。

3.3.2　捕获

潜意识也称为创意思维的潜在性，往往表现为一种不自觉的、条件反射的、没有进入意识领域的思维。这种潜意识需要有意地"唤醒"才能成为显意识，所以具有暂时性。

这种暂时性表现为一个人脑子里的素材，任何一个素材都有可能出现，如果被忽略，一闪即逝，那么就是暂时的；如果被唤醒并捕获，就会长久存在于脑海中。

因此，创意思维要重视对潜意识的唤醒和捕获训练，熟能生巧，形成好习惯，我们的创意能力自然而然就达到一定的境界。外人无法捕获的潜意识你却可以，此时的你更像天才了，不是吗？

3.3.3　关联

创意思维需要以极其敏锐的洞察力去观察和分析对象，不断将对象与自身的经验、体验、已知关联起来，予以逻辑思考，科学地把握事物之间的关联性，分析相似性和特异性，使思维的结果既有创新，又符合事物发展的逻辑。此时的创意思维就能够满足创新性、逻辑性和可行性的基本条件，是创意的优良萌芽。

3.3.4　活跃

创意的经验告诉我们，灵感往往是创意成功的关键，这是一种综合性的突发现象，是在创意思维与其他心理因素的协同活动中表露出的最佳心理状态。处于灵感状态中的创意思维，反映了人的注意力高度集中，脑神经极度活跃，想象力爆棚，思维特别敏锐，情绪异常激昂。灵感闪现既是思维变化的过程，也是思维变化的结果，所以不少人甚至把灵感的产生视为创意。

学会怎样让脑神经充分活跃起来，让灵感出现，这也是创意思维训练的重点。

案例资料

一则广告公司的电视广告

一位创意人员去一家广告公司应聘创意总监的职位，他坐在前厅等候老板的接见。突然，他的鼻子很痒，非常想打喷嚏，为了礼貌和卫生，他只好用双手去捂住鼻子打喷嚏。喷嚏之后，他的手上全是鼻涕，还未等他擦，广告公司的老板出来了，并快速向他走来还伸出了右手去握他的手。满手鼻涕的应聘者急中生智，没有去握老板伸过来的手，而是张开双臂将老板搂在了怀里以示友好。然后，电视屏幕出现了广告公司的Logo和广告词。原来这是一段广告公司自身的电视广告。

广告公司为自己做广告是最困难的，因为你若不能为自己做出更有创意的广告，客户就不会相信你能为他做的广告有创意。广告视频中，这个创意总监的机灵和应变能力一定把你打动了，让你深深记住了这家广告公司的创意，认可广告公司的创意能力。

3.3.5 直觉

直觉是在早已获得的经验和知识的基础上，凭借"感觉"，直接把握事物的本质和规律的心理过程。爱因斯坦说:"我相信直觉和灵感。"直觉，是创意思维中最具活力、最富创造性、最有发掘潜力的规律。

当然，绝对不要相信爱因斯坦什么都不看、什么都不想，每天吃饱了就等着灵感出现。恰恰相反，爱因斯坦在专利局里每天非常勤奋地阅读大量资料，相对论就是在那个时候开始研究的，只不过相对论的成果真的源自他努力获得经验和知识基础上的直觉与灵感。

在一项研究中，实验组显示了强烈的直觉性思考偏好。这40名被同事评为高创意的建筑师全部（100%）都偏好直觉性的思考形态。在对比组里，除了创造力之外，其余因素都仅在量上与实验组相似，只有61%的人喜欢直觉性思考方式。

因此，我们的训练要注重在平时大量的阅读、观察和分析，创意时悉心体会内心的直觉和灵感。

3.3.6 T律

T律是创意思维能够获得成功的重要规律。"T"字母中的"—"是求异思维和发散思维，是以思考对象为中心向外辐射；"|"是求同思维和归纳思维，是多方向思维点朝着思考对象聚集的聚焦。"—"代表着需要不断积累经验、知识和进行天马行空的想象；"|"代表着在积累的经验、知识与思考对象之间产生联想，寻求独创的解决方案。

这种创意思维的结果，是创新突破和求真务实的结合，是具有逻辑性和可行性的创意，体现了营销策划中"人无我有，人有我优，人优我特"差异化竞争策略的特点。

3.4 创意技巧

通过一些创意技巧可以提高创意的成功率。

3.4.1　头脑风暴

头脑风暴是指无限制的自由联想和讨论，其目的在于激发新创意、新点子、新设想的产生。由"头脑风暴"一词可想而知，允许自由联想及想象激发到无边无沿的程度。这种由个人或集体的头脑通过自由想象、联想形成的知识互补、思维共振、相互激发、思路开拓等风暴，是最常用的创意思维方法。

头脑风暴激发了足够的创意点子之后，将进入最终的筛选分析环节，找出最佳创意。因此，头脑风暴法是上文所述 T 律的运用。

1. 头脑风暴的原则

- 禁止批评的原则。
- 自由无约束的原则。
- 追求创意数量的原则。
- 创意接力的原则。

2. 头脑风暴法的两种做法

① 默写法，又称"n35 法"，即 n 人为一组，每人 3 个创意，每个创意限定在 5 分钟内。要求每个人独自将自己的每个创意写到一张卡片上交给主持人，由主持人逐个念出创意，然后进行讨论。

② 轮流发言法，又称为"123"法，在最初 10 分钟，各人在卡片上写设想；接下来的 20 分钟，轮流发表设想；余下 30 分钟，与会者相互交流探讨，以诱发新设想。

3.4.2　信息交合

信息交合法是一种在信息交合中进行创意的思维方法。

首先，把创意对象的特征信息进行分解。

其次，把创意对象的用途信息分别列出。

然后，把创意对象的特征及用途两种信息用 XY 坐标画出，X 为效用，Y 为特征，构成"信息反应场"，XY 坐标轴上的信息交合后产生新的信息交点，这些交点就是新的创意。参见图3.26。

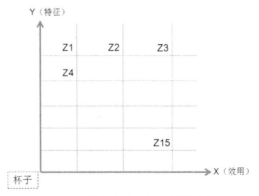

图3.26　信息交合坐标及新创意点

如图 3.26 所示，Z1、Z2、Z3、Z4······Z15 为新的信息，即新的创意。

案例资料

杯子的新概念创意

运用信息交合法，采用 4 个步骤做出新创意。

第一步，画出中心点及 XY 坐标轴。

创意的对象是什么，思考的问题是什么，它就是中心点，据此画出 XY 轴。

例如，要创意一种新的杯子，那么，"杯子"就成为中心点，是 XY 坐标系的零坐标。

第二步，画出 XY 刻度线。

根据"中心"的需要，确定画出多少条横坐标线、多少条纵坐标线。

例如，"杯子"是创意对象，根据杯子的特征信息可在 Y 轴（特征）上画出 5 条横线，分别代表"木头"、"陶瓷"、"金属"、"玻璃"、"塑料"5 个材料特征；根据杯子的效用信息可在 X 轴（效用）上画出 3 条竖线，分别代表"盛液体"、"插花"、"装饰品"用途信息。实际上，我们在 XY 轴之间就得到了 15 个信息交合点。参见图 3.27。

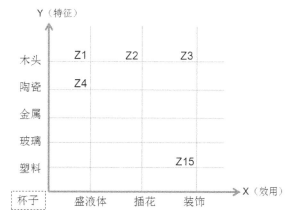

图3.27　杯子新创意的信息交合坐标

第三步，创意。

根据 15 个信息交合点，发挥想象和联想的创意思维，写出创意点子。

例如，木头与盛液体相交合，就产生出"红木茶具"的点子，用越南桃木做一套茶具，既可以观赏把玩，又可以喝茶保健，在中国 - 越南边境贸易中销售得相当好。按照这个办法，还可以得到金属电热杯、搪瓷保温杯、塑料磁疗杯、塑料旅游杯、家庭摆设用的观赏杯、装饰杯及与其他学科相交合产生出二十四节气杯、四季星图杯、银行储蓄利率杯、体育竞赛杯、珠算口诀杯等创意点子。

我们在这些创意点子中进一步进行创新性、逻辑性、可行性的分析，就可以筛选出最佳创意构思。

课堂练习

请各学生的模拟公司团队采用头脑风暴法创意新的"文具盒"，用信息交合法创意新的"手表"。创意完成后，安排分享活动，由老师对创意流程和创意效果作出点评。

3.4.3　强制联想

强制联想就是采用一些辅助工具强迫策划人展开联想，充分激发大脑的联想力，从而产生创意。

强制联想的具体方法有杂志联想、列表联想、焦点联想等。

1. 杂志联想

这种方法比较简单，只需准备两本杂志，打开其中一本杂志随意挑选某句话，然后再从另一本杂志挑选某句话，将它们合二为一，强迫我们借助这个结果启发联想，收获意外的创意。

2. 列表联想

事先将所有想到的构思依次用表格列出来，然后任意选择两个组合，从中获得独创性的联想结果，即为创意。

3. 焦点联想

这是列表法的改进，首先将某个构思写在纸上，然后将所有其他想到的构思写在另一张纸上，这就意味着两个构思组合的时候，只可任选一个，另一个却是指定的。

本方法是就指定、特定的项目而寻求各种设想。它以一个事物为出发点（即焦点），联想其他事物并与之组合，形成新创意。

3.4.4　设问启发

设问启发是事先设计一些问题，然后将思考的问题代入，并写出相应的回答，从中启发创意。

一般可以从下列 7 个角度提出问题：

① 为什么需要革新？
② 创意的对象是什么？
③ 从什么地方着手？
④ 由谁主持或完成？
⑤ 什么时候完成？
⑥ 怎样实施？
⑦ 达到怎样的水平或标准？

3.4.5　类比突破

类比突破是通过分析两个对象之间的某些相同点来解决其中一个对象需要解决的问题。比如要解决品牌的创意问题，我们可以将这个品牌与一个目标消费者之间进行类比，一一找出相同点，运用巧妙的拟人方法找到品牌创意的突破口。以此类推，我们还可以拟动物、拟植物、拟静物等，使我们的创意不断找到突破口。

3.4.6 扑克创意

扑克牌的好处是能够随机组合，所以可以设计成一种很好的创意技巧。

第一步，准备。

准备三副扑克牌，并在每个扑克牌的正面写上一个点子，具体内容如下。

① 把它颠倒过来。
② 把颜色变换一下。
③ 使它更大。
④ 使它更小。
⑤ 使它更长。
⑥ 使它闪动。
⑦ 使它更短。
⑧ 使它可以看到。
⑨ 使它超出一般情况。
⑩ 使它发荧光。
⑪ 把它放进文字里。
⑫ 使它沉重。
⑬ 把它插进音乐里。
⑭ 结合文字、音乐和图画。
⑮ 不要图画。
⑯ 使它成为年轻型的。
⑰ 不要文字。
⑱ 使它成为壮年型的。
⑲ 把它分隔开。
⑳ 使它重复。
㉑ 保守地说。
㉒ 使它变成立体。
㉓ 夸张地说。
㉔ 使它变成平面。
㉕ 当替代品卖。
㉖ 变换它的形态。
㉗ 发现新用途。
㉘ 只变更一部分。
㉙ 减掉它。
㉚ 使它成为一组。
㉛ 撕开它。
㉜ 为捐献或义卖而销售。
㉝ 使它化合。
㉞ 鼓励它。

㉟ 用显而易见的。
㊱ 机动化。
㊲ 把要素重新配置。
㊳ 电气化。
㊴ 降低调子。
㊵ 使它活动。
㊶ 提高调子。
㊷ 使它相反。
㊸ 使它罗曼蒂克。
㊹ 改用另一种形式表现。
㊺ 增添怀旧的诉求。
㊻ 使它的速度加快。
㊼ 使它看起来流行。
㊽ 使它缓慢下来。
㊾ 使它看起来像未来派。
㊿ 使它飞行。
51 使它成为某种物品的部分代替。
52 使它浮起。
53 使它更强壮。
54 使它滚转。
55 使它更耐久。
56 把它切成片状。
57 运用象征。
58 使它成为粉状。
59 它是写实派。
60 以性欲作为诉求。
61 运用新艺术形式。
62 使它凝缩。
63 变为摄影技巧。
64 使它弯曲。
65 变换为图解方式。
66 使它成对。
67 使它变更形式。
68 使它倾斜。

⑥⑨ 用图画说明你的故事。

⑦⓪ 使它悬浮半空中。

⑦① 使用新广告媒体。

⑦② 使它垂直站立。

⑦③ 创造新广告媒体。

⑦④ 把它由里向外翻转。

⑦⑤ 使它更强烈。

⑦⑥ 把它向旁边转。

⑦⑦ 使它更冷。

⑦⑧ 摇动它。

⑦⑨ 增加香味。

⑧⓪ 把它遮蔽起来。

⑧① 变换气味。

⑧② 使它对称。

⑧③ 把它除臭。

⑧④ 使它不对称。

⑧⑤ 将它向儿童诉求。

⑧⑥ 把它隔开。

⑧⑦ 将它向男士诉求。

⑧⑧ 使它与其他相敌对。

⑧⑨ 将它向妇女诉求。

⑨⓪ 使它锐利。

⑨① 价钱更低。

⑨② 变更它的外形。

⑨③ 抬高价格。

⑨④ 要它绕一周。

⑨⑤ 变更成分。

⑨⑥ 把它框起来。

⑨⑦ 增加新成分。

⑨⑧ 把它卷成一圈。

⑨⑨ 拧搓它。

⑩⓪ 把它填满。

⑩① 使它透明。

⑩② 把它弄成空的。

⑩③ 使它不透明。

⑩④ 把它打开。

⑩⑤ 用不同背景。

⑩⑥ 把它拼错。

⑩⑦ 用不同环境。

⑩⑧ 给它起绰号。

⑩⑨ 使它富有魅力。

⑪⓪ 把它封印起来。

⑪① 使用视觉效果。

⑪② 把它移转过来。

⑪③ 使用另外的物料。

⑪④ 把它捆包起来。

⑪⑤ 增加人的趣味。

⑪⑥ 把它集中起来。

⑪⑦ 变更密度。

⑪⑧ 把它推开。

⑪⑨ 置于不同的货柜。

⑫⓪ 使它成为交替的。

⑫① 变换包装。

⑫② 使它凝固起来。

⑫③ 使密度增加。

⑫④ 使它溶化。

⑫⑤ 小型化。

⑫⑥ 使它呈凝胶状。

⑫⑦ 增加至最大限度。

⑫⑧ 使它软化。

⑫⑨ 使它硬化。

⑬⓪ 使它轻便。

⑬① 使蒸发变为汽化。

⑬② 使它可以折叠。

⑬③ 加上抑扬顿挫。

⑬④ 趋向偏激。

⑬⑤ 使它更狭窄。

⑬⑥ 如夏天炎热。

⑬⑦ 使它更宽广。

⑬⑧ 如冬天寒冷。

⑬⑨ 使它更滑稽。

⑭⓪ 使它拟人化。

⑭① 使它成为被讽刺的。

⑭② 使它更暗。

⑭③ 用简短的文案。

⑭④ 使它发光。

⑭⑤ 用冗长的文案。

⑭⑥ 使它灼热。

⒁ 发现第二种用途。

⒂ 使它更有营养。

⒃ 使它合成在一起。

⒄ 把它倒进瓶中。

⒄ 把它当作用具来卖。

⒄ 把它倒进罐中。

⒄ 使它清净。

⒄ 把它放进盒中。

⒂ 把它倒进壶中。

⒂ 把它倒进缸中。

⒂ 把它弄直。

⒂ 把它缠起来。

⒂ 提升声誉。

⒃ 免费提供。

⒃ 以成本价出售。

⒃ 提供特价。

第二步，洗牌。随意抽取 5 张来组成一种新的创意。

第二步，将 5 张牌由小到大排列。

第三步，围绕创意对象和创意目标，依据每个牌上写的点子，逐个进行创新构思。

第四步，用逻辑将这些创新构思联系起来，形成创意方案。

第五步，构思创意主题及广告口号。

案例资料

鹰卫浴的扑克牌创意

YING（鹰卫浴）签约徐静蕾后，推出了"smartliving（慧生活）"的全新理念，树立"慧生活"是一类"自在、适度、永续"的 SL 族生活观念，在满足需求的基础上，力求自然环保，不增添消耗、减少负担，倡导"实用"、"好用"的产品。

然而，在具体的营销活动中，却始终没有成功激发 SL 族的兴奋点，市场热度一直没有成功营造。

为此，策划人借助创意扑克牌，进行了一次公关活动的创意。步骤如下。

第一步，洗牌。从 162 张创意扑克牌中随意抽取 5 张。

第二步，由小到大排列好创意扑克牌，分别如下。

- 红桃 3：改用另一种形式表现（㊹）。
- 黑桃 3：把它捆包起来（⒁）。
- 红桃 7：使它罗曼蒂克（㊸）。
- 方块 9：使蒸发变为汽化（⒀）。
- 梅花 J：变更它的外形（㊼）。

第三步，围绕策划创意的目标，逐个按进行创新构思。

（1）红桃 3：改用另一种形式表现（㊹）

先了解鹰牌卫浴的基本情况，如下所述。

2010 年 4 月，聘请徐静蕾担任代言人，开启"慧生活"。

"不和别人比较"，"舒服最重要"，"不要把自己看得太重要"，真诚，真实，不夸张，不掩饰，没有明星味，这是徐静蕾代言"慧生活"的核心内涵，也是 SL 族对自由自在生活的追求。

但在 2010 年至今的各大奖项和各种活动中缺乏自由、灵动、舒服的主题体现，更多体现的是绿色环保、智慧科技、高端奢华等生活符号。例如，鹰牌卫浴发布的第三代展厅的布置参见图 3.28。

图3.28 鹰牌卫浴第三代展厅的布置

经过分析，"改用另一种形式表现"，为北京、上海等小资白领生活在小空间中推荐自由搭配卫浴展厅，体现舒适灵动、朴实自在、明快真切的生活享受，符合 SL 族的生活定位，参见图 3.29。

图3.29 "改用另一种形式表现"的新设计

（2）黑桃3：把它捆包起来（⑭）

从这个创意方法的字面看，如果机械理解，那么只能是对产品有形包装的创意了。其实不然，还可以延伸到公关、形象、色彩、品牌等无形的包装。

徐静蕾的形象代言是一种品牌的包装，还需要构思一系列公关活动，把"慧生活"自由、舒适、朴实的主题包装起来。

例如，举办自由艺术派画家或画作参与的活动，使活动的包装具备了"自由"的符号，以艺术共鸣吸引追求"自由"生活的 SL 族，参见图 3.30。

图3.30 具备"自由"符号的装饰画

还应该增加"舒适"的包装,并进而过渡到生活的感受中,使SL族在自己生活中找到"自由"和"舒适"的共鸣,参见图3.31。

最后,以鹰牌卫浴相关产品和上述相关画作、图片为元素,搭建与主题相符的装修空间,并在系列活动中持续呈现。通过这样的"捆包",在SL族中逐渐积累口碑和认同,参见图3.32所示。

图3.31　具备"自由"符号的照片

图3.32　具备"舒适"感受的氛围布置

（3）红桃7：使它罗曼蒂克（㊸）

如果徐静蕾只是一味沉稳和率真,就缺乏自由的时尚符号,会因为偏重中年化和朴实化而缺乏SL族的拥戴追捧,所以,要发挥"自由、舒适、朴实"中的罗曼蒂克本质,这是所有人在卫浴装修中的追求。鹰牌可以通过这样的创意宣告只有它们可以做得到。把徐静蕾的浪漫制作成月历,赠送给参加公关活动的嘉宾和客户。

（4）方块9：使蒸发变为汽化（㉛）

在有形创意方面的思考,可以在公关活动中采用舞台喷雾器制造浪漫效果,增加自由浪漫氛围对SL族的直觉诱导;在无形创意方面的思考,可以在公关活动中将上面讨论过的内容制作小小年历卡、小小吊坠、小小手机贴、小小冰箱贴等成本很低的小纪念品,如同雾化的蒸气般,尽可能多地播散到每一个潜在的消费者手中,使广告宣传的千人成本率和有效率都大大提高。

（5）梅花J：变更它的外形（㊙）

变更外形的目的是为了使目标消费者因内容的创意点燃购买的欲望,因形式的改变激发参与的渴望。为此,对公关活动的形式进行创新。如:

● 地点改变。原来是在装修市场、活动广场、商城等城市内举办的活动,可以考虑改在水上、海边等郊外举办,透露出对浪漫、自由的诉求。

● 活动改变。原来是演员表演、问答、抽奖等活动,改由群众自发参与的自由互动、舒适体验、寻宝等活动。

第四步,将上述创意构思以逻辑贯穿而联系起来成为一个策划方案,撰写成策划书。

第五步,构思主题为"自由、舒适、朴实的随性生活",广告口号"为了您的随性生活,鹰牌努力了18年"。

知识练习

一、问答题

（1）什么是创意思维？

（2）为什么说想象是基于大脑记忆的信息？

（3）灵感思维的训练可以按照哪些步骤进行？

（4）创意诱导训练应该有哪五步？

二、判断题

（1）一个优秀的创意思维应该创造性地提炼出易懂好记的语言、图形等符号。（　　　）

（2）创意按思维过程的指向，可分为：发散思维（即求异思维、逆向思维、想象思维、广度思维等）、聚合思维（即求同思维、联想思维、归纳思维、深度思维等）。（　　　）

（3）联想是由此及彼的思维衍生，可以无限地衍生下去。（　　　）

（4）"旁敲侧击"就是侧向思维。（　　　）

三、选择题

（1）头脑风暴的四项原则：

A．禁止批评的原则

B．认真研究的原则

C．自由无约束的原则

D．追求创意数量的原则

E．追求最好的原则

F．创意接力的原则

（2）创意思维训练的重点是：

A．求异、捕获、关联、活跃、直觉、A 律

B．求异、捕获、关联、活跃、直觉、T 律

C．求异、捕获、关联、活跃、直觉、O 律

D．求异、捕获、关联、活跃、直觉、P 律

 实务训练

目标：30 分钟练习运用头脑风暴法开展创意活动。

内容：假设本周末要去郊外组织一次班级活动，如何在活动中少花钱、不花钱甚至还可以赚钱，请各模拟公司团队开展创意。

组织形式：请各模拟公司学习小组按照以下流程完成练习。

①用 5 分钟共同理清创意的目标是什么。

② 用 5 分钟讨论头脑风暴必须遵守的四项原则是什么。

③ 用 15 分钟开展头脑风暴，收集尽量多的创意。

④ 用 5 分钟讨论哪个创意比较好。

⑤ 老师随机挑选部分团队上来分享。

要求： 每个模拟公司学习小组的成员都必须参与练习。

训练要点： 掌握头脑风暴开展创意的方法。

项目 4

广告策划创意实训

 学习目标

1. 知识目标

通过本章学习，掌握广告策划及创意的基本概念，理解策划创意在广告活动中的重要作用，掌握广告策划创意的特点、方法、作用、内容、技巧和基本流程。

2. 能力目标

学会通过团队合作完成广告策划创意项目；能够通过市场调查分析明确目标市场、明确市场定位并形成广告策划；为指导广告设计师开展作品设计而提出概念、主题、主旨、形象等创意构思；为广告活动制订媒体策略、投放策略、整合传播策略等创意；能够拟制广告预算，掌握对广告效果进行评估的方法。

学习导航

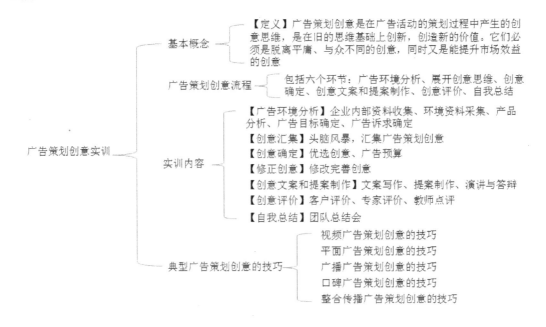

案例导入

赶集网还是赶驴网？

2011年2月，在央视黄金广告时段，"赶集网"邀请国内著名的营销策划师进行广告策划创意，出其不意地密集投放一条视频广告，由当时炙手可热的影视明星姚晨代言，她乐呵呵地咧着招牌式的大嘴，像阿凡提那样骑着毛驴去赶集，广告语："赶集网啥都有"。没曾想，这次广告活动却引发了一次经典的广告策划事件。

在电视上，赶集网的广告创意确实吸引人，不过那头驴子更抢风头，结果造成很多人记住了驴子却没有记住赶集网，甚至把赶集网记成了"赶驴网"，于是"赶驴网"这个网络搜索关键词火了，每天搜索量上千，甚至一度超过了一万，我们看一下当时百度指数（参见图4.1）。

图4.1　2011年年初赶集网投放广告后百度关注度比较图

赶集网的竞争对手百姓网发现这个关键词火起来之后，立刻在百度上投放广告，购买这个关键词。同时，百姓网还注册了ganlvwang.com，广告语是："赶驴网，啥没有？"。当时如果在百度搜索一下"赶驴网"，就发现这个网站排在了百度第一名。要知道，搜索赶驴网的用户以前肯定不知道百姓网，本来上网找赶集网的，谁知道上了百姓网，那么赶集网在央视花大价钱投放的广告效果不少就被截流到了百姓网。接着相关的新闻出来了，新闻曝光又帮百姓网做了不少广告。

于是乎，赶集网有点急了，想赶快把"赶驴网"这个词做上来，就在自己网站首页友情链接的第一个位置，用"赶驴网"做了一个链接，奇怪的事情出现了：点上去后发现又回到原页！这一下引发了上千万网友的好奇，反而使"赶驴网"更加抢眼球。

案例思考：广告策划需要注意研究什么？

分析提示：

考察从2011年年初至今"赶集网"、"赶驴网"、"百姓网"三个词的百度关注指数（参见图4.2），发现赶集网的关注度确实得到提高，但百姓网不费太多成本也得到提升，尤其是2014年之前二者的关注趋势基本相同，说明赶集网电视广告带来的关注度有很大程度分流到了百姓网，这是因为央视广告虽然有高的眼球效应和很强烈的网站短期流量效应，但受众并没有能够记住电视广告传递的产品名称"赶集网"。

类似的事情一直以来都不缺乏，很多网友都会把"盗梦空间"打成"盗墓空间"，会把"酒店预订"打成"酒店预定"，每个行业中都有众多类似的错别字，而这些错别字如果留心寻找是非常容易被竞争对手获得的，若在策划期间不加考虑，就会使广告效果大打折扣。

广告的目的是面向目标消费者进行产品宣传，引导和提醒消费者购买产品，消费者在接受文字、声音、图片时的心理变化和记忆特点值得广告策划人研究。

图4.2 从2011年1月至今赶集网、百姓网和赶驴网三者的百度关注指数对比

 做中学

实训目的：在真实的广告策划项目中掌握广告策划创意的要领和方法，理解创意在广告概念、主题、设计、策略等方面的核心作用。

实训内容：全国有4000多个饮用水生产厂家，市场竞争异常激烈，每个产品都急需有效的广告策划，任课老师可主动联系本地饮用水生产厂家，取得企业认可和支持，安排学生团队完成广告策划创意方案，其中的主要内容应该包括确定产品定位、广告目标、广告主题、广告主旨、广告策略及设计稿等。

实训要求：学生以模拟公司为学习团队，按照广告策划创意的工作流程完成市场分析、策划创意、行动计划三个部分的工作内容，邀请厂家参与评价学生团队的方案。如能安排学生参与策划创意方案的实施过程，则能使学生从中得到更多启发和收获。

实训步骤：学生团队首先应召开分工安排会议，根据提案时间安排好市场调查、头脑风暴、创意完稿、方案成型等工作。

成果评估：任课教师根据任务的难易程度明确完成时间，要求学生团队在提交创意方案的同时进行PPT提案演讲，现场邀请厂家经理、行业专家和相关专业老师担任评委。

实训提示：项目实训获得好成绩的关键取决于三个词：逻辑性、创新性和可行性，其核心是创新性。创新必须建立在策划人对社会、行业经验的认知和积累基础之上，因此，试图仅仅通过课堂上的学习就能达到创新的要求是不可能的。同学们要充分利用互联网和社会实践进行学习，主动观察、分析各类广告作品及其广告活动。

同类作品欣赏

4.1　广告策划创意的基本概念

4.1.1　广告策划创意的定义

1. 广告策划

广告策划是指广告人通过周密的市场调查和系统的分析，利用已经掌握的知识、情报和手段，合理而有效地开展广告活动的过程。它是对广告活动所进行的前瞻性和全局性的筹划与打算，在整个广告活动中处于指导地位，而营销策略则是广告策划的根本依据。进行广告策划的目的是为了追求广告进程的合理化和广告效果的最大化，使广告活动目标更加明确，活动效益显著。广告策划在统筹企业广告活动、集中力量树立商品品牌形象方面，具有重要意义。

广告是四种促销手段之一（另外三种分别是人员推销、客户关系、营业推广），它推动人们接受某种观点而去购买产品、服务。它促使人们在产生广告共鸣的基础上了解自己的需要，并促使他们为满足这种需要而购买商品，帮助他们形成某种生活条件的改善。

广告策划不是无计划的、盲目的行为，作为企业整体营销活动的重要组成部分，它是按照一定的程序，有计划、有步骤地进行的。本教材的学习者不仅要学会完成这个任务，还要懂得如何越来越出色地完成任务，这就是本教材的特色。

2. 广告活动

广告活动是一次完成广告任务的全过程，针对不同的对象、不同的时间、不同的地域、不同的形式，内容应该有所不同。

广告活动可分为以下几个阶段：

第一阶段是广告环境分析，这是广告活动的开端，也是广告策划的前提和条件，主要活动是广泛收集有关信息，然后根据收集的信息作出市场分析结论。

第二阶段为广告策划创意阶段，主要活动包括分析确立广告战略、广告目标、广告概念、主题和主旨，完成形象符号、策略创意、系统设计、成果评估等具体内容，这是广告活动的重要环节，也是决定广告成败的关键。

第三阶段为活动计划实施阶段，是在完成广告策划创意的基础上，具体设计制作广告，经过广告客户的审核评估，实施广告活动计划。

3. 广告策划创意

广告策划创意是在广告活动的策划过程中产生的策略创意，是在旧的思维基础上创新，创造新的价值。它们必须是脱离平庸、与众不同的创意，同时又是能提升市场效益的创意。

广告创意表现简称广告创意，是传递广告创意策略的形式整合，即通过各种传播符号，形象地表述广告信息以达到影响消费者购买行为的目的。广告创意表现的最终形式是广告作品。广告创意在整个广告活动中具有重要意义：它是广告活动的中心；决定了广告作用的发挥程度；广告的水平最终由广告创意综合地体现出来。广告创意所具有的新颖性和创造性思维，能够直抵消费者心底，从而创造出更大的效益。它是广告活动的重要环节和成败关键。

广告策划创意是广告策划过程的策略创意，广告创意是广告作品的创意。

4.1.2 广告策划创意的特征

1. 战略性

广告策划创意应该创新地提出广告活动的总体战略，停留在具体行动计划层次上的"广告计划"并不是广告策划。

2. 研究性

广告策划创意应该以市场调查和研究为依据和开端。虽然广告主的营销策略已经为广告策划提供了依据，但是它仅仅来自广告主的单方面，还不足以显示由消费者、产品和竞争对手所构成的市场的全貌。

3. 创新性

广告策划创意在广告的诉求策略、定位策略、表现策略和媒介策略等方面必须脱离平庸、与众不同，但又必须能达到广告目标。

4. 文本性

广告策划创意的结果应该以广告策划文本、广告脚本、广告文案、广告样板的方式来体现，是广告设计师进一步创意作品的依据和模板。

5. 预测性

广告策划创意效果的测定方法应该在广告策划中预先设定。

6. 可行性

广告策划创意必须追求广告活动和广告目标的可行性，要符合市场的现实情况并且能够适应市场的发展。

7. 有效性

广告策划创意应该追求广告效果的最大化，提供能够产生最佳广告效果的策略和方案。

4.2 广告策划创意实训流程简介

4.2.1 概述

广告策划创意是广告活动最重要的组成部分，也是我国广告界目前最为薄弱的环节。20世纪80年代中期，我国就有学者撰文呼吁，要把现代广告策划引入中国的广告实践，树立"以调查为先导，以策划为基础，以创意为灵魂"的现代广告运作观念。

没有创意就没有广告，"创意是广告的灵魂"，这一句流传于广告界的名言，是美国广告大师大卫·奥格威早在20世纪60年代提出来的，它明确地给广告策划者提出了一个十分苛刻的要求：在广告策划的活动中，必须首先形成优秀创意，这是广告效应的爆发点。

一则精彩的广告，不仅能够吸引观众的眼球和耳朵，更能激发他们对产品的好奇心和尝试兴趣。这样的效果是企业商家所追求的，但并不是每一则广告都能够达到的。广告策划创意的任务就是要为一则优秀的广告找到一个核心的内涵，它以新颖独特的诉求和表现，体现了产品卖点是如何满足需求的，以此打动目标消费群产生购买的行为。

4.2.2　实训流程

本节及之后的实训流程，以真实工作过程为导向，经过对系统化知识与技能的解构，采用"资讯、计划、决策、实施、检查、评价"六步法，按课程建设的需要，对实训流程进行重构。

表4.1所示是广告策划创意的实训流程及内容要求。

表4.1　广告策划创意的实训流程及内容要求

实训流程	内容要求
广告环境分析	客户背景资料收集，市场调查分析，研究如何满足需求，分析目标市场定位，确定广告目标、广告诉求
汇集创意	头脑风暴，汇集广告策划创意
创意确定	筛选并决定创意，确定广告预算和效果预测
修正创意	根据情况变化和策划需要，进一步修改完善创意
创意文案和提案制作	各部门分工撰写，一人总撰串稿，有能力的团队可以自行设计广告作品，也可请外援，力图实现创意构思的广告效果
创意评价	项目委托方评价，其他企业和行业专家评价
自我总结	组织团队总结会议，对照老师点评和专家评价进行检查与反思

世界公认的创意大师詹姆斯·韦伯·扬认为创意也是有规律可循的，产生创意应该经历6个步骤，并且绝对要遵循这6个步骤的先后次序。

① 收集原始资料。
② 整理、理解资料。
③ 分析、研究资料。
④ 发散思维。
⑤ 创意出现。
⑥ 对创意进行修改、锤炼。

这6个步骤和本节及之后的工作过程步骤表述异曲同工，韦伯·扬主要是针对个人的创意思维而言，对于团队完成策划创意，本书所描述的工作过程步骤更贴近营销实战，更容易操作。

4.3　广告环境分析

广告环境分析是广告策划创意的第一个环节，主要实训内容是资料采集与消化，采集企业内部资料及市场外部信息，运用市场营销学的分析工具进行分析。

首先是环境分析，包括环境资料收集和消化，是对广告环境进行深入细致的分析和研究，明确企业整体营销对广告提出的要求，掌握企业内外方方面面的广告影响因素，以摆正产品在市场上的位置，从而确定广告的目标和诉求。

其次是产品分析，是对产品进行深入的了解和研究，掌握产品的独特卖点和效用特征，以决定如何创意该产品广告的概念、主题和主旨文字，构思如何利用性价比最高的媒介来实现广告效果。

4.3.1 实训内容与实施、自检要求

表 4.2 所示为实训内容与实施、自检的要求。

表4.2 实训内容与实施、自检要求

内容	实施步骤	实施方法	注意事项	自检
企业内部资料收集	1. 直接沟通	① 与客户进行各种方式沟通，并深入企业现场，收集有关企业资料和产品资料	必须能与产品经理、销售经理、项目经理、企业领导等有效沟通，以使资料具有权威性	• 资料收集表格和清单 • 沟通问题
环境资料采集	2. 间接采集 3. 直接采集	② 通过商场、卖场、销售店和网络、报刊、书籍，以及政府公布的数据，进行第二手资料收集 ③ 确定调查目标、调查内容、调查问卷、样本窗、抽样数量、抽样方法、调查计划 ④ 亲赴真实市场，以标的产品为对象开展市场调查	①开展资料采集之前，需明确标的产品及其企业，做好人员分工，落实调查分析的工具，如电脑、纸笔、计算器等 ②复习之前学过的市场调查分析知识与工具 ③注意广告环境对企业营销影响的因素	• 调查问卷 • 抽样数量 • 抽样方法 • 调查计划 • 调查分工
环境资料消化	4. 数据统计 5. 图表描绘	⑤ 问卷数据输入电脑，统计输出结果 ⑥ 根据产品定位分析需要，绘制柱图、饼图等	①团队成员分工，共同协调、协助完成 ②注意图形标注合理，色彩搭配美观	• 统计结果 • 绘制图形
产品分析	6. 文字分析	⑦ 运用市场营销学的分析工具，分析目标客户需求，进行竞争对手优劣势比较，寻找独特卖点，形成广告的目标市场策略和产品定位策略	注意这个卖点是在消费者心目中占据具有消费价值的独特位置	• 目标市场 • 卖点描述 • 分析文案
广告目标确定	7. 沟通客户 8. 广告目标建议	⑧ 了解标的产品的市场周期和客户广告投入预算情况，沟通以往广告的形式和效果 ⑨ 经过分析后确定广告目标为以下 3 种之一：通知购买，说服购买，提醒购买	①注意要在资料收集和消化的基础上，才能充分了解标的产品的市场态势 ②必须与真实客户进行沟通	• 广告目标 • 广告成果预期
广告诉求确定	9. 确定广告诉求对象 10. 确定广告诉求重点 11. 确定广告目的 12. 确定广告诉求方法	⑩ 根据已经确定的目标市场策略和产品定位策略，确定现阶段目标消费群为广告诉求对象 ⑪ 确定在广告中向诉求对象重点传达的信息 ⑫ 可以通过集体讨论后，思考下列哪一种广告诉求定位策略最合适：功效定位，高级群体定位，比附定位，生活情调定位，目标消费群定位 ⑬ 确定广告目的为以下 3 种之一：树立品牌形象，增加市场占比，短期促销 ⑭ 确定选用下列广告诉求方法中的一种：理性诉求，感性诉求，理性加感性诉求	①注意广告诉求必须与产品定位相一致 ②分析必须基于市场调查的数据，切忌主观想象和凭空判断 ③广告目的的确定，必须有定量的目标，如经过一个周期的广告投放后，增加多少销售额	• 诉求对象 • 诉求重点 • 诉求定位 • 诉求方法 • 广告目的

4.3.2 相关知识与工作内容

1. 广告的目标市场策略

广告的目标市场策略是指在广告中根据不同目标市场的特点，依据其不同的生活习惯、工作环境及消费需求特点等，制定不同的广告诉求点和广告的表现形式，力求在目标市场上更准确、有力地传递广告信息。

根据市场细分原则，目标市场可以分为无差别市场、差别市场和集中市场。与此相对应，广告策略也可分为无差别市场广告策略、差别市场广告策略和集中市场广告策略。

（1）无差别市场广告策略

所谓无差别市场广告策略，就是面对整个市场，通过各种媒介所做同一主题内容的广告宣传。一般来说，企业在某产品的引入期或成长期的初期，或者在产品供不应求、无强大竞争手时，常采取这种广告策略。

（2）差别市场广告策略

差别市场广告策略是指在市场细分的基础上，企业根据不同细分市场的特点，运用不同的媒体组合，做不同主题的广告。这种广告在满足消费者的需求上，在产品品质与外观特点的宣传上，以及在广告形式上都具有很强的针对性。也就是说，该种策略是针对特定的一批消费者而制作的。一般来说，在广告产品成长期的后期、成熟期或遇到同行激烈竞争时，需要运用这种广告策略。

（3）集中市场广告策略

所谓集中市场，是指企业不是面向整体市场，也不是把力量分散使用于若干个细分市场，而只选择一个或少数几个细分市场作为目标市场。与此相应的广告策略具体体现为：以针对性满足一部分人的个性化需求为宗旨。一般说来，这类广告不在价格昂贵的传统媒体上出现，而是选择一些具有精确制导特点的新媒体来投放，如礼品、微信、大 V 微博、Q 群、人脉圈等。

2. 广告目标

广告目标要在汇总广告环境和广告产品的有关情况的基础上，沟通广告主（项目委托方）的决策层和营销部门一起确定。广告目标的选择应建立在对当前市场营销情况透彻分析的基础上。

广告目标可分为通知购买、说服购买和提醒购买，参见表 4.3。

表4.3 广告目标分类

分 类	具体内容
通知购买 主要用于产品的开拓阶段，其目的在于激发初次购买需求	1. 向市场告知有关新产品的情况 2. 提出某项产品的若干新用途 3. 通知市场有关价格的变化情况 4. 说明新产品如何使用 5. 描述所提供的各项服务 6. 纠正错误的印象 7. 减少消费者的恐惧 8. 树立公司的形象

续表

分　　类	具体内容
说服购买 主要用于竞争阶段，刺激消费者转向购买我们的产品	1．建立品牌偏好 2．鼓励购买者转向你的品牌 3．改变消费者对产品属性的认知 4．说服消费者马上购买
提醒购买 在产品的成熟期十分重要，目的在于保持消费者对该产品的记忆	1．提醒购买者可能在最近需要这种产品 2．提醒他们何处可以购买这个产品 3．促使购买者在淡季也能记住这个产品 4．保持最高的知名度

3．广告诉求

广告诉求体现了广告概念和广告策略的要求，是为了改变广告接受者的观念而在广告内容中形成的心理动力，以引发消费者的某项消费动机和欲望，或影响其对于某种产品或服务的态度。

广告诉求包括三项内容：诉求对象、诉求重点和诉求方法。

（1）诉求对象

诉求对象即广告的目标市场（即目标消费群），因此诉求对象产品的市场定位决定与产品的目标市场相一致。

（2）诉求重点

广告活动的时间和范围是有限的，每一次广告都有其特定的目标，不能希望通过一次广告就达到企业所有的广告目的；广告刊播的时间和空间也是有限的，在有限的时间和空间内不能容纳过多的广告信息；受众对广告的注意时间和记忆程度更是有限的，在很短的时间内，受众不能对过多的信息产生正确的理解和深刻的印象。

因此，每次广告活动都必须确定向诉求对象重点传达的信息，称为诉求重点。

制约广告诉求重点的因素有两方面。

① 广告目的。如果开展广告活动是为了扩大品牌的知名度，那么广告应该重点向消费者传达关于品牌名称的信息；如果广告目的是扩大产品的市场占有率，那么广告的诉求重点应该是购买利益的承诺；如果广告目的是短期的促销，那么广告应该重点向消费者传达关于即时购买的特别利益的信息。

② 诉求对象的需求。广告的诉求重点应该是诉求对象最为关心的、最能够引起他们注意和兴趣的信息。有时候，企业认为重要的信息，在消费者看来并不一定非常重要。

（3）诉求方法

① 理性诉求。即向消费者理性地分析和介绍产品，从科学的角度使消费者对产品的功能、效用、特性等完全认同，从而决定购买。

② 感性诉求。即采用"以情动人"的手法直抵消费者心底柔弱处，使其在共鸣、感动之余购买产品。

③ 理性加感性诉求。即以理性手法传达科学而严谨的信息，以感性技巧拨动消费者的心弦，从而达到最佳的广告效果。在我们的实践中，有这么一条成功的营销规律："以感性解除防备，以理性征服消费。"

"妈妈，我能帮您干活了"

雕牌洗衣粉广告经历了一个从理性诉求向感性诉求转变的过程。

初期，雕牌洗衣粉以质优价廉为吸引力，打出"只买对的，不买贵的"的理性口号，具体分析洗衣粉的成分、效果优点，强调了实惠的价格，以求在竞争激烈的洗涤用品市场突围，结果广告效果一般。

后来，广告语"妈妈，我能帮您干活了"则深深打动了消费者的心，电视广告瞄准目标消费群——"下岗职工"，直抵他们心底对孩子尽快长大懂事的渴望，使这一社会弱势群体产生震撼和共鸣，摆脱了日化用品强调功能效果的广告套路。随后，他们继续挺进感性诉求广告，广告语"我有新妈妈了，可我一点都不喜欢她"瞄准了另一个目标消费市场——离异家庭，直抵"真情付出，心灵交汇"的灵魂渴望，其震撼和共鸣同样强烈。

雕牌洗衣粉凭此广告诉求取得良好效果，使其连续4年全国销量第一。

4.4　汇集创意

汇集创意是广告策划创意的第二个环节，主要实训内容是按照已经确定的广告目标和广告诉求，组织头脑风暴，展开创意思维，汇集广告主题、广告主旨文字和广告表现等创意构思。

做创意的时候，我们要去体会企业的产品内涵。如果我们不去详细地了解产品而随便地把广告创意出来，那么消费者是不愿意接受的。因此，一个广告创意人员必须要去了解企业的营销行为，去了解市场，换句话说就是，我们要去了解自己是在为谁做广告。

4.4.1　实训内容与实施、自检要求

表4.4所示为实训内容与实施、自检的要求。

表4.4　实训内容与实施、自检要求

内　容	实施步骤	实施方法	注意事项	自　检
主题创意	13. 头脑风暴	⑮ 每个成员发挥灵感创意，团队按头脑风暴法进行创意活动，完成广告主题、主旨文字、标识符号和广告样板的创意	每个成员均应事先练习广告创意思维方法和创意工具运用	● 头脑风暴会议记录 ● 广告主题 ● 主旨文字 ● 广告样板
策略创意	14. 分析各类媒介 15. 创意广告策略	⑯ 收集各类广告媒介进行分析，包括传统媒介和新媒介 ⑰ 对比分析受众数、有效受众、千人成本和收视率、受众口碑等 ⑱ 研究广告受传心态，创意媒体策划、投放策略和整合传播策略	如果某媒介影响力最大的地域正是广告目标区域，那么这一媒介就是投放广告的理想媒介	● 媒介汇总 ● 受众数 ● 有效受众数 ● 千人成本 ● 收视率 ● 受众口碑 ● 媒体策略 ● 投放策略 ● 整合传播策略

4.4.2 相关知识与工作内容

1．广告概念

广告概念是为了说服消费者购买而创造广告作品时需遵从的某一个与众不同的差异化销售主张，也就是 USP，即独特的销售主张，通常是一段阐释性的广告中心思想，用于指导广告策划、广告设计、广告活动所需要的创意，其受众是广告团队。

每一种产品总要给消费者购买的理由（利益、价值或情感），我们需要把这种理由传达给消费者，而这种传达需要一些具有某种特质的概念以便达到消费者好奇、共鸣、认同、尝试购买、忠诚购买的目的。这就是我们需要的广告概念。

由于市场竞争激烈，在这种情况下，发掘产品的差异化，提炼独特的广告概念，激发消费者心灵共鸣和强烈认同，即成为一种简洁有效的营销法宝。

广告概念创意的方法和技巧有如下 5 种。

（1）功效概念

消费者购买产品主要是为了获得产品的使用价值，因此广告以理性分析塑造产品功能、效用概念为主。

（2）高档概念

可借助入会限制严格的高档品牌俱乐部认证概念，强调自己是这一高级品牌群体的一员，从而创造自己的高档地位、形象和声望，赢得消费者信赖。

（3）情调概念

向消费者推介在产品的使用过程中能体会到某种生活情调的概念，创造消费者对新生活的向往。

（4）比附概念

攀附名牌以形成消费者对所宣传概念的理解和认同。主要有两种形式：一种是甘居第二，提出某一领导品牌形象很高大然而自己与它相差不大的概念；另一种是攀龙附凤，提出某一领导品牌很优秀然而其特点自身也具备的概念。

（5）消费概念

直接以产品目标消费群最期待满足的消费特征为概念，突出塑造该产品专为该类消费群服务，获得消费者共鸣和认同，如金利来打出"男人的世界"概念。

2．广告主题

即广告主题口号，其受众是目标消费者。广告主题是根据广告概念提炼出来的一个中心思想，是广告诉求的基本点，也是广告创意的基石，它是广告作品中最突出的广告口号。广告主题在广告活动的全过程处于统帅和主导地位，广告创意、广告设计、广告制作、广告表现等均要围绕广告主题。

3．主旨文字

这是一段广告文字，通常用于广告作品中，既是对广告主题的进一步演绎、深化、扩展，也是将广告概念传递给受众的感性、理性或二者相结合的文字表述，其受众是目标消费者。

主旨文字应该贯穿运用到各种广告表现形式中，使广告的概念、主题真正成为一根红线串起品牌，积累品牌，加深印象。

阅读资料

爱妻号洗衣机的广告概念

松下"爱妻号"洗衣机的广告概念：

松下公司想创造一种"女儿"概念，表达对自己的产品始终如一的关怀，体现松下的服务精神。因为在日本，女儿都是很受宠的，无论是待嫁还是已嫁，家人都会一直非常关心她、挂念她，而产品对于企业来说，就好像企业的女儿一样。在中国，有一句古老的谚语："嫁出门的女，泼出门的水"，正好可以反其道而用之。

为此，他们创意了广告主题：

"嫁出门的女儿不是泼出门的水。"

但是，在主题之下，又该如何继续展开话题呢？松下公司继续创意主旨文字：

"您家的松下'爱妻号'乖吗？

父母对女儿的爱，无穷无尽，无始无终，

就像杭州松下对松下'爱妻号'的关怀，

从她出生、成长，到'出嫁'，始终如一，永远不变。"

这个文案从概念到主题，从主题到主旨文字，一气呵成，有创意又实实在在，具有丰富的内涵和感染力。

4. 标识符号

为了更丰富、更生动地传递广告概念，除了广告主题和主旨文字外，标识符号也非常重要，它是受众可感知的形象化信息符号，如明星代言、标识性的物体、图案、字体、色彩等。在广告策划创意阶段，要明确标识符号，并通过一系列广告样本展示其运用的效果。

5. 广告受传心态

广告受众的受传心态是指广告受众在接触、接收和阅读广告作品时所具有的特殊心态。受众的受传心态是决定他是否对广告文案所传达的信息产生关注、发生兴趣，是否欣然接受广告信息，产生广告者所期待行为的一个重要因素。以下为几种典型的受传心态。

（1）认知不调

指广告受众一旦在受传时看到或听到与自己原来的观点、意见、价值观、判断倾向等不相符合的内容时，会产生不愉快的感受。

（2）知觉相差

指广告受众在受传前，对每一种产品、每一个品牌都有一个先验的产品印象和品牌印象存在于心，因此接受广告的时候会产生信息不对称的感受。

（3）对意见领袖的跟从

是指广告受众对意见领袖自觉崇拜、自觉跟从的接受心态。

（4）完形心态

即格式塔心理，是指人脑在接收信息时会按照一定的规律将它们修改、补充、完满，组成某个整体或完形。这个过程中所依凭的基准，一般情况下是人们对事物的认识、经验、价值倾向和审美取向。完形心态对广告受传心态的影响意义重大。

（5）境联效应

是指人们在认识或评价一个事物的特征和表现时，对事物的认识和评价会受到周围环境中相关事物的影响。

（6）主体权威性

是指广告受众对传播媒介和广告信息代言人权威性的注重，只要广告信息所运用的信息代言人和媒体具有权威性，受众对广告信息的关注和接受率便会得到提高。

（7）逆反接受

是指受众对广告传播产生一种抵制心理。

6. 千人成本

千人成本是广告送达 1000 人（或家庭）的成本计算单位，可用于计算任何媒体、任何人口统计群体及任何总成本。

千人成本并非是广告主衡量媒体的唯一标准，只是为了对不同媒体进行衡量不得已而制定的一个相对指标。

计算的公式为：千人成本 =（广告费用 ÷ 到达人数）×1000。

其中，广告费用 ÷ 到达人数通常以一个百分比的形式表示，在估算这个百分比时通常要考虑其广告投入是全国性的还是地域性的，通常这二者有较大的差别。

 **课堂练习**

广告的千人成本计算

① 南京某晚报媒体发行量是 50 万份，通栏广告价格为 10 400 元，实际执行价为 5020 元，传阅率为 2 人。那么它的千人成本是多少？

② 往往广告刊登后，并非有 50 万读者，而是这个庞大基数的一部分，这就是读者中目标消费群体的概率。不同的媒体拥有不同的阅读人群，如南京本地的《现代快报》《金陵晚报》是面向大众群体，其中包含了各个阶层的人群。对于年轻人使用的商品，在此类报纸上刊登广告，年轻人的阅读总量不可能是 100%，可能是 60%，也可能是 50%。所以说，就会存在40% ～ 50% 的无效读者。假设有 50% 的无效读者，那么此时的千人成本应该是多少？

7. 媒体策略

媒体策略也可以称为媒介选择策略。广告团队花费大量的时间、精力创作出来的广告作品最终是否能产生效果？除了作品创意是否能打动消费者外，能找到合适的媒介将作品传递给消费者也很重要。

这里所谓的"合适"是指既要追求媒介高效，对目标消费群的覆盖率越高越好；也要追求媒介划算，广告投放的千人成本越低越好。

（1）媒介的组合原则

一般来说，在进行广告发布媒体组合时，有以下几个原则。

① 组合有助于扩大广告的受众总量。任何一种媒介都不可能与企业产品的目标消费群完

全重合，没有包含在媒介受众的那一部分消费群需要借助其他媒介来完成。因此，媒介的组合应该最大限度互补，以满足广告发布覆盖最大的有效人群，即目标消费群。

② 组合有助于对广告进行适当的重复。消费者对广告信息产生兴趣、记忆、购买欲望，需要广告有一定的频率来提醒消费者。因为受众对于一则广告在一个媒体上重复刊播的注意力会随时间而减少，因此需要多种媒体配合，延长受众对广告的注意时间。

③ 组合应该有助于广告信息的互相补充。不同的媒体有着不同的传播特性，如电视广告对于吸引消费者的注意力有所帮助，但不能传递太大的信息量，报纸、杂志、网络就可以传递较大的信息量。因此，媒体的组合应该充分考虑信息的互补。

④ 组合应考虑媒体周期性的配合。不同的媒体有不同的时间特征，如电视、报纸、网络可以非常及时，可以连续进行宣传，间隔较短。而杂志一般以月为单位，不宜发布即时的新闻。在媒体组合中，应该考虑时间上的配合。

⑤ 组合的效益最大化原则。在多种媒体上同时发布大版面、长时段的广告不一定能达到最佳的效果，因此要对在各种媒介上发布的广告规格和频次进行合理的组合，以保证在达到广告效果的情况下，节省广告费用。

（2）媒介选择和组合的操作

① 对广告目标市场策略和诉求策略的把握。在进行媒介的选择和组合前，应该对广告要在什么样的范围内、向什么样的受众群发布有明确的认识，而这些认识要以广告的目标市场策略和诉求对象策略为依据。

② 对可供选择的媒介把握。按照发行量、受众总量、有效受众、千人成本和媒介要素进行分析和评估，以便在众多的媒介中选择可以采用的媒介。

③ 确定广告发布的主要媒介。在选择出来的多种媒体中，选择最接近受众、有效受众数量最多、对受众影响力最大的媒介作为广告发布的主要媒介。

④ 确定媒介之间的组合。确定了最主要的广告媒介后，要按照我们在上文中提到的原则将其他媒体围绕主要媒体进行时间和规格上的组合。

8. 投放策略

在广告投放的问题上，所有的企业都会坚持"性价比"的原则，都希望广告能够提升销售业绩的同时广告的千人成本是最低的，最不希望看到的就是因为媒体选择不当而造成广告投入的巨大浪费。此时，犹如一场两难的博弈，必须依靠投放策略的创意思考才能作出决策。

广告投放策略一般要考虑投放周期、投放节奏、投放密度、投放范围、投放预算、投放效果预测等六个方面。

① 投放周期。指某次在某媒介上投放的天数。

② 投放节奏。指的是每次投放之间的间隔天数，在一定的时期内需要投放多少天。

③ 投放密度。指在某媒介上重复投放、"密集轰炸"的程度，如电视和电台广告每天重复投放多少次，每个广告时段重复多少次；报纸广告每期刊登多少版。

④ 投放范围。指的是投放覆盖的地理范围，如电视是否上星，当地电视台和电台选择哪些城市，杂志、报纸选择哪些区域等。

⑤ 投放预算。指达到某次广告目标所需要付出的广告成本。

⑥投放效果预测。要对本次广告投放的效果及每一种媒介投放的效果作出预测，为事后验收投放效果提供依据。

阅读资料

脉冲式广告投放策略

人们普遍感觉脑白金的广告很多，打开电视机就是满天飞的脑白金广告。而事实上，脑白金的广告并不多。这是因为，脑白金用的不是天天轰炸的广告手段，而是采用间隙式集中轰炸的脉冲式广告投放策略。

脑白金每年在两个时间段集中投放广告，一是春节，一是中秋，会在中秋节的前10天和春节的前20天，这30天内，不惜血本，猛砸广告，甚至砸到让人心烦的地步。这一段时间过去之后，脑白金马上大量减少广告的投放量，消费者虽然仍然感觉到有很多脑白金广告，而实际上基本没有什么广告了。

脑白金的广告之所以在中秋节和春节这两段时间内集中出现，就是因为在这个时候，消费者的送礼需求最大。在这短时间内集中投放广告，就是为了迎合消费者的需求，提高脑白金的销量。

为了保持产品的曝光率和关注度，也可以采取脉冲策略。节假日和周末都是人们比较关注产品和消费的时段，在这些时段里集中投放广告，就会让人们感觉这家企业、这个产品的广告很多，印象很深。

9. 整合传播策略

现代营销研究认为，凡是能够承载广告并传递给消费者的载体，都可以认为是媒体。那么，不仅仅电视、电台、报纸、杂志、网络，还包括手机、站牌、车身、人体、杯子、箱子，甚至一场表演、一次旅行、一段故事、一部电影，等等，只要能吸引人们主动或被动关注的一切事物都可以成为媒体，都可以整合起来传播广告。

这就是整合传播策略的真谛。

阅读资料

整合传播策略的经典案例

整合传播被描绘成广告策划的一枚核武器，然而常常也会出现"想的美却做不好"的尴尬局面。不过，HP数码相机的整合传播策划则成为业界经典。他们在仅两个月的时间内，组织客户及传播机构不同部门的20多人团队，涉及"电视广告＋平面广告＋户外广告＋在线广告＋广播广告＋事件＋商场体验中心＋产品宣传公交车＋影院展示＋新闻发布会"整合传播策略运用，通过线上、线下、事件、公关、新闻发布会和互动载体，创造了丰富多彩的整合传播广告事件，引起人们的产品关注，激励他们购买产品。

他们在北京的东方广场和上海的港汇广场精心策划实施了精彩的路演活动，活动现场设立了两个区域：影像体验区和家庭影院区，成功吸引到众多目标消费者到路演现场，亲自体验HP数码产品带来的娱乐享受。

在体验区内，还设置了礼品制作区，消费者可以用HP的数码影像产品亲自制作个性化的 T 恤、相架、DVD 等,充分体验 HP 数码产品的神奇和魅力。DIY 的概念是非常有吸引力的,这个区域常常被挤得水泄不通。

同期多种形式的广告传播媒体支持也成为这次消费者体验活动成功的关键。

据调查,整合传播策略实施后,"HP 数码相机技术领先厂商"的广告形象提升了 10 倍;"数字照片打印技术领先厂商"的广告形象提升了 49%(平均值);HP 数码相机的知名度平均提升了 78%;而户外广告的知名度提升了 11%。

4.5 创意确定

创意确定是广告策划创意的第三个环节,主要实训内容是在头脑风暴后,分析并筛选创意,确定最优创意,拟定实现创意的预算并预测效果。

4.5.1 实训内容与实施、自检要求

表 4.5 所示为实训内容与实施、自检的要求。

表4.5 实训内容与实施、自检要求

内 容	实施步骤	实施方法	注意事项	自 检
优选创意	16. 分析创意 17. 抉择创意	⑲ 运用目标市场策略和市场定位策略来分析创意的创新性、逻辑性和可行性,对创意的效果进行预测 ⑳ 根据创意分析的评分和综合考量,由团队投票决定选择哪个创意	特别考察创意的新、奇、特是否能吸引目标消费群,是否能够传递产品卖点	● 创意评分表 ● 创意描述
广告预算	18. 费用估算	㉑ 对创意、设计、制作、媒介投放的分类费用进行测算	特别注意各项费用测算必须经过市场调查来完成,必须符合当前实际	费用预算

4.5.2 相关知识与工作内容

1. 广告表现创意

广告的表现策略就是要根据广告任务的要求,确定使用什么类型的媒介和作品把信息的内容阐释开来、表达出去,为受众所接受和喜爱。

2. 广告预算

广告预算是企业广告计划对广告活动费用的匡算,是企业投入广告活动的资金费用使用计划。它规定在广告计划期内从事广告活动所需的经费总额、使用范围和使用方法,是企业广告活动得以顺利进行的保证。

编制广告预算可以合理地解决广告费与企业利益的关系。对一家企业而言,广告费既不是越少越好,也不是多多益善。广告活动的规模和广告费用的大小,应与企业的生产和流通规模相适应。过度的投入不但不会使投入产出比增加,相反会引起投入产出比的降低,使产品的生产和流通成本增加。

制定广告预算常用如下 4 种方法。

① 量入为出法，即企业在估量了自身所能承担的开支能力后所安排的广告预算。例如，企业财政本年度仅能安排 100 万元广告费用，则企业便以 100 万元为基准计划广告投入。

② 销售百分比法，即企业以一个特定的销量或销售价的百分比来安排其广告费用。例如，某企业 2011 年销售总额为 1000 万元，企业以上年度销售总额的 5% 安排广告投入，则 2012 年全年广告预算为 50 万元。

③ 竞争对等法，即企业按竞争对手的大致费用来决定自己的广告预算。

④ 目标任务法，即要求经营人员根据企业自己特定的目标，确定达到这一目标必须完成的任务，以及估算完成这些任务所需要的费用来决定广告预算。这是一种相对科学的预算方法。

4.6　修正创意

这是广告策划创意的第四个环节，主要实训内容是根据情况变化和策划的需要，修改和完善创意。

表 4.6 所示为实训内容与实施、自检的要求。

表4.6　实训内容与实施、自检要求

内容	实施步骤	实施方法	注意事项	自检
修正完善创意	19. 修正完善创意	㉒ 进一步对照市场分析和产品定位策略，对创意主题做更符合策略的修正 ㉓ 在实施过程中，根据最新资讯的分析、客户意图的理解、市场变化的研究、定位策略的调整等，在投标演讲前，可以做进一步的修正和完善	客户的要求和市场的状况是对立统一的关系，以客户为中心是工作的重点，务必注意协调处理好客户关系	● 完善活动的纪要 ● 创意修正要点

4.7　创意文案和提案制作

这是广告策划创意的第五个环节，主要实训内容是根据已经确定的创意和策略，撰写文案和制作 PPT 提案，并通过演讲、答辩的形式向项目委托方汇报，争取本方案获得认可。

教学团队组织模拟竞标。各学生团队按照投标的形式，在同一时间面对评议小组互不透明地进行竞标。教师与项目方专家、行业企业专家等组成评议小组。

4.7.1　实训内容与实施、自检要求

表 4.7 所示为实训内容与实施、自检的要求。

表4.7 实训内容与实施、自检要求

内 容	实施步骤	实施方法	注意事项	自 检
创意文案撰写	20. 策划创意说明书 21. 视频广告创意脚本	㉔ 解释策划创意思路和独特亮点 ㉕ 根据企业广告人要求，按照场景编写创意脚本文案	①注意独特亮点的表达要同样能吸引读者 ②脚本文案的文字以清晰、明白为原则	● 创意说明书 ● 创意脚本
创意提案制作	22. 提案构思 23. 提案制作	㉖ 在整体风格、美学效果、时间把握方面首先进行构思 ㉗ 使用PPT系统进行电子幻灯片提案制作	注意团队中至少有一个成员对PPT工具的运用比较熟练	PPT提案
演讲与答辩	24. 预演练习 25. 正式演讲与答辩	㉘ 练习背诵、解读、时间控制、与电脑操作的组员配合 ㉙ 商务礼仪展现、职业能力体现、专业能力展示	①预演，预演，再预演，是成功的基础 ②现场氛围控制非常重要，这是通过礼仪和能力来把握的	● 预演3次 ● 演讲 ● 礼仪 ● 预备问题

4.7.2 相关知识与工作内容

1. 广告提案的概念

广告提案是广告公司向广告客户做有关广告活动策划、创意构想、调查结果等的报告，也就是把策划创意以Word、PPT的形式，准确生动地向客户提交、讲解和沟通，以赢得客户的赞赏与支持。

2. 广告提案的准备工作

① 与客户的前期沟通。在其他准备工作全面展开之前，需与客户进行沟通，确认提案会的时间、地点、议题、双方参与人员等。

② 执行排期。明确提案的时间、地点等之后，需编制具体的执行排期表以监督工作的推进。

③ 提案演讲。在提案中要想时刻抓住客户的注意力，使之集中精神于提案，必须PPT演示。但PPT只能是辅助，演讲更重要。因为只有语言能触动情感，激发客户在身心上的投入。所以提案会演示必须配合提案文本来设计，而不应成为主导。若整个提案变成了看图说话，那将是一场灾难。

④ 提案文本资料。提案文本资料整理的关键在于提案中交给客户的文本只能是提案内容的纲要，否则客户将会在提案时，不时注意手中的文本而非专注于提案者。纲要需尽可能简洁明了，能引起客户的兴致，进而仔细倾听提案者的说明。当然，提案文本详细内容在提案后必须提交给客户，让客户能对细节有深入的了解。提案文本包括投影在墙上的PPT和递交到客户手中的纸质材料。

⑤ 提案设备及提案。现场布置、提案现场的气氛、周围的环境等对提案的结果也有影响，营造让客户舒适的气氛甚至可以使之感觉不到时间的流逝。

4.8 创意评价

创意评价是广告策划创意的第六个环节，主要实训内容是对本项目的创意工作形成客观的评价。评价意见来自两个方面：一是项目委托方——客户的评价，另一个是行业企业专家的评价。教学团队的老师必须在模拟竞标完成后，根据学生团队表现和客户专家评价意见，对每一个学生团队的作品和表现进行全面的点评。

表 4.8 所示为实训内容与实施、自检的要求。

表4.8 实训内容与实施、自检要求

内　　容	实施步骤	实施方法	注意事项	自　　检
客户评价	26. 客户意见和建议	㉚ 在投标演讲答辩中，客户会很直接地提出意见和建议	详细记录客户所说的每一句话，诚恳地解释自己的创意	客户评价
专家评价	27. 专家提问和点评	㉛ 在评标中，邀请的行业专家会从专业的角度提出问题，并点评提案演讲和回答问题的表现	详细记录专家所说的每一句话	专家评价
教师点评	28. 教师点评	㉜ 模拟投标PK活动结束后，指导老师要进行综合点评和评分排名，向中标者宣布中标名单和中标内容	详细记录指导老师所说的每一句话	教师点评

4.9 自我总结

自我总结是广告策划创意的最后一个环节，主要实训内容是在模拟竞标和客户沟通的过程中，根据客户的要求、评委的意见，召集团队会议进行自我检讨与总结。

表 4.9 所示为实训内容与实施、自检的要求。

表4.9 实训内容与实施、自检要求

内　　容	实施步骤	实施方法	注意事项	自　　检
团队总结会	29. 自我总结	㉝ 每个团队均应在项目结束后，专门组织撰写自我总结报告，召开总结会议，会上要进行充分讨论，畅所欲言，以达到总结提高的目的	人人都必须自我总结，并在小组会上发言，无论是遗憾的体会，或是欣喜的收获，都是一次难得的促进	● 总结笔记 ● 总结报告

4.10 典型广告策划创意的技巧

所谓典型广告是指从某方面进行划分的广告类型中比较常用的那些类型。广告分类的方式还是非常多的，常见的分类有以下几处。

① 以传播媒介划分：报纸广告、杂志广告、电视广告、电影广告、网络广告、包装广告、广播广告、招贴广告、POP广告、交通广告、直邮广告等。

② 以广告目的划分：产品广告、企业广告、品牌广告、观念广告、公益广告等。

③ 以传播范围划分：国际性广告、全国性广告、地方性广告、区域性广告等。

④ 以传播对象划分：消费者广告、企业广告等。

⑤ 以传播形式划分：视频广告、平面广告、广播广告、口碑广告、整合传播广告等。

从常见的为广告作品策划开展创意脑力活动的要求出发，我们选择以传播形式划分的广告类型来解释广告策划创意的技巧。

4.10.1　视频广告策划创意的技巧

1．视频广告的概念

视频广告是采用视频拍摄技术制作广告影片的一种广告作品类型，具有声、像、色兼备，听、视、读并举，创意形式生动活泼的特点，成为现代最引人注目的广告形式。其发展速度极快，并具有惊人的发展潜力。

视频广告分为传统视频广告和移动视频广告两类。传统视频广告是在电视台、网络的视频内对广告进行设置和投放，而移动视频广告是指在移动设备（如手机、PSP、平板电脑等）内进行的插播视频的模式。

2．视频广告策划创意的技巧

要充分利用视频广告的特点进行策划创意，通过创意充满趣味的视频情节吸引目标消费者，从而将产品、品牌传递到消费者心目中的某个有利位置。

在创意的过程中，可采用以下几点提升视频广告效果：

① 增加广告的趣味性、吸引力和感染力，变无意注意为有意注意。

② 对广告内容进行事件策划，通过创造抢眼球的事件广告，达到抢看效果。

③ 设计广告内容的含金量，如看广告回答问题获奖、看广告抽奖等。

④ 强调单点诉求，越简单越尖锐，越简单越容易记住，简单是第一标准。

⑤ 画面、广告语和音乐要制造冲击力。

⑥ 要在商品利益和观众利益之间建立合理的关联性。

⑦ 创意应该具有可延展、可持续性，可以演化成系列广告，取悦观众并积累品牌形象。

⑧ 采用明星、美女、帅哥、儿童、动物等角色代言，可以将观众带入情景，激发他们对商品的自发设想体验，从而形成好感和消费冲动。

⑨ 旋律简单、朗朗上口、易于流传的广告歌曲可以掀动观众的情感波浪，加大传播效率。

4.10.2　平面广告策划创意的技巧

1．平面广告的概念

平面广告，若从空间概念界定，泛指现有的以长、宽两维形态传达视觉信息的各种广告媒体的广告；若从制作方式界定，可分为印刷类、非印刷类和光电类三种形态；若从使用场所界定，又可分为户外、户内及可携带式三种形态；若从设计的角度来看，它包含着文案、图形、线条、色彩、编排诸要素。

平面广告因为传达信息简洁明了，能瞬间扣住人心，从而成为广告的主要表现形式之一。

2. 平面广告策划创意的技巧

平面广告在创意上要求表现手段浓缩化和具有象征性，一幅优秀的平面广告设计具有充满时代意识的新奇感，并具有设计上独特的表现手法和感情。因此，应首先创意精准感人的广告主题口号，能准确地将广告概念表达出来。其次，在策划创意的过程中，围绕广告主题可采用以下几点来提升广告效果。

① 采用直接展现的创意手法，充分运用设计能力将产品真实的精美质地引人入胜地呈现出来，使消费者对所宣传的产品产生一种亲切感和信任感。这种手法由于直接将产品推向消费者面前，所以要十分注意画面上产品的组合和展示角度，应着力突出产品的品牌和产品本身最容易打动人心的部位，运用色光和背景进行烘托，使产品置身于一个具有感染力的空间，这样才能增强广告画面的视觉冲击力。

② 采用突出特征的创意手法，突出广告概念和主题，有着不可忽略的创意价值。在广告表现中，这些应着力加以突出和渲染的特征，置于广告画面的主要视觉部位或加以烘托处理，使观众在接触言辞画面的瞬间即很快感受到，对其产生注意和发生视觉兴趣，达到刺激购买欲望的促销目的。这些特征一般由 USP（独特销售主张）、富于个性的形象、标志性识别符号等要素来决定。

③ 采用对立冲突的创意手法，这是一种通过对比产生对立冲突而产生艺术美的创意手法，借彼显此，达到简洁、有趣、回味的喜剧效果，往往借助出乎意料的感悟来提示产品的独特卖点，给消费者以深刻的印象，使广告主题加强了表现力度，而且饱含情趣，扩大了广告作品的感染力。

④ 采用夸张想象的创意手法，对 USP（独特销售主张）进行相当明显的夸大，赋予一种新奇与变化的趣味，鲜明地强调 USP 为消费者提供的利益，突出 USP 的震撼力、冲击力，直抵消费者心底，加深他们对 USP 的共鸣和印象。夸张是一般中求新奇变化，通过虚构把对象的特点和个性中美的方面进行夸大。

⑤ 采用以小见大的创意手法，以独到的想象抓住一点或一个局部延伸放大，更充分地表达了产品的卖点，这是利用了"好苹果效应"（即吃了一个好苹果会认为整棵树都是好苹果），引导消费者展开想象。

⑥ 采用幽默风趣的创意手法，巧妙安排喜剧性元素，把需要突出的产品卖点，通过一种充满情趣、引人发笑而又耐人寻味的幽默手法，达到"出乎意料、合乎情理"的创意效果，使观赏者在会心微笑中认同产品卖点。

⑦ 采用借用比喻的创意手法，借用互不相干但又与卖点有相似之处的事物，"以此物喻彼物"，以此借题发挥，使本来难以表达的卖点有了表现的机会，使观赏者领会其意，并意味无穷地记住了产品卖点。

⑧ 采用制造悬念的创意手法，故弄玄虚，布下疑阵，使人对广告画面乍看不解题意，造成一种猜测和紧张的心理，激发消费者好奇并迫切希望探明广告题意，然后通过广告主题和主旨文字揭开谜底，给人留下难忘的强烈心理感受，产生引人入胜的传播效果。

⑨ 采用系列成套的创意手法，符合"寓多样于统一之中"形式美的基本法则，通过系列广告多次反复的不断积累，加深了消费者对广告主题的印象，而反复多次所带来的"同"中见"异"喜剧效果使广告卖点更加深入人心，提高了第一提及率和购买率。

4.10.3 广播广告策划创意的技巧

1．广播广告的概念

广播广告是指依靠无线电波或者通过导线传播，利用人们听觉特点的广告。广播广告最显著的特点是目标受众仅仅凭听觉来接受广告里的信息，能给人以最为广阔的联想空间，而联想是引发人类审美情趣的神奇武器，所以，广播是一种高情感媒介，它可以运用声情并茂的广播语言，深深拨动听众的心弦，而不会因为缺少画面而失色。

2．广播广告策划创意的技巧

广播电台现在的受众已不是过去以抱着收音机的中老年听众为主了，由于汽车、手机、网站、MP3、Wi-Fi等收听工具广泛使用，方便了私家车主、学生、年轻人和公司职员，他们都喜欢收听广播电台，而这些群体在消费市场上又是主力军，所以广播的听众也就是商家看中的目标消费群。

运用以下技巧，可以使广播广告收到较好的效果。

（1）锁定针对性栏目或节目

当今广播的发展已由"广播"变为"窄播"，听众对自己喜欢的栏目或节目进行了细分，不同的节目和时段有不同的听众群，而不是只锁定一个频率。因此，在做策略创意时，可根据产品对象多计划几个电台，在不同时间锁定同类的节目，如汽车类、房产类、金融类、餐饮类、娱乐类等节目。在形式上可采用联办节目方式与电台进行深度合作，这样广播广告的内容既能节目化又能市场化，最终达到听众喜闻乐见。

（2）注意非黄金时段的策略

黄金时间收听率相对较高，但不能因此抛弃非黄金时间。因为听众收听广播的时间有很大的差异性，不是每位喜欢收听广播电台的人都习惯在黄金时间收听广播节目。不同的听众，有不同的收听时间和机会，有的在上下班时间的车上、有的中午在办公室、有的晚上在家等。因此，要针对不同的目标消费者选择广播时间。

（3）在广告互动上进行创意

节目不超过5分钟，可在节目中设计通关语句，强制传达信息，并让听众参与，回答提问或说一句之前节目中已经设计进去的语句，即可取得奖品或礼券。

（4）巧妙植入广告

硬广告容易使听众抵触，但顺理成章的广告听众往往也顺其自然地接受，如在整点由某品牌报时、现场采访某企业的听众、由某企业提供奖品、在某企业现场直播等。

4.10.4 口碑广告策划创意的技巧

1．口碑广告的概念

口碑广告是指通过关注者或购买者以口口相传的方式将有关商品的广告信息传递给家人、朋友和交往的人，从而促使更多的人产生购买的一种广告传播方式。

随着近年来互联网电商、微信微商口碑营销的飞跃发展，口碑广告也快速发展起来。其实，口碑广告一直存在，只是因为没有互联网电脑、移动手机这类合适的载体而未能得到发展。其最早的形式就是通过亲朋好友口口相传，后来随着媒体业的发展，口碑广告也发生了很大的变化，但其优势却没有改变：成本低廉，效果显著。

口碑广告传播成本仅是媒体广告传播成本的 1/10、1/50、1/100，甚至没有成本。成功的口碑广告都是采用以小搏大的策略，而效果则远胜其他硬性广告传播方式。

2. 口碑广告策划创意的技巧

一件事情想让别人谈论甚至传播就必须有一个吸引人的事件内容与话题，对于需要大规模传播的市场行为更是如此。但是，口碑的效果可以被放大，口碑本身却是没有办法凭空做出来的。

可注意利用以下几点要素，使口碑广告收到更好的效果。

（1）从最熟悉的朋友开始

在真正开始之前，试试看能不能说服你最好的朋友购买或使用你的产品或服务。口碑就是一个在信任的人之间一次一次传递商品信息的过程，如果正面的商品信息在你和你的朋友之间都无法顺畅地传递，也不要指望它们会通过口碑的形式在更大的范围内被广泛传播。

（2）循序渐进不求速成

不能要求消费者像你购买的广告媒体那样按照严格排期来帮你推广。你需要有好的产品或服务让他们感到满意，你需要消除他们的疑惑让他们对你增强信心，你需要帮助他们使用各种工具更方便地传递口碑，你需要在他们传播你的产品或服务的时候对他们表示感激。互联网已经让很多事情变得非常快捷，但是口碑广告传播的过程有时候依然会很慢，因为传播者大部分都是你无法操控的消费者。

（3）寻找正确的意见领袖

虽然口碑广告传播是细水长流的工作，但是在大部分情况下意见领袖还是可以帮助你事半功倍。所以寻找真正喜欢你产品的意见领袖就变得非常重要。这里需要注意的一点是，在产品的粉丝团里面寻找或者培养意见领袖有时候比把行业专家变成产品的粉丝要容易得多。

（4）充满热情和幽默感

大部分情况下，消费者在传播口碑的时候都是义务的。所以作为受益者，企业和口碑广告的实施者必须对所有消费者充满热情，让他们感受到你的支持和鼓励。幽默感也是非常重要的一点，娱乐为王是中国互联网的现状，能让人发笑的信息更加容易被传播。

（5）诚实和责任感

这点最重要，互联网让信息不对称的情况越来越少，谎言越来越容易被揭穿。以诚相待是长久赢得消费者青睐的唯一办法。同样，企业对消费者、对社会表现出来的责任感也可以通过网络让消费者一览无遗。不要试图去欺骗和隐瞒什么，那样做最终只能是掩耳盗铃而已。

（6）借势与利益

口碑广告的特点就是以小搏大，在实施时要善于借用各种强大的势能来为己所用，可以借助自然规律、政策法规、突发事件，甚至是借助强大的竞争对手的势能。同时，在生活中，消费者关注与谈论最多的莫过于与他们利益相关的各种事情，因此，口碑广告必须将广告概念、主题、内容以利益为纽带与目标受众直接或间接地联系起来，使传播者和被传播者本身就是事件的利益主体，不仅自己关注、参与，更会主动传播并邀请亲朋好友来关注、参与，由此产生强烈的倍增效应。

（7）重视自媒体和人脉圈子

今天人人都是麦克风、人人都是媒体，广告业就将每个人称为自媒体，传播的工具除了传统的嘴巴之外，还有微信、微博等。人脉圈子是一批"志同道合"的自媒体聚集的地方，他们中既有意见领袖，也有跟风者，也有只收听不发言的，他们都有着良好的人脉关系，口碑广告往往会无缝快速传播。

4.10.5　整合传播广告策划创意的技巧

1．整合传播广告的概念

整合传播广告是指综合协调和利用一切可以成为媒介的广告形式，在不同形式的媒介上，不同的广告应该以统一的目标和统一的传播形象，传递一致的产品信息，实现与消费者的双向沟通，迅速树立产品品牌在消费者心目中的地位，建立品牌与消费者长期密切的关系，有效达到广告传播和产品销售的目的。

2．整合传播广告策划创意的技巧

整合就是把各个独立的要素综合成一个整体，以产生协同效应。整合传播一方面把广告、促销、公关、直销、CI、包装、新闻媒体等一切传播活动都涵盖于广告活动的范围之内，另一方面则使企业能够将统一的传播资讯传达给顾客。

注意以下几点，可以使整合传播广告更有效。

（1）整合传播广告应该围绕消费者接触点

消费者和广告之间有许多的接触点，这不是单靠传统的媒介所能达到的，如消费者接触产品包装、打开包装见到产品、拨打销售电话、参加产品公关活动等，只要消费者接触到的就可认为是一种媒介，广告要围绕消费者这些不同的接触点进行分别创意和设计。

（2）要注意保持一致性

保持一致性是一个最基本的整合传播管理要求。随着传播环境的日趋复杂化，各种接触方式所形成的信息及各种信息的内涵往往出现混乱甚至是相互矛盾，因此必须采用某种方式使信息具有一致性。一致性不仅可以降低不同传播过程中的自我消耗，而且在减少传播成本的同时还能够使得品牌信息更加清晰。一致性首先要做到信息统一，所有传播媒介和所有的广告接触点都必须达成一致；其次要做到信息连续，在传播过程中所有传播媒介和所有的广告接触点要有连贯性，不能前后不一。

（3）筛选最关键的接触点

要承认一个事实，在消费者的心智深处的确存在着一个"关键时刻"。消费者不会糊里糊涂地喜欢一个品牌，也不会糊里糊涂地不喜欢一个品牌，他们已经不会因为接触广告而贸然作出购买决策，一定是在某个"关键时刻"接触广告才作出购买决策，这个"关键时刻"就是最关键的接触点。

知识练习

一、问答题

（1）广告策划创意流程有哪些环节？

（2）为什么要重视广告策划创意实训自检？

（3）整合传播广告策划创意为什么要筛选最关键的接触点？

（4）广告提案一共有 3 种类型，分别是什么？

二、判断题

（1）广告策划创意是在广告创作的策划过程中产生的创意思维。（　　　）

（2）目标消费群，指与市场定位相一致的现实或潜在目标消费者群体，也称为目标市场。
（　　　）

（3）广告策划并非广告作品的策划，而是广告活动的策划。（　　　）

（4）广告活动针对不同的对象、不同的时间、不同的地域、不同的形式，内容应该有所
不同。（　　　）

三、选择题

（1）下述哪些方面是广告目的需要考虑的？

A．扩大知名度

B．说服购买

C．提高占有率

D．短期促销

E．提醒购买

F．通知购买

（2）广告预算四种方法：

A．量入为出、销售百分比、竞争对等、目标客户

B．量入为出、销量百分比、竞争对等、目标任务

C．量入为出、销售百分比、竞争对等、目标任务

D．量入为出、销量百分比、竞争对等、目标客户

 实务训练

目标：60 分钟练习如何为产品做广播广告。

内容：老师指定本地的一款大家熟知的消费产品（如饮料、蛋糕、手机等）作为学生的
练习对象，要求各模拟公司学习小组按照广告策划的工作过程，最后当堂录制并提交一段 1
分钟的广播广告作品。

组织形式：请各模拟公司学习小组按照以下流程完成任务。

（1）用 5 分钟分头采集相关信息。

（2）用 5 分钟集体讨论，得出市场定位、独特卖点和广告目标等。

（3）用 10 分钟编写广告文案脚本。

（4）用 10 分钟选择恰当的背景音乐、音效，用手机录制完成。

（5）老师用 20 分钟安排各组学生团队上台来与全班分享完成的广告作品，老师和其他团队的代表共同担任评委打分。最后由老师进行总结。

要求：每个模拟公司学习小组的成员都必须参与练习。

训练要点：掌握广告策划创意的工作过程。

项目 5

非投资性产品营销策划创意实训

 学习目标

1. 知识目标

通过本章实训，掌握产品策划创意的真实工作过程，懂得如何入手开展产品策划，了解每个环节的关键内容，重点掌握产品三层次、产品 SWOT、市场 STP、广告 USP 等分析的方法。

2. 能力目标

学生团队应通过自己深入市场和企业采集相关资讯，学会沟通客户，学会协调外部资源，充分调动每个成员的积极性，培养责任感和行动能力，能够运用不同工作环节所需的专业知识和理论工具出色地完成任务。

 学习导航

```
                                     ┌─【定义】非投资性产品是指只具有消费价值的产品，意味着
                    ┌── 基本概念 ────┤  产品的价值随着消费的时间越长越低
                    │                └─
                    │
                    │                    ┌─ 包括七个环节：市场调查分析、创意汇集、创意确定、
                    ├── 产品策划创意流程 ─┤  修正创意、创意文案和提案制作、创意评价、自我总结
                    │                    └─
                    │
                    │                ┌─【市场调查分析】客户背景资料收集，目标消费者需求分析、
                    │                │  市场环境分析、目标市场定位分析、产品独特销售主张分析
  非投资性产品营销   │                │【创意汇集】头脑风暴，汇集非投资性产品策划创意
  策划创意实训 ─────┤                │
                    │                │【创意确定】从创新性、逻辑性、可行性三方面确定最佳创意
                    ├── 实训内容 ────┤【修正创意】修改完善创意
                    │                │【创意文案和提案制作】文案写作、提案制作
                    │                │
                    │                │【创意评价】演讲与答辩、客户评价、专家评价、教师点评
                    │                └【自我总结】团队总结会
                    │
                    │                    ┌─ 卖点产品策划创意的技巧
                    │   典型产品         │  功能产品策划创意的技巧
                    └── 策划创意的技巧 ──┤  竞争产品策划创意的技巧
                                         └─ 空白产品策划创意的技巧
```

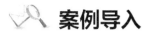

案例导入

世界那么大，为什么是白加黑？

白加黑推出时，已值1994年末，比1989年进入中国的康泰克和1993年随后进入中国的泰诺都晚。而且，在这两个品牌中，康泰克凭借独有的缓释胶囊技术，第一个建立了全国性强势品牌，其广告是"早一粒晚一粒，远离感冒困扰"，在当时普遍6小时吃一次的感冒药中，确立了"长效"定位；泰诺则依赖"30分钟缓解感冒症状"诉求成功，其定位于"快效"，与康泰克针锋相对。此时，感冒药市场基本上就是两强瓜分了。

面对强大而又被消费者广泛认同的竞争对手，新的感冒药要成功就必须找到自己与众不同的产品定位，这个定位必须成为一个伟大的产品创意，能够迅速被消费者认可。那么，这个产品创意的关键就是要发现消费者没有被康泰克和泰诺满足的需求，围绕这个目标消费群迅速提出清晰、直接而震撼的产品定位及其广告口号。

果然，拜耳医药保健有限公司发现了轻度感冒的司机、白天上班族服用康泰克和泰诺后的不适，甚至严重影响了他们的工作。这是一个非常庞大而清晰的目标市场（目标消费群），也是康泰克和泰诺产品的"痛点"！为此公司将新产品命名为"白加黑"，提出"白天服白片，不瞌睡；晚上服黑片，睡得香"，将两位领先者重新定义为黑白不分的感冒药，自己是"日夜分服"。

"白加黑"的广告定位非常干脆简练："治疗感冒，黑白分明"，USP广告口号是"白天服白片，不瞌睡；晚上服黑片，睡得香"。USP（独特销售主张）清晰地传达了STP确定下来的产品定位：黑白分明，参见图5.1。

"白加黑"上市仅180天，就像暴风骤雨一般，销售额迅速突破1.6亿元，在拥挤的感冒药市场上分割了15%的份额，登上了行业第二品牌的地位，在中国内地的产品营销策划史上，堪称奇迹，这一现象被称为"白加黑"震撼，白加黑凭此定位进入了感冒药三强品牌之列。

案例思考："白加黑"的产品营销策划创意令人惊叹，它在产品生产上又有什么创意？

分析提示：

发现没有被满足的需求，并且在广告宣传中干脆简练地提出只有我能满足，这是策划创意的重要法则。

其实，广告宣传只是实事求是地传播产品的卖点，而伟大的策划创意就是产品自身的创意，它看似简单，只是把感冒药分成白片和黑片，并把感冒药中的镇静剂"氯苯那敏"放在黑片中，其他什么也没做。实则不简单，它不仅在品牌的外观上与竞争品牌形成很大的差别，更重要的是它与目标消费者的生活形态相符合，达到了引发联想的强烈传播效果。

伟大的创意往往是简单而不经意的！

"白加黑"在研制产品之初就开始了营销策划，分析消费者、分析市场、分析竞品，最终推出满足消费者需求空白的出色产品，名称、特点、功效浑然一体，为竞品设置了天然的竞争障碍。成功绝非偶然，创意来自努力的必然。

"白加黑"产品创意的最大亮点是通过SWOT分析发现机会，通过STP分析找到目标市场，并非常清晰简洁地进行了市场定位，随之顺理成章地提出了自己的广告口号（USP独特销售主张），这是营销策划创意理论工具运用的伟大胜利。

图5.1 "白加黑"黑白分明

 **做中学**

一掌通门禁产品策划创意

实训目的：非投资性产品是个人或机构消费的产品，最为常见，学生通过实训能够较快地理解如何创意产品的营销以满足目标市场需求，体会为什么说创意是策划的发动机，进一步熟悉策划创意的工作过程。

实训内容：一掌通门禁是 21 世纪高科技研发的新型安防产品，通过手掌静脉识别身份，不易伪造，不受外在环境影响，而且只有活体才能识别。该产品认假率低于 0.000 08%，拒真率低于 0.01%，具有很高的安全保障与准确辨识率；手掌轻轻一放，不到 1 秒识别即可完成；不需要直接接触感应器，既卫生又安全，容易被大众接受。

任课老师可以在本地寻找到该产品的生产或销售企业，与他们联系，邀请他们提供产品信息、市场信息，请他们提出营销策划目标并参与学生提案评价，将本实训作业设计成真实项目的实训，参见图 5.2。

图5.2 一掌通门禁产品

　　实训要求：要求学生团队通过采集企业、产品和市场资讯，进一步了解一掌通门禁的产品现状和市场现状。通过 SWOT、STP、USP 分析，发现本地哪些机构或个人需要该产品，我们应该选择什么目标市场，我们如何策划产品的定位，并为产品设计一句广告口号。要求创意的内容包含产品三层次、进入市场定价等营销 4P 组合，以及线上网商、微商策略。学生团队可寻求外部人员协助设计产品包装及广告作品，同时，切勿忘记进行投入产出分析和策划效果预测。

　　实训步骤：学生模拟公司应根据本章所列的产品策划工作过程步骤开展实训。

　　成果评价：三周后提案竞标，以文案和 PPT 形式提交，现场讲解、答辩。PPT 同样应该是充满创意并易于理解的，能在几分钟内打动评委。

同类作品欣赏

5.1　基本概念

5.1.1　非投资性产品定义

1．产品

　　产品是指能够提供给消费者，被人们使用和消费，并能满足人们某种需求的任何东西，包括有形的物品、无形的服务、组织、观念或它们的组合。从是否具备投资价值来分，产品可分为非投资性产品和投资性产品两大类，非投资性产品是指只具有消费价值的产品，意味着产品的价值随着消费的时间越长越低。

　　产品一般可以分为三个层次，即核心产品、形式产品、延伸产品。核心产品是指整体产品提供给购买者的直接利益和效用；形式产品是指产品在市场上出现的物质实体外形，包括产品的品质、特征、造型、商标和包装等；延伸产品是指产品在整体上提供给顾客的一系列附加利益，包括运送、安装、维修、保证等给予消费者的好处。

2．产品策划创意

　　① 产品策划创意分为两类：

　　一类是产品研发策划创意，主要是针对市场需求，以目标市场为基础，形成一个产品开发的整体思路，以拓展新的增长点。

　　另一类是产品营销策划创意，即谋划通畅的销售渠道、持续的销售态势和维持产品设计的理想化售价，通俗地讲，就是如何能更好地将产品卖掉，并在销售过程中塑造新的品牌形象。

　　② 产品营销策划创意也可以分成两类：

　　一类是非投资性产品营销策划创意。策划的目标是如何将产品效用与服务推销给客户，如快速消费品、低值易耗品、高值耐用品等。

　　另一类是投资性产品营销策划创意。策划的目标是如何将产品未来的价值推销给客户，如房地产产品、收藏品、金融产品等。

非投资性产品是我们日常生活中最经常接触到的使用品，供给和需求的关系比较易于理解，在营销策划创意中也比较容易掌握。

5.1.2 非投资性产品策划创意的特点

非投资性产品策划创意的特点就是"概念创新"。产品概念是卖点的承诺，是产品可以满足消费者需求的承诺，是产品定位的一种差异化竞争力表现。产品策划过去强调的是请消费者注意我们的产品，现在强调的是要注意消费者。只有满足消费者需求的产品才是好产品，只有解决了如何满足消费者需求的产品创意才是好创意。

概念创新的主要理论依据就是 STP 和 USP，前者用来找到目标消费群和产品在目标消费群心智中的定位；后者用来创意一条广告口号，这条广告口号就是宣传产品概念：独特的销售主张。

5.1.3 非投资性产品策划创意的真实工作流程

产品策划创意不是无计划的、盲目的头脑发疯，它是按照一定的程序，有计划、有步骤地进行的。一个成功的产品策划创意包括产品策略、价格策略、渠道策略、促销策略等方面的创意。

非投资性产品策划创意的真实工作流程包括下列内容。

1. 市场分析

对市场环境进行深入细致的分析和研究，明确目标市场消费者对产品提出的要求，掌握企业外部竞争的影响因素，以摆正产品在市场上的位置，从而确定广告在市场上的定位。

2. 产品创意

对产品效用和卖点进行深入的了解和研究，掌握好产品的个性特征，以决定该产品的市场定位和独特销售主张应该是什么。

3. 营销目标

产品通过一定时间的营销活动后必须达到一定的市场目标，通常是销量、市场占比或品牌形象等方面的营销成果。

4. 营销策略创意

产品创意明确之后，产品的价格策略、渠道策略和促销策略也需要逐步创意，尤其是促销策略中的广告宣传创意。

阅读资料

哈慈驱虫消食片

哈慈老板在总结哈慈十多年来在医药保健品行业的经验时说，一靠好的产品，二靠好的策划，三靠好的队伍，强调了非投资性产品营销策划对企业具有非常重要的意义。

首先，要通过调查分析发现需求，进行概念创新。

驱虫消食片如何开拓市场的蓝海？突然有一天，我们发现了："成千上万的家长为孩子的挑食、厌食问题伤透了脑筋。"当家中小皇帝进食时，多少父母围之团团转啊！挑食、厌食正是小儿消化不良的症状表现，"症状明确"是 OTC 保健品营销的利器，如康泰克、斯达舒等诸多品牌都是走这条通往辉煌的大道。哈慈驱虫消食片因此完成了从"打虫"到"解决厌食"的概念创新。

其次，从产品本身进行改良，使它多方面适合消费者的需要。

驱虫消食片的消费者是儿童，虽然俗语说，良药苦口，但不能让家长在硬逼孩子吃饭时，还要硬逼孩子吃药，必须调出孩子们喜欢的口味。这对于重复购买、销量的提升是必要的。于是，哈慈请了欧洲一流的调味师，共调了 1000 多种口味，进行了 2000 多个样本的口味测试，终于调出了"香香水果味"的驱虫消食片。

最后，广告策划也要调研。

1999 年 7 月，北京数十年来最热的夏天，驱虫消食片开展了大规模的广告策划市场调研工作。项目组成员跟着大学生访问员跑遍了北京各个层次的小区，跟小孩的父母、爷爷奶奶亲切地交谈。在完成了定量的调研后，项目组成员还要跟他们进一步交流进行定性调研。一个退休的老同志谈到现在的孩子是怎么的不爱吃饭、怎么的不听话，谈到他的担心，跟访问员分享他是如何成功地哄他的外孙每顿吃得好好的，很形象地学孩子的妈妈是怎么逼孩子吃饭的——"你吃不吃？到底吃不吃？再不吃妈妈就生气了！"驱虫消食片的电视广告正是取材于这个素材，蒋雯丽饰演的妈妈对着镜头说："你吃不吃？到底吃不吃？再不吃妈妈要生气了！"

5.2　实训流程简介

以真实工作过程为导向，经过对所需知识与技能进行解构，再按七步法对非投资性产品策划创意实训流程进行重构，参见表 5.1。

表5.1　非投资性产品营销策划创意实训流程

实训流程	内容要求
市场调查分析	客户背景资料收集，进行目标消费者需求分析、市场环境分析、目标市场定位分析、产品独特销售主张分析等
创意汇集	头脑风暴，汇集非投资性产品策划创意
创意确定	从创新性、逻辑性、可行性三方面确定最佳创意
修正创意	根据情况变化和策划需要，进一步修改完善创意
创意文案和提案制作	撰写文案，制作 PPT 提案
创意评价	提案讲解及答辩，专家、老师和企业对创意作出评价
自我总结	模拟公司对照评价进行总结反思

5.3　市场调查分析

市场调查分析是非投资性产品营销策划创意的第一个环节，主要实训内容是环境资料采集与消化，以及产品分析。要求学生团队采集企业内部资料及市场外部资料，运用市场营销学的分析工具进行分析。

首先是环境分析，包括环境资讯收集和消化，是对市场环境进行深入细致的分析和研究，明确企业营销目标对策划提出的要求，掌握企业外部方方面面的营销影响因素，以确定产品在市场上的独特位置（市场定位），从而确定产品的独特销售主张。

其次是产品分析，是对需要策划的产品进行深入的了解和研究，掌握产品的属性和特征，以决定产品 4P 营销战略和相应的战术。

5.3.1　实训内容与实施、自检要求

表 5.2 所示为实训内容与实施、自检的要求。

表5.2　实训内容与实施、自检要求

内　　容	操作步骤	操作方法	注意事项	自　　检
企业内部资料收集	1. 直接沟通	①与客户进行各种方式沟通，并深入到企业现场，收集有关企业资料和产品资料	学会与产品经理、销售经理、项目经理、企业领导等进行沟通，以使资料具有权威性	• 资料清单 • 问题清单
市场环境资讯采集	2. 间接采集 3. 直接采集	②通过商场、卖场、门店和网络、报刊、书籍，以及政府公布的数据，进行第二手资料收集 ③确定调查目标、调查内容、调查问卷、样本窗、抽样数量、抽样方法、调查计划 ④亲赴真实市场，以标的产品为对象开展市场调查	①开展资料采集之前，需明确项目产品及其企业，做好人员分工，落实调查分析的工具，如电脑、纸笔、计算器等 ②复习之前学过的市场调查分析知识与工具	• 调查问卷 • 抽样数量 • 抽样方法 • 调查计划 • 调查分工
市场环境资讯消化	4. 数据统计 5. 图表描绘	⑤问卷数据输入电脑，统计输出结果 ⑥根据产品定位分析需要，绘制柱图、饼图等	①团队成员分工，共同协调、协助完成 ②注意图形标注合理，色彩搭配美观	• 统计结果 • 绘制图形
产品调查分析	6. 产品基本信息调查 7. 产品竞争力分析和市场占有率	⑦完成产品基本信息调查，包括产品名称、性能及特性、效用和价值、品牌与专利、产品所处的生命周期 ⑧进行竞争对手优劣势比较，分析市场占有率	①产品的差异化优势是否有如下之一：成本优势、技术优势、质量优势 ②运用 SWOT 进行分析	• 产品生命周期 • 竞争力分析 • SWOT 矩阵分析表
目标市场分析	8. 细分市场 9. 目标市场	⑨分析消费者需求、行为和特征，根据消费者的态度、行为、人口变量、心理变量和消费习惯细分市场 ⑩分析和选择企业的市场覆盖战略：单一市场、产品专门化、市场专门化、有选择的专门化、完全覆盖 ⑪分析和选择企业的目标市场策略：无差别性市场、差别性市场、集中性市场	①注意产品、品牌现状分析，学会运用单变量、二变量、三变量、多变量细分市场 ②必须与客户进行沟通 ③运用 STP 进行分析	• 细分市场描述 • 市场细分"五性" • 目标市场描述
市场定位分析	10. 市场定位效果 11. 市场定位方法	⑫定位是头脑之战，在竞争分析中寻找消费者未被满足或未被充分满足的内容，寻找产品能达到"消费者第一提及"效果的市场定位 ⑬可以选用8种定位方法之一完成定位 ⑭确定产品的独特销售主张	①在创意中注意避免：过度定位、混乱定位、过窄定位、过宽定位 ②运用 USP 进行分析	• 未被满足的需求 • 定位描述 • 定位在第一 • 独特销售主张

5.3.2 相关知识与工作内容

1. 产品竞争力分析

（1）成本优势

成本优势是指公司的产品依靠低成本获得高于同行业其他企业的盈利能力。在很多行业中，成本优势是决定竞争优势的关键因素。企业一般通过规模经济、专有技术、优惠的原材料和低廉的劳动力实现成本优势。

取得了成本优势，企业在激烈的竞争中便处于优势地位，意味着企业在竞争对手失去利润时仍有利可图，亏本的危险较小；同时，低成本的优势也使其他想利用价格竞争的企业有所顾忌，成为价格竞争的抑制力。

（2）技术优势

企业的技术优势是指企业拥有的比同行业其他竞争对手更强的技术实力及研究与开发新产品的能力。这种能力主要体现在生产的技术水平和产品的技术含量上。在现代经济中，企业新产品的研究与开发能力是决定企业竞争成败的关键，因此，企业一般都确定占销售额一定比例的研究开发费用，这一比例的高低往往能决定企业的新产品开发能力。

技术优势的核心在技术创新，它不仅包括产品技术，还包括创新人才，因为技术资源本身就包括人才资源。现在大多数上市公司越来越重视人才的引进。在激烈的市场竞争中，谁先抢占智力资本的制高点，谁就具有决胜的把握。技术创新的主体是高智能、高创造力的高级创新人才。实施创新人才战略是上市公司竞争制胜的务本之举，具有技术优势的上市公司往往具有更大的发展潜力。

（3）质量优势

质量优势是指公司的产品以高于其他公司同类产品的质量赢得市场，从而取得竞争优势。由于公司技术能力及管理等诸多因素的差别，不同公司间相同产品的质量是有差别的。消费者在进行购买选择时，虽然有很多因素会影响他们的购买倾向，但是产品的质量始终是影响他们购买倾向的一个重要因素。质量是产品信誉的保证，质量好的产品会给消费者带来信任感。严格管理，不断提高公司产品的质量，是提升公司产品竞争力的行之有效的方法。具有产品质量优势的上市公司往往在该行业占据领先地位。

2. 市场占有率分析

市场占有率是指一个公司的产品销售量（销售额）占该类产品整个市场销售总量的比例，直接反映企业所提供的商品和劳务在消费者和用户中的满足程度，表明企业的商品在市场上所处的地位，也就是企业对市场的控制能力。市场占有率越高，表示公司的经营能力和竞争力越强，公司的销售和利润水平越好、越稳定。

分析公司的产品市场占有率（Market Shares），在衡量公司产品竞争力问题上占有重要地位。通常从两个方面进行考察：其一，公司产品销售市场的地域分布情况，从这一角度可将公司的销售市场划分为地区型、全国型和世界范围型，销售市场地域的范围能大致地估计一个公司的经营能力和实力；其二，公司产品在同类产品市场上的占有率，市场占有率是对公司的实力和经营能力的较精确的估计。

公司的市场占有率是利润之源，效益好并能长期存在的公司市场占有率必然是长期稳定并呈增长趋势的，日益增长的市场占有率可以使企业获得某种形式的垄断，这种垄断既能带来垄断利润，又能保持一定的竞争优势。不断地开拓进取，挖掘现有市场潜力，不断进军新的市场，是扩大市场占有份额和提高市场占有率的主要手段。

3．SWOT 分析

SWOT 分析是一种分析内外部环境的战略级分析工具，从宏观上分析内部能力与外部条件的现状，按照存在的优势和劣势、面临的机会和威胁进行梳理，并与竞争对手的 SWOT 进行对比，试图找出一种最有利于自己的对策。分析的对象可以是企业也可以是个人，可以是品牌也可以是产品，可以是项目也可以是活动，等等。所以，我们在进行 SWOT 分析时，最重要的是给出一个最佳对策。

在 SWOT 分析中，S 是优势（Strength），W 是劣势（Weakness），O 是机会（Opportunity），T 是威胁（Threat）。S、W 是内部能力，O、T 是外部条件。按照竞争战略的完整概念，战略应是"能够做的"（即组织的强项和弱项）和"可能做的"（即环境的机会和威胁）之间的有机组合。

（1）分析组合模型

从 SWOT 分析中给出一个最佳对策时，可以参考以下 4 种分析组合模型。

① 优势—机会（SO）对策。

这是一种发展内部优势与利用外部机会的战略，是一种理想的对策。当分析对象具有特定方面的优势，而外部环境又为发挥这种优势提供有利机会时，应该采取该战略。例如，良好的产品市场前景、供应商规模扩大和竞争对手有财务危机等外部条件，配以企业市场份额提高等内在优势，可成为企业收购竞争对手、扩大生产规模的有利条件。

② 劣势—机会（WO）对策。

这是利用外部机会来弥补内部劣势，使分析对象克服劣势而获取优势的对策。例如，若企业弱点是原材料供应不足和生产能力不够，从成本角度看，前者会导致开工不足、生产能力闲置、单位成本上升，而加班加点会导致一些附加费用。在产品市场前景看好的前提下，企业可利用供应商扩大规模、新技术设备降价、竞争对手财务危机等机会，实现纵向整合战略，重构企业价值链，以保证原材料供应，同时可考虑购置生产线来克服生产能力不足及设备老化等缺点。通过克服这些弱点，企业可以进一步利用各种外部机会降低成本，取得成本优势，最终赢得竞争优势。

③ 优势—威胁（ST）对策。

这是利用自身优势，回避或减轻外部威胁所造成影响的对策。例如，竞争对手利用新技术大幅度降低成本，给企业造成很大的成本压力；同时材料供应紧张，其价格可能上涨；消费者要求大幅度提高产品质量；企业还要支付高额环保成本，等等，这些都会导致企业成本状况进一步恶化，使之在竞争中处于非常不利的地位。但若企业拥有充足的资金、熟练的技术工人和较强的产品开发能力，便可利用这些优势开发新工艺，简化生产工艺过程，提高原材料利用率，从而降低材料消耗和生产成本。另外，开发新技术产品也是企业可选择的战略。新技术、新材料和新工艺的开发与应用是最具潜力的成本降低措施，同时它可提高产品质量，从而回避外部威胁。

④ 劣势—威胁（WT）对策。

这是一种减少内部劣势，回避外部威胁的防御性对策。例如，企业存在内忧外患时，往往面临生存危机，降低成本也许会成为改变劣势的主要措施。企业成本状况恶化，原材料供应不足，生产能力不够，无法实现规模效益，且设备老化，使企业在成本方面难以有大作为，这时将迫使企业采取目标聚集战略或差异化战略，以回避成本方面的劣势，并回避成本原因带来的威胁。

（2）SWOT分析步骤

① 围绕发展目标，确认内部能力是什么。

② 开展竞争环境分析，确认外部条件是什么。

③ 将上述两个方面信息填入SWOT矩阵分析表中S、W、O、T字母下方表框内，参见表5.3。

表5.3　SWOT矩阵分析表

内部能力 外部因素	S	W
O	SO	WO
T	ST	WT

④ 把S和W信息分别分成两组，一组与O有关，另一组与T有关。

⑤ 对上述4组信息进行发展趋势与对策分析，形成对策结论，填入表格中SO、WO、ST、WT的下方表框。

⑥ 根据表格作出一段总结文字。

案例资料

邮政快递的SWOT分析

随着中国快递市场的对外开放，市场竞争日趋激烈，中国邮政快递正遭受外资巨头、非邮政国有企业、民营企业的重重夹击。在快递市场规模快速扩大的情况下，邮政快递所占的市场份额却在不断下降。邮政快递有必要分析内外部环境，把握机遇、避开威胁、发挥优势、弥补劣势，制定合理的发展战略，从而在激烈的竞争中得以生存和发展，参见表5.4。

表5.4　邮政快递的SWOT矩阵分析表

内部能力 外部因素	优势（S） ● 作为国家机关，拥有公众的信任 ● 顾客对邮政服务的高度亲近感与信任感 ● 拥有全国范围的物流网（几万家邮局） ● 具有众多的人力资源 ● 具有创造邮政/金融增效效应的可能性	劣势（W） ● 上门取件相关人力及车辆不足 ● 市场及物流专家不足 ● 组织、预算、费用等方面的灵活性不足 ● 包裹破损的可能性很大 ● 追踪查询服务不够完善
机会（O） ● 随着电子商务的普及，对寄件需求增加（年平均增加38%） ● 能够确保应对市场开放的事业自由度 ● 物流及IT等关键技术的飞跃性发展	SO ● 以邮政网络为基础，积极进入宅送市场 ● 进入大型购物中心配送市场 ● EPOST活性化 ● 开发灵活运用关键技术的多样化的邮政服务	WO ● 将邮寄包裹进行专门组织 ● 将实物与信息的统一化进行实时的追踪（Track & Trace）及物流控制（Command & Control） ● 将增值服务及一般服务差别化的价格体系的制定及服务内容的再整理

续表

内部能力 外部因素	优势（S） ●作为国家机关，拥有公众的信任 ●顾客对邮政服务的高度亲近感与信任感 ●拥有全国范围的物流网（几万家邮局） ●具有众多的人力资源 ●具有创造邮政/金融增效效应的可能性	劣势（W） ●上门取件相关人力及车辆不足 ●市场及物流专家不足 ●组织、预算、费用等方面的灵活性不足 ●包裹破损的可能性很大 ●追踪查询服务不够完善
风险（T） ●通信技术发展后，对邮政的需求可能减少 ●现有宅送企业的设备投资及代理增多 ●WTO邮政服务市场开放的压力 ●国外宅送企业进入国内市场	**ST** ●灵活运用范围宽广的邮政物流网络，树立积极的市场战略 ●通过与全球性的物流企业进行战略联盟 ●提高国外邮件的收益性及服务 ●为了确保企业顾客，树立积极的市场战略	**WT** ●根据服务的特性，对包裹详情单与包裹运送网分别运营 ●对已经确定的邮政物流运营提高效率（BPR），由此提高市场竞争力

总结：根据 SWOT 矩阵分析表的相关信息分析，我们建议采取 ST 对策为主竞争策略，建议邮政物流网络发挥范围宽广的优势，对接全球性物流企业，树立竞争屏障，从国际物流邮件中获得更多的收益。

 课堂练习

个人职业发展目标SWOT分析

每个同学利用 20 分钟时间，在一张 A4 白纸上画出 SWOT 矩阵分析表，按照本章的 SWOT 分析步骤，以"营销策划师"为职业发展目标，在表中填入相应信息，并在表后给出一段总结文字。

由老师抽取三名同学在班上分享自己的 SWOT 分析结果。

4．STP 分析

STP 分析是指根据一定的指标对整体市场进行细分后，从中选择一个或者多个细分市场作为自身的目标市场，并针对目标市场进行产品定位的过程。第一步是 S——细分市场，第二步是 T——确定目标市场，第三步是 P——市场定位。

（1）S——细分市场

细分市场是通过市场调研，依据消费者的需求、购买心理、购买习惯等方面的差异，采用一定的指标，把某一产品的市场整体划分为若干细分市场的过程。

每一个消费者群就是一个细分市场，每一个细分市场都是由具有类似需求倾向的消费者构成的群体，参见表 5.5。

表5.5　细分市场的指标

细分类型	细分指标
地理因素	地理位置、城镇大小、地形、地貌、气候、交通状况、人口密集度等
人口统计因素	年龄、性别、职业、收入、民族、宗教、教育、家庭人口、家庭生命周期等
心理因素	生活方式、性格、购买动机、态度等
行为因素	购买时间，购买数量，购买频率，购买习惯（品牌忠诚度），对服务、价格、渠道、广告的敏感程度等

注意，这些细分指标并非单一运用，而是交叉综合运用的，运用的目标和原则就是依据消费者的需求、购买心理、购买习惯等方面的差异。

细分市场的目的是通过寻找最佳的细分市场来使企业取得最佳经济效益。众所周知，产品的差异化必然导致生产成本和推销费用的相应增长，所以，企业必须在不同细分市场所得收益与不同细分市场所增成本之间做一权衡。

由此，我们得出最佳的细分市场必须遵循以下"五性"原则。

第一，可衡量性。这是指用来细分市场的标准和变数及细分后的市场是可以识别和衡量的，即有明显的区别，有合理的范围。如果某些细分变数或购买者的需求和特点很难衡量，细分市场后无法界定、难以描述，那么市场细分就失去了意义。一般来说，一些带有客观性的变数，如年龄、性别、收入、地理位置、民族等，都易于确定，并且有关的信息和统计数据也比较容易获得；而一些带有主观性的变数，如心理和性格方面的变数，就比较难以确定。

第二，可进入性。这是指企业能够进入所选定的市场部分，并进行有效的促销和分销，实际上就是考虑营销活动的可行性：一是企业能够通过一定的广告媒体把产品的信息传递到该市场众多的消费者中去；二是产品能通过一定的销售渠道抵达该市场。

第三，可赢利性（规模性）。这是指细分市场的规模要大到能够使企业足够获利的程度，使企业值得为它设计一套营销规划方案，以便顺利地实现其营销目标，并且有可拓展的潜力，以保证按计划能获得理想的经济效益和社会效益。例如，一个普通大学的餐馆，如果专门开设一个西餐馆满足少数师生酷爱西餐的要求，可能由于这个细分市场太小而得不偿失；但如果开设一个回族饭菜供应部，虽然其市场仍然很窄，但从细微处体现了民族政策，有较大的社会效益，则值得去做。

第四，差异性。这是指细分市场在观念上能被区别，并对不同的营销组合因素和方案有不同的反应。

第五，相对稳定性。这是指细分后的市场有相应的时间稳定。细分后的市场能否在一定时间内保持相对稳定，直接关系到企业生产营销的稳定性，特别是大中型企业及投资周期长、转产慢的企业。

（2）T——确定目标市场

著名的市场营销学者麦肯锡提出了应当把目标消费者看作一个特定的群体，称之为目标市场。通过细分市场，就是为了明确目标市场；通过营销策划，满足目标市场的需求。

确定目标市场就是确定在细分市场中，企业准备以相应的产品和服务满足的那一个或几个细分市场。因此，目标市场也必须满足细分市场的"五性"原则。

确定目标市场通常有如下5种方式。

① 单一市场。

单一市场就是指只选择一个细分市场。企业针对此类细分市场通常会选择集中性市场营销策略，因为企业只选择一个细分市场作为目标市场，所以实行专业化生产和销售，在单一市场上发挥优势，提高市场占有率。采用这种策略的企业对目标市场有较深的了解，这是大部分中小型企业应当采用的策略。日本尼西奇起初是一个生产雨衣、尿布、游泳帽、卫生巾等多种橡胶制品的小厂，由于订货不足，面临破产。总经理多川博在一个偶然的机会，从一份人口普查表中发现，日本每年约出生250万个婴儿，如果每个婴儿用两条尿布，一年需要500万条。于是，他决定放弃尿布以外的产品，实行尿布专业化生产。一炮打响后，又不断研制新材料、开发新品种，不仅垄断了日本尿布市场，还远销世界70多个国家和地区，成为闻名于世的"尿布大王"。

采用集中性市场营销策略，能集中优势力量，有利于产品适销对路，降低成本，提高企业和产品的知名度。但有较大的经营风险，因为它的目标市场范围小、品种单一，如果目标市场的消费者需求和爱好发生变化，企业就可能因应变不及时而陷入困境。同时，当强有力的竞争者打入目标市场时，企业就要受到严重影响。因此，许多中小企业为了分散风险，仍应选择一定数量的细分市场为自己的目标市场。

②产品专门化。

企业集中生产一种产品，并向所有顾客销售这种产品。例如，服装厂商向青年、中年和老年消费者销售高档服装，企业为不同的顾客提供不同种类的高档服装产品和服务，而不生产消费者需要的其他档次的服装。这样，企业在高档服装产品方面树立了很高的声誉。但一旦出现其他品牌的替代品或消费者流行的偏好转移，企业将面临巨大的威胁。

③市场专门化。

企业专门服务于某一特定顾客群，尽力满足他们的各种需求。例如，企业专门为老年消费者提供各种档次的服装，企业专门为这个顾客群服务，能建立良好的声誉，但一旦这个顾客群的需求潜量和特点发生突然变化，企业就要承担较大风险。

④有选择的专门化。

企业选择几个细分市场，每一个对企业的目标和资源利用都有一定的吸引力，但各细分市场彼此之间很少或根本没有任何联系。这种策略能分散企业经营风险，即使其中某个细分市场失去了吸引力，企业还能在其他细分市场赢利。

确定上述目标市场的企业通常会采取差别性营销策略，就是对不同的市场设计不同的产品，制定不同的营销策略，以满足不同的消费需求。例如，美国有的服装企业，按生活方式把妇女分成3种类型：时髦型、男子气型、朴素型。时髦型妇女喜欢把自己打扮得华贵艳丽、引人注目；男子气型妇女喜欢打扮得超凡脱俗、卓尔不群；朴素型妇女购买服装讲求经济实惠、价格适中。公司根据不同类妇女的不同偏好，有针对性地设计出不同风格的服装，使产品对各类消费者更具有吸引力。又如，某自行车企业根据地理位置、年龄、性别细分为几个子市场：农村市场，因常运输货物，要求牢固耐用、载重量大；城市男青年，要求快速、样式好；城市女青年，要求轻便、漂亮、闸灵。针对每个子市场的特点，制定不同的市场营销组合策略。

这种策略的优点是能满足不同消费者的不同要求，有利于扩大销售，占领市场，提高企业声誉。其缺点是由于产品差异化、促销方式差异化，增加了管理难度，提高了生产和销售费用。目前只有力量雄厚的大公司采用这种策略。例如，青岛双星集团公司生产多品种、多款式、多型号的鞋，满足国内外市场的多种需求。

⑤完全市场覆盖。

企业力图用各种产品满足各种顾客群体的需求，即以所有的细分市场作为目标市场。例如，服装厂商为不同年龄层次的顾客提供各种档次的服装，一般只有实力强大的大企业才能采用这种策略。又如，IBM公司在计算机市场、可口可乐公司在饮料市场开发众多的产品，满足各种消费需求。

这类目标市场通常会采取无差别性市场营销策略，因为企业把整个市场作为自己的目标市场，所以只考虑市场需求的共性，而不考虑其差异，运用一种产品、一种价格、一种推销方法，吸引尽可能多的消费者。美国可口可乐公司从 1886 年问世以来，一直采用无差别市场策略，生产一种口味、一种配方、一种包装的产品满足世界 156 个国家和地区的需要，称作"世界性的清凉饮料"，资产达 74 亿美元。由于百事可乐等饮料的竞争，1985 年 4 月，可口可乐公司宣布要改变配方，不料在美国市场掀起轩然大波，许多人打电话到公司，对公司改变可口可乐的配方表示不满和反对，使其不得不继续大批量生产传统配方的可口可乐。可见，采用无差别市场策略，产品在内在质量和外在形体上必须有独特风格，才能得到多数消费者的认可，从而保持相对的稳定性。

这种策略的优点是产品单一，容易保证质量，能大批量生产，降低生产和销售成本。如闻名世界的肯德基炸鸡，在全世界有 800 多家分公司，都是同样的烹饪方法、同样的制作程序、同样的质量指标、同样的服务水平，采取无差别策略，生意很红火。

 课堂练习

星巴克的目标市场定位

在网络社区、博客或是文学作品的随笔中，不少人记下了诸如"星巴克的下午"、"哈根达斯的女人"这样的生活片段，似乎在这些地方每天发生着可能影响着人们生活质量与幸福指数的难忘故事："我奋斗了 5 年，今天终于和你一样坐在星巴克里喝咖啡了！"此时的星巴克还是咖啡店吗？不！它承载了一个年轻人奋斗的梦想。

关于人们的生存空间，星巴克似乎也很有研究。霍华德·舒尔茨曾这样表达星巴克对应的空间：人们的滞留空间分为家庭、办公室和除此以外的其他场所。第一空间是家，第二空间是办公地点。星巴克位于这两者之间，是让大家感到放松、安全的地方，是让你有归属感的地方。20 世纪 90 年代兴起的网络浪潮也推动了星巴克"第三空间"的成长。于是星巴克在店内设置了无线上网的区域，为旅游者、商务移动办公人士提供服务。

其实我们不难看出，星巴克选了一种"非家、非办公"的中间状态。舒尔茨指出，星巴克不是提供服务的咖啡公司，而是提供咖啡的服务公司。因此，作为"第三空间"的有机组成部分，音乐在星巴克已经上升到了仅次于咖啡的位置，因为星巴克的音乐已经不单单只是"咖啡伴侣"，它本身已经成了星巴克的一个很重要的商品。星巴克播放的大多数是自己开发的有自主知识产权的音乐，迷上星巴克咖啡的人很多也迷恋星巴克音乐。这些音乐正好迎合了那些时尚、新潮、追求前卫的白领阶层的需要。他们每天面临着强大的生存压力，十分需要精神安慰，星巴克的音乐正好起到了这种作用，确确实实让人感受到在消费一种文化，它催醒人们内心某种也许已经快要消失的怀旧情感。

因为一些限制，星巴克在中国的店铺中并没有像其他星巴克连锁店那样销售星巴克音乐CD，而是为顾客提供精美的商品和礼品。商品种类从各种咖啡的冲泡器具，到多种样式的咖啡杯。虽然这些副产品的销售在星巴克整体营业额中所占比例还比较小，但是近年来一直呈上升趋势。在中秋节等中国特色的节庆时，还推出"星巴克月饼"等。

所以，"我不在星巴克，就在去星巴克的路上"，传递的是一种令人美慕的"小资生活"，而这样的生活也许有人无法天天拥有，但没有人不希望"曾经拥有"。

思考：星巴克的市场定位是什么？请描述它的目标市场。

请各模拟公司团队经过 15 分钟课堂讨论后，形成星巴克目标市场描述，派出一名代表上台讲解，由老师和其他团队评分。参见图 5.3。

图5.3　"第三空间"星巴克咖啡店

（3）P——市场定位

市场定位是企业的产品在潜在目标顾客心目中占有的位置，其重点是在对潜在顾客心智所下的工夫。常言道："市场竞争就是顾客心智之争。"为此，要从产品特征、包装、服务等多方面做研究，并顾及竞争对手的情况。因此，需要通过市场调查掌握消费者消费习惯的变化，在必要时对产品进行重新定位。

市场定位可以采取如下方法。

① 差异定位法。

营销策划创意人员应自问：本公司所销售的产品有什么显著的差异性？

寻找产品自身独特卖点所在，如功效、品质、形象、价格等与其他同类产品的差异之处，然后向消费者传达这些差异（自身产品的独特之处），以使消费者对产品、产品的特性、产品的形象等产生固定的联想，使消费者在一听到或别人一提起什么产品特点时就能首先想到本产品（这就是"消费者第一提及"），以使其他产品无法比拟、无法对比、无法攻击。例如，高露洁牙膏的定位是双氟加钙配方，牙刷的定位是独有钻石型刷头；农夫山泉的定位是有点甜；五谷道场方便面的定位是非油炸，等等。

如果产品自身并无特别明显的区别于同类产品的特性，那么可以考虑定位为同类产品共有的，但是从没有同类竞争品牌提到过的利益诉求，如立白洗衣粉不伤手（其实没有哪个牌子的洗衣粉是伤手的）。

阅读资料

Pillsbury公司的面粉

Pillsbury 公司在面粉包装内，附赠面食食品烹调食谱，使其面粉和竞争者产生差异性，并称此为"您想要的面粉"。作为产品定位的另一个例子，FamousFixtures 公司生产及装设零售店用的商店设备，它把自己定位为对零售店拥有丰富经验的公司，因为其母公司就是"零售业：零售业所拥有，零售业所创设，并经零售业测试过的公司"。所以该公司产品差异性不只是在于其产品，同时也扩及其服务。

产品差异性有时很容易被模仿，如上述第一个例子——GoldMeda 面粉模仿 Pillsbury 面粉，在包装袋内附加随赠食谱。但产品特征如果真正是产品本来就有的特征，就不容易被模仿了，如上述第二个例子。制造商店设备的公司，大多数都不是零售商业者所创设的，它们通常只想制造自己理想中的设备，在生产及装设零售商设备时，并没有真正站在零售店的立场来思考。而 FamousFixtures 则地地道道是由零售店业者所创立的公司。此外，在这两个定位实例中，产品定位始于差异性，而这些差异性对目标市场都是有意义的。对家庭主妇而言，产品差异性包括为家人烹调食物的新方法或更好的方法；对零售业者而言，FamousFixtures 具有零售导向，知道如何布置零售店才能提高销售，同时也了解迅速完成零售店装置、早日开始营业的重要性。

② 利益定位法。

营销策划创意人员应自问：产品所提供的利益，目标市场认为很重要吗？

营销策划人员需牢记，产品的品质和价格这两项特征，会转变为第三种非常重要的特征：价值。消费者获得的利益不仅是产品的效用，更多的是产品的价值。如果率先塑造这种利益定位，并且切实在营销策略中融会贯通地掌握，价值将是一种绝佳的竞争印象，是定位的良好考虑点。

阅 读 资 料

物美价廉的好鞋子

营销策划人员曾经成功地协助一家鞋子零售业顾客，将其低价位连锁店的形象重新定位为富有价值的连锁店。这种价值定位转换为广告主题"物美价廉的好鞋子"，避开过分强调价格，而特别强调品质。

一家医院针对消费者所做的初级研究中，发现个人保健是病人认为非常重要的利益点，但是没有一家竞争者强调这一点。因此这家医院将它自己按基本推销想法定位为："我们关心你的……还有很多。"结果使这家医院在个人保健中，由排名第三迅速提升为第二。

③ 使用者定位法。

营销策划创意人员应自问：我们的产品，谁才是真正的使用者或购买者？

找出产品的真正使用者或购买者非常重要，会使定位在目标市场上显得更突出。

阅 读 资 料

更多构想的商店

一家纺织品连锁店为自己定位为：以其过人的创意为缝纫业者服务的零售店，即为喜爱缝纫的妇女提供"更多构想的商店"。

美国一家公司专门销售热水器给公司冲泡即溶咖啡，以取代需要研磨酿煮的咖啡。他们针对目标顾客群，直接将产品定位为："在办公室中泡咖啡的人，向烦人的酿煮咖啡说再见吧！"向在办公室负责准备咖啡者的个人名单（或职称），直接在信函上以"办公室咖啡准备者"称呼，此时的定位则直接针对使用者及办公室行政人员。

④ 消费定位法。

营销策划创意人员应自问：我们的产品，消费者会正确使用或消费了吗？

有时可用消费者如何及何时使用或消费产品，将产品予以定位。

阅读资料

属于Michelob的夜晚

美国著名的康胜（Coors）啤酒公司每年举办年轻成年人夏季都市活动。该公司的定位为夏季欢乐时光、团体活动场所聚会饮用的啤酒。后来又将此定位转换为"Coors 在都市庆祝夏季的来临"，并向歌手 JohnSebastian 购得《都市之夏》（SummerinCity）这首歌的版权。另一家米狮龙（Michelob）啤酒公司，根据啤酒使用场合为自己定位，然后扩大啤酒的饮用场合。Michelob 将原来是周末饮用的啤酒，定位为每天晚上饮用的啤酒——将"周末为 Michelob 而设"改为"属于 Michelob 的夜晚"。

⑤ 分类定位法。

营销策划创意人员应自问：产品的哪个特别价值可以针对同类产品的竞争？

这是非常普遍的一种定位法。产品的生产并不是要和某一事实上的竞争者竞争，而是要和同类产品互相竞争。当产品在市场上是属于新产品时，此法特别有效——不论是开发新市场，还是为既有产品进行市场深耕。

阅读资料

只有一种淡啤酒

淡啤酒和一般高热量啤酒的竞争，就是这种定位的典型例子。此法塑造了一种全新的淡啤酒，不愧为成功的定位法。由于淡啤酒的市场大幅增长，使得美乐淡（MillerLite）啤酒重新定位为优先选购的领导品牌，以防止被其他淡啤酒影响市场地位——"只有一种淡啤酒……那就是美乐淡啤酒"。

⑥ 针对特定竞争者定位法。

营销策划创意人员应自问：产品的哪个特别价值可以针对特定竞争对手？

这种定位法是直接针对某一特定竞争者，而不是针对某一产品类别。

阅读资料

我们名列第二

例如，在美国租车业，Avis 挑战 Hertz 的做法——"因为我们名列第二，所以必须更努力"。在美国速食零售业中，汉堡王 BurgerKing 把自己定位为汉堡口味远胜于麦当劳，温娣则以"牛肉在哪里？"向麦当劳挑战。

挑战某一特定竞争者的定位法，虽然可以获得成功（尤其是在短期内），但是就长期而言，也有其限制条件，特别是挑战强有力的市场领袖时，更趋明显。市场领袖通常不会松懈，它们会更巩固其定位。Avis 尽管以第二名的姿态努力向前行，但 Hertz 仍然保有其第一名的地位；

麦当劳面对许多竞争者，反而显得更强劲、更出色。要挑战市场领袖时，请先自问：公司拥有所需的资源，且管理当局能够全力向市场领袖挑战吗？公司愿意投入所需的资金，来改变目标市场对公司产品和市场领袖的比较结果吗？公司有能力提供使用者认为具有明显差异性的产品吗？请记住：一家小小的公司很不容易正面挑战大规模公司。

⑦ 公共关系定位法。

营销策划创意人员应自问：如果产品没有明显差异也没有明显优势，那么有什么公共关系的特点可以利用吗？

在此的公共关系是指我们的产品要与社会公众之间达成一种共识的关系，促进公众对产品的认识、理解及支持，树立良好的产品形象，从而促进产品销售。

当产品没有明显差异去定位，也没有明显的优势可以去直接竞争时，公共关系定位方法非常有效。利用形象及感性广告手法可以成功地为产品定位。

阅读资料

社会古迹的守护者

在美国零售业中，威斯康星州 Madison 市一家小规模银行 Randall 州立银行，就曾经采用这种公共关系定位法。这家银行并不大，所拥有的资源也很有限，但却试图以分行遍布各地及提供更多服务项目，与大规模金融机构竞争。于是这家小规模银行，与人们对城市历史引以为豪的心情建立一种公共关系，1970 年初期定位为"社会古迹的守护者"，此一主题在 1976 年和建国 200 年一样永垂不朽。该银行的标志也经过修改，以特别强调这种定位。该银行原来了无生气的墙壁，也装上当地巨幅的历史照片。配合这些改变，制作歌颂该城市历史的一系列电视广告，并阐发了"关心 Madison，也关怀 Randall 州立银行"的主题，结果是几近魔术般的大获成功。此一新定位执行的第一年，原本年年衰退的存款，开始呈现大幅增长。值得一提的是，此一存款金额及占有率的成长，并没有投入太多经费。

⑧ 问题定位法。

营销策划创意人员应自问：我们的产品和同类产品存在什么暂时无法克服的问题？

采用这种定位法时，产品的差异性就显得不重要了，因为若真有竞争者，也是少之又少。此时为了要涵盖目标市场，需要针对某一特定问题加以定位，或在某些情况下为产品建立市场地位。

阅读资料

重新定位的展览

在美国举办了一个滥用酒精与药物治疗的展览，原来被定位为"专门协助治疗滥用酒精和药物的展览"，此展览针对成年人。大约有 40% 的成年人，直接或间接受到酒精及药物嗜好者的影响，但是大多数人既不了解自己的问题所在，也不承认自己有问题，因此门票收益很不好。其改变定位为"了解及重视受酒精和药物影响的问题"后，迅速产生效果，该展览重新定位执行不到 3 个月，门票收益比上年增加两倍以上。

5．USP 分析

USP 分析就是独特销售主张的分析，经过 SWOT 和 STP 分析之后，创意一句主题广告口号和相关广告作品，凭这句口号为产品建立一个"独特的销售主张"（Unique Selling Proposition，USP）。

这个独特的销售主张必须达到以下三点：

一是向消费者提出一个购买本产品将得到明确利益的主张。

二是这一主张一定是该品牌独有的，是竞争品牌不能提出或不曾提出的。

三是这一主张必须具有震撼力、穿透力，能够吸引、打动目标消费者，刺激他们购买产品。

USP 来自市场定位，是市场定位的显性表达，是产品的独特卖点和核心竞争力。

USP 分析的竞争理论依据是：消费者会在内心按一个或多个方面的指标对产品进行排队，没有对手的产品会成为消费者的"必然提及"，这个"必然提及"是"第一提及"的最佳效果，"必然提及"可以激发"必然消费"。

可见，独特销售主张重在对产品独特卖点的聚焦。要么是在产品身上找差异；要么调整，制造产品差异；实在无法有差异，就展现产品的另外一个方面，其目的就是要跑到竞争队伍的第一位。这种产品营销策略的思路是营销策划创意的关键。

事实确是如此，无论是"货比三家"还是"一见钟情"，激烈的市场竞争表明，只有跑到队伍的第一位，才有生存的可能。

案 例 资 料

"矮山"挑战"高山"

20 世纪 90 年代，云系烟在中国市场上是如日中天，红塔集团的"红塔山"打出的口号是"山高人为峰"，俨然是无人能够超越的高峰，在内地市场作为高端烟草代表受到消费者广泛追捧。

当时的安徽蚌埠卷烟厂就像一座小土山，面对这样一个几乎绝对垄断烟草行业的品牌，可谓高不可攀。1993 年 6 月，安徽蚌埠卷烟厂研发了一个无论是口感还是包装都可以与红塔山相媲美的高端产品"黄山烟"，但是当时却十分苦恼，因为产品创意完成了，但是如何在产品营销策略上打破红塔山的封锁却同样需要创意。

经过再三的市场分析，安徽蚌埠卷烟厂为"黄山烟"找到一个产品定位，即：高端品吸评比的第一名。因为产品质量和市场占比这些硬数据无法拿出来详细评比，但在口味、体验等感受上却可以大做文章。为此，"黄山烟"创意了广告口号："一品黄山，天高云淡"，既传递了"黄山烟"在品吸上没有对手，也从黄山风景的全国第一地位上形成联想。

随后，"黄山烟"在营销策略上独创了一个活动："全国性不记名卷烟品牌品吸活动"，这个活动将黄山烟、红塔山、阿诗玛、中华等全国一线最著名的高端品牌全部放在一起，由全国知名专家和众多消费者进行不记名盲吸评比，结果，黄山烟排名第一，红塔山第二，中华第三。活动结束，安徽蚌埠卷烟厂迅速在新闻媒体上发布了他们想要的独特销售主张：香烟品吸，黄山第一，红塔山第二。

随之而来的营销策略就很简单了，连篇累牍的软文迅速在全国主流媒体上进行传播，红塔山被打了一个措手不及。"黄山烟"，利用创新的独特销售主张和巧妙的公关策略化解了强势品牌"红塔山"在安徽、华东乃至于全国市场的独霸势头，"黄山烟"在产品营销策划创意上成为中国市场上最经典的利用很少资源实现全国崛起梦想、弱势品牌巧妙挑战强势品牌的先例。

参见图5.4。

图5.4 黄山香烟的"品味第一"

案例思考：黄山如何迅速超越红塔山？

分析提示：黄山烟借势黄山，使得红塔山无法类比地借势红塔。这是黄山烟团队在自身资源中找到的对手无法做到、无法超越的独特卖点，在这个点上，一个"品"字形成了概念区隔，作为旅游景区的黄山有云、有松品位极高，红塔山却没有。然后，策划团队再接再厉，通过事件营销的策划，在"品"烟上做足文章，以"品"为挂钩，牢牢挂在自己创造的这一类型上，随势而为创意的广告语"一品黄山"得以迅速超越红塔山。

 课堂练习

鲜榨营养汁的创业分析

假如你们模拟公司即将创业，拟开设一家鲜榨营养汁小店，现为创业做些准备。

首先，选择一批当地的特色食材，如水果、坚果仁、蔬菜类；然后，进行 STP 分析，找出目标市场，完成市场定位，写出一句 USP 广告口号，策划一个广告作品；最后，进行投入产出分析和一年之后的经营效果预测。

在课堂上练习，30 分钟后进行分享，重点在 STP 和 USP 分析。

5.4 创意汇集

这是非投资性产品营销策划创意的第二个环节，主要实训内容是根据确定的目标市场和市场定位，组织头脑风暴等创意活动，大量收集创新的构思、点子、想法等创意。

汇集的创意包括产品创意及营销策略创意，这里面不仅有创新理念、创新方法或创新手段，也有新方法、新途径、新计划等。

企业的整个营销活动其实就是一个充满创意的系统工程，营销策略创意能使企业保持永恒的魅力，激发企业永远迎接新的挑战。从数量和质量上来说，营销策略创意与产品设计创意相比毫不逊色。营销策略创意是整个营销策划过程的基础，是决定营销策划成功的前提，是营销策划的核心和发动机。

5.4.1　实训内容与实施、自检要求

表 5.6 所示为实训内容与实施、自检的要求。

表5.6　实训内容与实施、自检要求

内　　容	操作步骤	操作方法	注意事项	自　　检
头脑风暴	12．头脑风暴	⑮ 每个成员发挥灵感创意，团队按头脑风暴法进行创意活动，创意的目标是产品创意和营销策略创意	每个成员均应事先练习创意思维方法和创意工具的运用	头脑风暴会议记录
汇集产品创意 汇集营销策略创意	13．产品三层次创意 14．产品包装创意 15．营销策略创意	⑯ 分析投资品属性和特征，在产品三层次上进行创意 ⑰ 围绕产品定位，重点进行 Logo 和品牌包装的创意 ⑱ 产品 4P 营销组合策略创意	① 重点分析产品带给消费者的效用和利益，产品创意要在六个方面进行创新和可行的分析：质量创新；品种创新；包装的创新；定位创新；产品组合创新 ② 特别注意投资品营销与消费品的不同特征，策略创意的实施要特别关注以下八个方面：产品投资特点的变化；代理商的选定；针对代理商的促销；精心准备售后服务；周密安排产品宣传活动；选择高端媒体；按照独特的销售主张设计广告；关注公共关系创意	● 产品三层次 ● 广告口号 ● Logo 设计 ● 公关创意 ● 营销策略创意

5.4.2　相关知识与工作内容

1．产品属性

产品属性是指产品本身所固有的性质，是产品在不同领域差异性（不同于其他产品的性质）的集合。也就是说，产品属性是产品性质的集合，是产品差异性的集合。

（1）决定产品属性的因素

决定产品属性的因素由以下不同领域组成，每个因素在各自领域分别对产品进行性质的规定，产品在每个属性领域所体现出来的性质在产品运作的过程中所起的作用不同、地位不同、权重不同，呈现在消费者眼前的产品就是这些不同属性交互作用的结果。

① 需求因素。马斯洛的需求层次论告诉我们，人们的需求分不同层次，从生理需求、安全需求、社交需求到自我实现需求，实现了一个从物质需求到社会、精神、文化需求的升华。不同产品满足消费者不同层次的需求。需求的层次决定了产品的物质与精神是如何在功能与文化层面实现统一的。

②消费者特性。目标消费群的特点决定了这一群人的个体意识与集体意识导致消费心理的差异，消费心理的差异导致了个体消费行为的差异，这些差异性的消费者个体最后形成了产品消费群体的群体行为，这种群体行为的宏观层面规律性可以被观察、测量到，从而对产品及品牌的传播给出指导。

③市场竞争。行业进入的壁垒、资本密集还是技术密集这些因素决定了产品所面临的行业竞争的激烈程度。一个行业可以形成几大寡头垄断，然而在寡头形成的过程中，这种竞争是惨烈的，在某种程度上也是无序的，无序的竞争将导致消费者权益的损失。企业需要甄别市场的竞争结构，由此制定出自己的竞争战略。

④价格档次。价格的形成最终是由供求关系及竞争态势所决定的。价格的高低在宏观层面决定了产品是奢侈品还是必需品，这同样是消费者不同层次需求的体现。消费者对价格的微观敏感性、弹性及宏观的价格弹性这两个方面决定了产品的价格层级。

⑤渠道特性。与大众市场（Mass Market，绝大部分企业关注和竞争的市场）相对应的是利基市场（Niche Market，也称为缝隙市场，被市场中的统治者或有绝对优势的企业忽略的某些细分市场）。渠道的集中度与渠道特性是由产品需求与消费者特性决定的，反过来渠道特性也形成了产品的渠道属性。不同渠道内销售的产品，其定价策略及传播推广策略都有很大的不同。

⑥社会属性。正如某个个体从来都不是孤立地存在于社会上一样，产品的消费从来都不仅仅是个体消费的体现。有些关乎国计民生的产品，具备相当的社会性，这类行业的波动牵动着社会的方方面面。

⑦安全属性。有些产品不是主要满足消费者的安全需求，但是消费者对安全的需求决定了这些产品的安全属性。食品、化妆品、住房、交通等产品就属此类。食品的安全性在成熟市场早已逐步完善，并且变得更加完善，近乎苛刻。这也是食品等行业对消费者的关爱，也代表着行业发展的未来。

⑧法律政策。处于市场经济转型期的国家向来非常看重重点行业的立法。企业要适时调整自己的产品及竞争策略，以应对政策及法律风险。

（2）产品属性对营销策略创意的影响

产品属性的差异性决定了不同产品的策略创意也是不同的，进一步说，创意的载体、对象、手段、方式等都因此而不同，具体如下。

①产品属性决定广告创意的主诉求：以理性诉求为主还是以情感诉求为主。

②产品属性决定媒体策略：是大众媒体还是小众媒体。

③产品属性决定渠道策略：是渠道为主还是终端为主。

④产品属性决定促销组合：在广告、公关、事件、公益、活动等手段中，各方面的权重及组合。

⑤产品属性决定消费者心理策略：产品从属性上大致可以分为感性商品、理性商品和介于感性和理性之间的商品，而与之相应的不同顾客心理属性也越来越多地成为营销成败的关键因素。企业必须根据自身的产品属性来营造与目标顾客心理属性相一致的体验，从而让自己的产品成为能与消费者产生共鸣的"生活同感型"产品。

2．产品的三层次

任何一个产品都是由三个层次构成的。

（1）核心层

核心层也叫核心产品，是产品的基本功能与效用，是消费者购买产品获得利益的实质所在和主要追求。例如，买手机，消费者得到的主要利益是一个通话的工具。但这个最主要追求的并不一定是基本功能，很可能是效用利益。例如，客户到敦豪快递，要求尽快把他的信送出去。表面上他们所谈的是快递，其实他真正的要求是速度，让对方尽快收到他的信息。至于这个工作收多少费用，怎么送出去，都是次要的问题，客户心中的核心问题是速度。客户要买化妆品，客户表面上讲的是化妆品的名字，其实她买的是美丽，美丽才是她的核心；客户要买房子，客户与置业顾问讨价还价的是折扣和付款方式，其实他要买的是生活。同样，与户买奔驰牌小轿车时，奔驰的钣金如何，里面的装潢有多好，还有红外线遥控、真皮椅等各方面的情况理应都是客户所关心的，但实质上客户最关注的只有一个，那就是尊贵。

（2）有形层

有形层也叫外围层或包装层，是产品的实体部分，包括了包装、品牌、色彩、质量、特征等部分促销的内容，是消费者购买产品可以看到和感觉到的部分，通常是向市场提供的能满足某种需要的产品实体的外观。例如，买手机，其包装盒可能是一个梳妆盒，可以更好地满足消费者的需求；也可能有某种赠品。又如，买了一个三星的手机，给人一种时尚的感觉；买了一个诺基亚的手机，给人一种科技的感觉。这样在满足基本利益的基础上就多了一部分外围的利益。

（3）延伸层

延伸层也叫外延层或附加层，是产品的售后服务、送货安装、咨询维修、企业形象及金融服务等为保证产品核心层和有形层实现其利益的集合，是消费者购买产品后所能得到的额外附加的利益和满足，包括提供信贷、免费送货、维修保证、安装、售后服务及心理感受等。例如，海尔的口号是"真诚到永远"，设立全国统一客服电话，并在全国各地设有办事处和维保中心，只要客户一个电话，就立即上门提供周到、礼貌、尽责的服务。这都是产品的附加层概念带给消费者的利益感知。

在产品三层次中，核心产品是顾客最重视的，也就是核心价值，是客户真正的需求和目的。策划时要特别注意什么才是消费者需求的真正核心，这是产品的基本价值和营销基础。

有形层是看得见、摸得着的，促销的时候往往围绕有形层来做，即东西是什么规格、样式，功能如何，品牌叫什么，外包装是否漂亮。有形层是核心层的外显和符号表现，向客户传递产品的效用、核心价值和产品定位等。有形层的实体包装本身并不是客人真正需要的东西，但会影响产品价值的表达和客户对产品价值的认识。

延伸层是在核心层和有形层的基础上，向客户提供更多的价值体验，它能进一步促进核心层的价值增益。

案例资料

买相机就是买回忆

买照相机时，照相机和胶卷都是有形层，它的核心层是回忆，即人生瞬间的珍贵记忆。因此，买照相机实质是买回忆。胶卷冲出来的是否非常清晰、漂亮，照相机是否能真实而完美地捕捉他的瞬间，而且留下一个很好的光影，这才是他真正想要的回忆。如果忽略了这一点，光是滔滔不绝地说照相机多便宜，胶卷多好，能冲洗出多少张，这些指的都是有形产品，完全忽略了它的核心产品是回忆，消费者就不会被打动。正因为柯达相机了解到只有回忆才是顾客最关心、最重视和最想要的，因此它们的广告语很能引起共鸣："每一刻别悄悄溜走，好好珍惜，分享此刻，分享生活。"

3. 产品定价策略

定价策略是指企业在充分考虑影响企业定价的内外部因素的基础上，为达到企业预定的定价目标而采取的价格策略。制定科学合理的定价策略，不但要求企业对成本进行核算、分析、控制和预测，而且要求企业根据市场结构、市场供求、消费者心理及竞争状况等因素作出判断与选择。价格策略选择是影响企业定价目标的重要因素。

（1）新产品价格策略

新产品与其他产品相比，可能具有竞争程度低、技术领先的优点，但同时也会有不被消费者认同和产品成本高的缺点，因此在为新产品定价时，既要考虑能尽快收回投资、获得利润，又要有利于消费者接受新产品。实际中，常见的定价策略有以下3种。

① 撇脂定价。

"撇脂"是一种高价策略，撇脂定价（Skimming Pricing）策略也叫取脂定价策略，与渗透定价策略一样都属于心理定价策略。当生产厂家把新产品推向市场时，利用一部分消费者的求新心理，定一个高价，像撇取牛奶中的脂肪层那样先从他们那里取得一部分高额利润，然后再把价格降下来，以适应大众的需求水平，这就是所谓的撇脂定价策略，是一种聪明的定价策略。因为各种消费者由于收入不同，消费心理不同，因而对产品有不同的需求，特别是对新产品，有求新心理的消费者总是愿意先试一试新产品，而其他消费者则宁愿等一等、看一看。

具体做法是：将产品以最高的价格卖给市场中最有钱的客户，等这一部分客户买得差不多了，再减价卖给中档客户，最后以低价甩卖占领市场来处理旧型号产品。当然，通常情况下，产品的成本低于中档，甚至低档价格定位的价格。

撇脂定价策略适合于市场需求量大且需求价格弹性小，顾客愿意为获得产品价值而支付高价的细分市场。当企业是某一新产品的唯一供应者时，采用撇脂定价可使企业利润最大化。但高价会吸引竞争者纷纷加入，一旦有竞争者加入时，企业就应迅速降价。

撇脂定价分为两种：一是快速撇脂，就是高价高促销；二是慢速撇脂，就是高价低促销。

从根本上看，撇脂定价是一种追求短期利润最大化的定价策略，若处理不当，则会影响企业的长期发展。因此，在实践中，特别是在消费者日益成熟、购买行为日趋理性的今天，采用这一定价策略必须谨慎。

案例资料

看苹果iPod如何撇脂

苹果公司的 iPod 产品是最成功的消费类数码产品，一推出就获得成功。第一款 iPod 零售价高达 399 美元，即使对于美国人来说，也是属于高价位产品，但有很多"苹果迷"既有钱又愿意花钱，所以还是纷纷购买。苹果的撇脂定价取得了成功。但是苹果认为还可以"撇到更多的脂"，于是不到半年又推出了一款容量更大的 iPod，当然价格也更高，定价 499 美元，仍然卖得很好。苹果的撇脂定价策略大获成功。

作为对比，索尼公司的 MP3 也采用撇脂定价法，但是却没有获得成功。索尼失败的第一个原因是产品的品质和上市速度。索尼在推出新产品时步履蹒跚，当 iPod mini 在市场上热卖两年之后，索尼才推出了针对这款产品的 A1000，可是此时苹果公司却已经停止生产 iPod mini，推出了一款新产品 iPod nano，苹果保持了产品的差别化优势，而索尼则总是在产品上落后一大步。此外，苹果推出的产品马上就可以在市场上买到，而索尼还只是预告，新产品正式上市还要再等两个月。速度的差距，使苹果在长时间内享受到了撇脂定价的厚利，而索尼的产品虽然定价同样高，但是由于销量太小而只"撇"到了非常少的"脂"。参见图5.5。

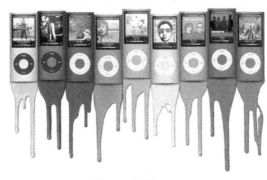

图5.5　苹果iPod

② 渗透定价。

渗透定价（Penetration Pricing）与撇脂定价恰好相反，是在新产品投放市场时，将价格定得较低，以吸引大量消费者，提高市场占有率。采取渗透定价策略不仅有利于迅速打开产品销路，抢先占领市场，提高企业和品牌的声誉，而且由于价低利薄，从而有利于阻止竞争对手的加入，保持企业一定的市场优势。通常渗透定价适合于产品需求价格弹性较大的市场，低价可以使销售量迅速增加；同时要求企业生产经营的规模经济效益明显，成本能随着产量和销量的扩大而明显降低，从而通过薄利多销获取利润。

渗透定价分为两种：一是快速渗透，就是低价高促销；二是慢速渗透，就是低价低促销。

案 例 资 料

看淘宝网如何渗透

低价策略通俗地说就是用低价格吸引人气，赢得市场份额。即设定最初低价，以便迅速和深入地进入市场，从而快速吸引大量的购买者，赢得较大的市场份额。例如，阿里巴巴公司旗下的淘宝网，当年许多服务都是免费的，如网上开店、享受支付宝服务、网店宣传等，其目的是和易趣竞争，培养网络购物市场，聚集淘宝网的人气，其渗透市场的速度和广度正如雨露润万物，不到两年就将易趣击败。现在目的实现了，淘宝网也开始用各种方式收费了。

③ 试销定价。

试销定价（Trial Pricing）是指企业在某一限定的时间内把新产品的价格维持在较低的水平，以赢得消费者对该产品的认可和接受，降低消费者的购买风险。试销定价有利于鼓励消费者试用新产品，而企业则希望消费者通过试用而成为企业的忠实顾客，并建立起企业良好的口碑。该策略也经常被服务性企业所采用，如开业之初的特惠价等。只有企业的产品或服务确实能使消费者感到获得很大的利益时，这种策略才能收到预期的效果。

阅 读 资 料

看微软如何促销

微软公司的 Access 数据库程序在最初的短期促销价为 99 美元，而建议零售价则为 495 美元，由于微软的名气和产品的质量，如此巨大反差的促销价格，迅速吸引了成千上万的消费者试用并成为其忠诚客户。

（2）产品组合价格策略

产品组合定价指企业为了实现整个产品组合（或整体）的利润最大化，在充分考虑不同产品之间的关系，以及个别产品定价高低对企业总利润的影响等因素基础上，系统地调整产品组合中相关产品的价格。其主要的策略如下。

① 产品线定价策略。

产品线定价策略指企业为追求整体收益的最大化，为同一产品线中不同的产品确立不同的角色，制定高低不等的价格——有的产品充当招徕品，定价很低，以吸引顾客购买产品线中的其他产品，而定价高的则为企业的获利产品。产品线定价策略的关键在于合理确定价格差距。

阅 读 资 料

看黄尧老师总结的"黑客"定律

"黑客"定律：低价揽客，高价获利。

在世界 500 强的百盛百货商店和沃尔玛超市中，具有竞争力的低价格货品或优惠幅度大的货品，通常都会放在入口的显眼处和顾客容易看到的货架上；在沿街的商店，聪明的老板将低价和促销价的货品放在门口或面朝外面的橱窗上，为的是吸引顾客进来。无论是沃尔玛还是沿街的小商店，它们希望真正获利的是商店或超市内部那些高价高档的物品。只要顾客进店并在货架上浏览，就有可能购买那些获利高的商品。

因此，我们不必为它们给某些产品定那么低的价格而担心它们经营亏本。现在，我们也可以在许多网店看到这个定律的运用，网店老板们一定尝到了甜头！

② 互补品定价策略。

有些产品需要互相配合在一起使用，才能发挥出某种使用价值，如照相机与胶卷、隐形眼镜与消毒液、饮水机与桶装水等。企业经常为主要产品（价值量高的产品）制定较低的价格，而为附属产品（价值量较低的）制定较高的加成，这样有利于整体销量的增加，增加企业利润。

③ 成套优惠定价策略。

对于成套设备、服务性产品等，为鼓励顾客成套购买，以扩大企业销售，加快资金周转，可以使成套购买的价格低于单独购买其中每一件产品的费用总和。

（3）心理定价策略

心理定价策略是根据消费者不同的消费心理而灵活定价，以引导和刺激购买的价格策略。其主要有如下策略。

① 声望定价。

声望定价指对一些名牌产品，企业往往可以利用消费者仰慕名牌的心理而制定大大高于其他同类产品的价格。例如，国际著名的欧米茄手表，在我国市场上的售价从一万元到几十万元不等。消费者在购买这些名牌产品时，特别关注其品牌、标价所体现出的炫耀价值，目的是通过消费获得极大的心理满足。

② 尾数定价。

对于日常用品，一般来说，消费者乐于接受带有零头的价格，这种尾数价格往往能使消费者产生一种似乎便宜且定价精确的感觉。

③ 整数定价。

消费者常常根据价格来辨别产品的质量。对价格较高的产品，如耐用品、礼品或服装等，消费者不太容易把握质量的产品，实行整数定价反而会抬高产品的身价，从而达到扩大销售的目的。

④ 习惯性定价。

有些商品，如牛奶，消费者在长期的消费中，已在头脑中形成了一个参考价格水准，个别企业难以改变。如果企业定价低于该水准易引起消费者对品质的怀疑，高于该水准则可能受到消费者的抵制。企业定价时常常要迎合消费者的这种习惯心理。

⑤ 招徕定价。

零售商常利用消费者贪图便宜的心理，特意将某几种产品的价格定得较低以招徕顾客，或者利用节假日和换季时机举行大甩卖、限时抢购等活动，把部分商品打折出售，目的是吸引顾客，促进全部产品的销售。

（4）折扣定价策略

企业为了鼓励客户及早付清货款，或鼓励大量购买，或为了增加淡季销售量，还常常需酌情给客户一定的优惠，这种价格的调整叫作价格折扣和折让。

① 现金折扣。这是企业对现金交易的顾客或对及早付清货款的客户给予一定的价格折扣。许多情况下采用此定价法可以加速资金周转，减少收账费用和坏账。

② 数量折扣。这是企业给那些大量购买某种产品的客户的一种折扣，以鼓励客户购买更多的货物。大量购买能使企业降低生产、销售等环节的成本费用。

③ 功能折扣，也叫贸易折扣，是制造商给予中间商的一种额外折扣，使中间商可以获得低于目录的价格。

④ 季节折扣。这是企业鼓励客户淡季购买的一种减让，以使企业的生产和销售一年四季能保持相对稳定。

⑤ 推广津贴。为扩大产品销路，生产企业向中间商提供促销津贴。例如，零售商为企业

产品刊登广告或设立橱窗，生产企业除负担部分广告费外，还在产品价格上给予一定优惠。

（5）地区定价策略

通常一个企业的产品不仅在本地销售，同时还要销往其他地区，而产品从产地运到销地要花费一定的运输、仓储等费用。那么应如何合理分摊这些费用，不同地区的价格应如何制定，就是地区定价策略所要解决的问题。具体有以下 5 种方法。

① 产地定价。

以产地价格或出厂价格为交货价格，运杂费和运输风险全部由买方承担。这种做法适用于销路好、市场紧俏的商品，但不利于吸引路途较远的客户。

② 统一交货定价。

统一交货定价也称邮票定价法，即企业对不同地区的顾客实行统一的价格——按出厂价加平均运费制定统一交货价。这种方法简便易行，但实际上是由近处的客户承担了部分远方客户的运费，对近处的客户不利，而比较受远方客户的欢迎。

③ 分区定价。

企业把销售市场划分为远近不同的区域，各区域因运距差异而实行不同的价格，同区域内实行统一价格。分区定价与邮政包裹、长途电话的收费类似。对企业来讲，可以较为简便地协调不同地理位置用户的运费负担问题，但对处于分界线两侧的客户而言，还会存在一定的矛盾。

④ 基点定价。

企业在产品销售的地理范围内选择某些城市作为定价基点，然后按照出厂价加上基点城市到客户所在地的运费来定价。这种情况下，运杂费用等是以各基点城市为界由买卖双方分担的。该策略适用于体积大、运费占成本比重较高、销售范围广、需求弹性小的产品。

⑤ 津贴运费定价。

津贴运费定价策略指由企业承担部分或全部运输费用的定价策略。当市场竞争激烈，或企业急于打开新的市场时常采取这种做法。

阅 读 资 料

奸商如何忽悠客户买高价商品

当我们进入卖场，有时会看到一些大大的促销广告牌，上面写着类似"N97 仅售 999 元"、"iPhone 6 1999 元让利促销"这样的诱人字样，多数人看到它都会被吸引，这时已经走近了奸商所设下的陷阱。当消费者去奸商门店问及促销商品时，他们通常只有一个答案——卖完了，千万不要真的遗憾自己没有抢到促销品，这只是奸商的一个伎俩，其实本来就没有这么低价的促销商品，他们所做的广告都是为后面做铺垫。在告诉消费者促销商品已卖完之后，他们会转而语重心长地向消费者诉说其实促销产品并不好，配置什么都很低，不如另外一款产品，于是便大肆鼓吹这款产品，以让消费者购买此产品，当然价格也要比其他地方都高。奸商就这样以低价促销的宣传让消费者有了先入为主的观念，认为其所卖机器价格都很廉价，从而达到高价获利的目的。

5.5 创意确定

5.5.1 实训内容与实施、自检要求

这是非投资性产品营销策划创意的第三个环节，主要实训内容是在头脑风暴后，优选最佳创意，完成投入产出预算及其效果预测。

表 5.7 所示为实训内容与实施、自检的要求。

表5.7 实训内容与实施、自检要求

内　　容	操作步骤	操作方法	注意事项	自　　检
优选最佳创意	16. 创意分析 17. 优选创意	⑲ 团队分析获得三个较优创意 ⑳ 通过市场访问、问卷调查、专家建议来收集对创意的意见和建议 ㉑ 根据收集的意见和建议，再次进行分析 ㉒ 最后由团队投票决定优选哪个创意为最佳创意	重点研究分析创意的市场定位、独特卖点、广告诉求是否做到"人无我有，人有我新，人新我特"	● 创意描述 ● 创意评价意见
投入产出预算效果预测	18. 费用估算 19. 效果预测	㉓ 围绕优选的最佳创意，明确表述产品创意和营销策略创意，在此基础上对产品生产及营销的投入产出进行预算 ㉔ 以一年为周期，对期末的产品营销效果是否达到或超过营销目标进行预测。除了文字表述，还应该有数字的预测	特别注意各项测算必须经过市场调查与验证来完成，必须实际可行	● 投入产出预算 ● 效果预测

5.5.2 相关知识与工作内容

1. 投入产出预算

产品营销的投入产出预算是对未来一段时间内产品营销的收支情况进行预计，可以根据预测到可能存在的问题、环境变化的趋势进行预算，可使营销过程能够控制偏差，保证营销目标的实现。

产品营销的投入产出预算可以通过编制投入产出表来完成。投入产出表是由投入表与产出表交叉而成的。前者反映产品生产成本与产品营销投入的情况，包括预算期间的中间投入和最初投入；后者反映产品的收益情况，包括中间收益和最终收益。

销售收入预算、销售成本预算、营销费用预算是其中最主要的内容。

（1）销售收入预算

收入的预算是最为关键的，也是最不确定的。不同的行业、不同的公司、不同的产品的不确定性程度不同。例如，波音公司的飞机制造合同交货时间早已经排到 3 年以后了，那么这样的业务销售收入就比较确定，主要与生产能力有关；有的公司与国家政策或者国际经济环境有关，往往其不确定性就大；还有的公司，如经营消费品的公司，其收入受到消费者可

支配收入、竞争形势等因素影响就很大。但是无论如何，必须对收入进行尽可能准确的预算，所以在进行预算时需要先确定一些基本的原则和条件假设，在这样的前提下，就可以预测收入应该是什么样子。

（2）销售成本预算

销售成本预算可以由进货成本结合销售数量计算得来。一般来讲，生产经理作出的销售成本与营销经理作出的销售成本会有所不同，这主要是由产品的库存状况造成的，因此，在营销经理作出的成本预算中，应该考虑一定的库存，这些对成本和现金流都会有影响。

（3）营销费用预算

营销费用预算基本上可以分为市场销售费用预算和市场管理费用预算两大类。市场销售费用是为了取得销售所产生的费用，如广告费用、推销费用、促销费用、市场研究费用等材料和人工费用，而市场管理费用主要是指资金管理费用、信息管理费用、物流管理费用、顾客投诉处理费用等材料和人工费用。这些市场管理费用因为主要与市场销售有关，因此列入营销费用预算中。参见表5.8。

表5.8　产品营销的投入产出预算表

销售收入预算					
编号	产品	时间周期	销售量	销售额	说明
	产品一				
总收入		元			
销售成本预算					
编号	产品	成本单价	数量	总成本	说明
1	已销产品	产品一			
2	库存产品	产品一			
总成本		元			
营销费用预算					
编号	产品	项目	预算	总预算	说明
1	产品一	市场销售费用			
		市场管理费用			
总费用		元			
总利润		元			

2. 市场销售费用预算的常用方法

在确定市场销售费用预算水平时，采用何种方法应根据公司的历史、产品的特点、营销组合的方式和市场的开发程度等多方面因素加以确定。以下方法可根据实际情况加以选择。

（1）最大费用法

这种方法是在公司总费用中减去其他部门的费用，余下的全部作为销售预算。这个方法的缺点在于费用偏差太大，在不同的计划年度里，销售预算也不同，不利于销售经理稳步地开展工作。

（2）销售百分比法

用这种方法确定销售预算时，最常用的做法是用上年的费用与销售百分比，结合预算年度的预测销售量来确定销售预算。另外一种做法是把最近几年的费用的销售百分比进行加权平均，其结果作为预算年度的销售预算。这种方法往往忽视了公司的长期目标，不利于开拓新的市场，比较适合于销售市场比较成熟的公司。同时，这种方法不利于公司吸纳新的销售人才，因为从长远来看，吸引有发展潜力的销售人员对公司的长期发展是必不可少的，但这种方法促使销售经理只注重短期目标，而忽视对公司具有发展潜力的人员的培养。

（3）同等竞争法

同等竞争法是以行业内主要竞争对手的销售费用为基础来制定销售预算。用这种方法的销售经理都认为销售成果取决于竞争实力。用这种方法必须对行业及竞争对手有充分的了解，做到这点需要及时得到大量的行业及竞争对手的资料，但通常情况下，得到的资料是反映以往年度的市场及竞争状况的，用这种方法分配销售预算，有时不能达到同等竞争的目的。

（4）零基预算法

在一个预算期内每一项活动都从零开始。销售经理提出销售活动必需的费用，并且对这次活动进行投入产出分析，优先选择那些对组织目标贡献大的活动。这样反复分析，直到把所有的活动按贡献大小排序，然后将费用按照这个序列进行分配。这样有时贡献小的项目可能得不到费用。另外，使用这种方法需经过反复论证才能确定所需的预算。

（5）任务目标法

任务目标法是一个非常有用的方法，它可以有效地分配达到目标的任务。以下举例说明。

如果公司计划实现销售额140万元时的销售费用为5万元。其中，销售水平对总任务的贡献水平若为64%，那么，由于销售人员努力获得的销售收入 $=140×64\%=89.6$（万元），那么，费用 ÷ 销售额 $=5.6\%$。假设广告费用为2万元，广告对总任务的贡献水平为25.6%。由于广告实现销售收入 $=140×25.6\%=35.84$（万元），广告的费用 ÷ 销售额 $=5.6\%$，这种情况下，两种活动对任务的贡献是一致的。

否则，如果广告实现的销售收入低，公司可以考虑减少广告费，增加人员销售费用。

这种方法需要数据充分，因而管理工作量较大，但由于它直观易懂，所以很多公司使用这种方法。

3. 营销效果预测

营销效果预测是指围绕既定的营销目标，经过营销策划后，能够达到或超过营销目标的可能性、可行性分析。

营销目标是指在本计划期内所要达到的目标，是营销计划的核心部分，对营销策略和行动方案的拟订具有指导作用。营销目标是在分析营销现状并预测未来的机会和威胁的基础上确定的，一般包括财务目标和营销目标两类。其中财务目标由利润额、销售额、市场占有率、投资收益率等指标组成。市场营销目标由顾客忠诚度、广告渗透度、营销网络覆盖面、品牌形象提升水平、价格水平等指标组成。通常，我们只需要针对销售额、市场占比和品牌形象三个指标作出预测即可反映出营销策划的效果水平。

4．营销渠道建设方法

第一步：策划一个有吸引力的产品招商。

企业招商往往是建立销售渠道的第一步，所以对企业来说，招商的成功也预示着好的开头，因为接下来的事就好办多了。但很多小企业由于策划能力有限，对招商工作不重视或者操作不当，明明是个不错的产品，问津者却寥寥无几。

所以在确立招商之前，要解决三大问题：一是产品卖点的提炼，二是推广方案的设计，三是相配套的销售政策。在此基础上，企业才能制订切实可行的招商方案。

招商策划书一定要阐明以下几个要点：一是科学的市场潜力和消费需求预测；二是详细分析经销本产品的赢利点，经销商自身需要投入多少费用；三是要给经销商讲清楚如何操作本产品市场，难题在哪，如何解决。

目前招商骗局很多，经销商选择厂家合作非常谨慎，所以企业要注意树立自己的品牌意识，招商人员要经过严格的专业培训，热情而不失分寸地接待经销商，使用规范的接待用语。

通常比较有想法或者想有所作为的经销商比较注重以下5点，在招商策划中应引起重视：一是企业的实力，二是企业营销管理人员的素质，三是推广方案的可操作性，四是产品市场需求和潜力，五是经营该产品的赢利情况。

招商成功离不开具有轰动效应的招商广告，但目前媒体上所见的招商广告普遍存在一种过分夸大和空洞吹嘘的现象，小企业不如实在一点，干脆说出自己的弱点，并阐明自己的决心，以赢得经销商的重视。有时过分夸大市场效果的广告只能引来纯粹的投机商，而实在的广告宣传反而会吸引那些注重商德的经销商。

第二步：选择合适的经销商。

经销商是小企业产品在市场上赖以生存并发展的唯一支柱，由于缺乏经济能力，无论在整体推广还是与渠道经销商的谈判筹码上，均占不了主动权，所以，小企业选择合适的经销商并与之合作，就显得尤其重要。大而强的经销商必然要求也高，同时因为这类经销商经常与大品牌企业合作，所以往往盛气凌人，一般的小企业往往很难控制它们。

企业选择经销商，就像一个人谈恋爱，如果你出身卑微，却喜欢上了一个高贵美丽的小姐，那么你的这段恋爱要么是单相思，要么是无疾而终。要知道好的未必合适，而渠道伙伴合适才是最重要的。所以小企业选择合作的经销商，应是那些刚起步做市场的，经济实力和市场运作能力较一般的，但正因如此，这类经销商非常需要企业的支持，同时这类经销商对合作的企业忠诚度比较高，而且它们不像那些大经销商那样要这要那的，如果企业的销售政策完善，多向它们描绘一下企业的发展远景，基本上能吸引它们，企业也可以完全控制它们。

选择这样的经销商加盟，就可以让经销商按照企业的发展战略去运作整个市场，促使整个渠道网络的稳固发展。

问题的关键是，由于这类经销商的资金实力和运作市场的能力均有限，需要企业保持高度的警惕和具备强大的市场管理团队，以对经销商进行指导和协销，帮助它们与企业一同成长。

第三步：选择合适的渠道模式。

渠道模式的选择或者规划是小企业建立销售渠道的必要步骤，但小企业由于品牌知名度和经济实力，以及市场管理能力都比较弱，因而市场初期的渠道模式以每省级总经销制比较合适，也就是每个自然省只选择一个经销商。因为这时你的产品销售力不够，销售区域过于狭小的话，经销商会不满足，从而引起区域窜货的发生。所以，以每省一个经销商，然后由省级经销商自主向下游招商，组建本省区域的销售网络。企业如果有人力，可以协助经销商招商开拓区域市场，这样经销商会因为企业的帮助而心存感激，即便将来壮大了，也不会对企业有离弃之心。

如果有野心大一点的经销商欲跨区域销售，企业也可以酌情予以考虑。假如该经销商欲跨入的区域尚没有合适的经销商，而该经销商又有现成的网点，不如顺水推舟，做了这个人情，等以后条件成熟，再重新划分区域不迟。毕竟这时企业需要的是产品的大量铺市和动销，而不是呆板的规范。

此外，合适的渠道模式还包括互联网的电商渠道，越来越多的传统行业进入互联网渠道经销它们的产品，电商渠道的潜力正在极大地发挥出来。互联网渠道打破了传统渠道的地域壁垒和通路成本障碍，日益成熟的物流服务使电商渠道能够取代传统渠道，成为产品销售的主力渠道。

阅 读 资 料

灵活的渠道建设思路

某化妆品招商在建立销售网络的初期采用了跨区域代理的方法。A 经销商由于其网点能力可以跨越 A、B 两省，所以同意其为 A、B 两省的经销商，使企业的产品在市场上的能见度很广，并且有了足够的现金流。3 个月以后，整个市场开始动销起来，该经销商由于做两个省的市场，一时忙不过来，这时企业顺势而为，在 B 省重新招了一个经销商，劝说 A 经销商退出 B 省市场。

小企业在建立渠道初期，不必拘泥于过分规范的销售政策，就像一个乞丐，暂时需要的是温饱而不是营养价值，但需要事先为今后的发展做好系统的规划。

第四步：设计可控的渠道结构。

渠道结构通常指渠道的宽广度、深浅度和长短度。宽度是指企业在选择渠道成员上的单一性和复合度，如某企业在一个省内设立多个独立经销商，分别经营不同的小区域。宽度还有一层意思是渠道的多样性，目前多渠道运作的企业很多，如 IBM 电脑，就是采用了代理商、经销商、公司直营，以及直接销售等。多渠道结构需要企业有强大的渠道管理能力，而小企业由于缺乏一定的管理能力，是不适合采用多渠道结构的。同时，由于多渠道结构容易引起经销商反感，所以小企业很难控制。

渠道的深浅度主要是指零售终端的多样性，如化妆品经销商，既可以将产品进入商场超市的专柜销售，也可以进入美容专业线，同时还可以进入医药连锁系统。终端的多样性可以使产品更有效地渗透整个市场，达到销售的规模效应。

渠道的长短度则是指由一级经销商到销售终端，中间需要经过几个层级，如有的产品需要经过省级经销商，然后由省级经销商批发给二级经销商，而二级经销商再将产品分销给终端或者批发给更往下的三级经销商。层级越多，对渠道的管理就越困难，市场信息的反馈也越缓慢。

小企业由于在资金、管理能力方面比较弱，所以暂时先采取窄而长的深渠道结构比较合适，等待市场销售起来了，企业有资金回笼了，市场的管理能力也强了，然后再开始逐步削短渠道层级，进一步拓宽，并将渠道的管理重心下移。

5.6 修正创意

这是非投资性产品营销策划创意的第四个环节，主要实训内容是根据情况变化和策划的需要，进一步修正完善创意。

表 5.9 所示为实训内容与实施、自检的要求。

表5.9 实训内容与实施、自检要求

内　　容	操作步骤	操作方法	注意事项	自　　检
修正创意	20. 修正完善创意	㉕ 对照目标市场需求特征和产品定位，对创意进行修正 ㉖ 随时根据最新资料的分析、客户意图的理解、市场环境变化的分析、营销策略的调整等，在投标演讲前，对创意做进一步的修正和完善	客户的要求和市场的状况是对立统一的关系，以客户为中心是工作的重点，务必注意协调处理好客户关系	创意修改要点

5.7 创意文案和提案制作

5.7.1 实训内容与实施、自检要求

这是非投资性产品营销策划创意的第五个环节，主要实训内容是根据已经确定的创意和策略，撰写文案和制作 PPT 提案，并通过演讲、答辩的形式向项目委托方汇报，争取本方案获得认可。

表 5.10 所示为实训内容与实施、自检的要求。

表5.10 实训内容与实施、自检要求

内　　容	操作步骤	操作方法	注意事项	自　　检
创意文案撰写	21. 创意说明 22. 促销文本 23. 撰写创意文案	㉗ 该说明在团队内提交，解释产品营销策划创意思路和创意的独特亮点，以便后续开展策划设计工作 ㉘ 编写促销所需要的文本，包括广告宣传、营业推广、人员推销、公关活动四个方面要用到的文本，如销售路演脚本、公关活动主持词、广告宣传口径等文本，并完成所需要的产品 VI、平面广告、视频广告等模板、样板的创意设计 ㉙ 将前面流程中形成的市场分析、产品创意、策略创意、设计作品、促销文本等，按照策划方案的结构撰写成《产品营销策划创意方案》	① 注意独特亮点的表达要同样能吸引读者 ② 文本应以清晰、明白为原则，要求图文并茂 ③ 可请外援协助完成产品 VI、广告模板、样板等创意设计 ④ 方案撰写应由一人负责全文统一编写，另安排一人负责检查逻辑性和可行性，再安排一人检查数据的可信和准确	• 创意说明 • 创意方案 • 促销文本 • 广告作品 • 路演脚本

续表

内　容	操作步骤	操作方法	注意事项	自　检
创意提案 制作	24. 提案构思 25. 提案制作	㉚ 在整体风格、美学效果、时间把握 方面首先进行构思 ㉛ 使用最新版 PPT 工具进行电子幻灯 片提案制作	注意团队中至少有一个 成员对 PPT 工具的运用 比较熟练	PPT 提案作品
演讲与 答辩	26. 预演练习 27. 正式演讲与答辩	㉜ 练习背诵、解读、时间控制、与电 脑操作的组员配合 ㉝ 商务礼仪展现、职业能力体现、专 业能力展示	① 预演，预演，再预演， 是成功的基础 ② 现场氛围控制非常 重要，这是通过礼仪和能 力来把握的	• 预演 3 次 • 演讲 • 礼仪 • 预备问题

5.7.2　相关知识与工作内容

1. 如何撰写营销策划创意方案

营销策划创意方案的基本结构分为市场分析、策略创意、计划安排三大部分，其结构与营销策划方案是基本相同的。

（1）市场分析

这部分主要针对企业内部现状和市场环境进行分析，具体视策划内容而异，具有共性的内容有以下方面：

① 宏观环境分析。包括政策、法律、经济、技术、社会、文化等分析。

② 微观环境分析。包括消费需求、竞争对手、市场占比等分析。

③ 企业概况分析。包括企业沿革、企业文化、企业现状、发展目标等分析。

④ 产品定位分析。包括优劣势及机会威胁、市场细分、目标市场、市场定位、独特销售主张、产品线等分析。

（2）策略创意

这部分主要针对营销策略的创新性、可行性进行推理和描述。主要包括以下方面：

① 产品创意。包括产品三层次的创意。

② 营销策略创意。包括产品 4P 营销组合策略方面的创意，可侧重在产品渠道与促销配套的广告宣传、营业推广、人员推销和公关活动四个方面进行创意。

（3）计划安排

这部分主要是将有关的策略创意按照企业营销活动的范围、目标、时间周期按照流程、步骤进行安排，并据此作出投入产出预算和效果预测。

① 产品创新安排。它可能包括产品设计、产品生产、产品试销、产品定性等。

② 产品定价安排。它可能包括对产品进入市场、市场上升、成熟期的价格安排。

③ 产品渠道安排。它可能包括对线上、线下渠道的分工、作用作出安排。

④ 产品促销安排。它应该成为计划安排的重点，包括在不同渠道上安排有创意的促销内容，可按照广告宣传、营业推广、人员推销、公关活动四个方面进行安排。

（4）对撰写方案的基本要求

方案的布局要求是：按照逻辑组合而成前后衔接、相辅相成的三个部分，前面部分是后面部分的铺垫，后面的内容不能脱离前面的结论，否则就成了无源之水。

方案的内容要求是：分析准确，材料翔实，不能随意编造，不能任意夸大、缩小。同时，选用的材料要充分，要为行动计划安排提供充分、必要的依据。

2．商务礼仪

在项目训练和提案活动中，同学们都会接触到企业的领导、专家及商务人士，只有用合适的商务礼仪进行沟通和交往，才能在职业化方面获得更多的尊重，也才能得到更多职业素质的锻炼，因此，同学们要在相关的商务礼仪课程中多加学习和训练。

（1）尊重为本

一是自尊。自尊是通过言谈举止、待人接物、穿着打扮来体现的，自己不自尊自爱，别人是不会看得起的。一般要求"女人看头，男人看腰"。头指的是发型、发色，头发不能过长，不能随意披散开来，头发长可以盘起来，束起来，不要染色；腰是指腰上在正式场合时不能挂东西。男士穿西装要符合"三个三"，即"3个要点"：①三色原则，含义是全身的颜色限制在3种颜色以内，3种颜色指的是三大色系；②三一定律，是讲身上3个部位——鞋子、腰带和公文包，这3个地方要一个颜色，一般以黑色为主；③三大禁忌，穿西装不要出洋相，商标必须拆掉，袜子的颜色要与鞋子的颜色一致，领带打法、质地和颜色符合要求。

二是尊重别人。对交往对象要进行准确定位，就是你要知道他的身份和地位，然后才能决定怎样对待他。尊重别人要讲规矩。例如，接受名片时如何做才是尊重别人，专业要求是有来有往，来而不往非礼也。要是没有也要比较委婉地回答，可以告诉对方，没带或用完了。商务交往中有时需要一种"善意的欺骗"。

（2）善于表达

商务礼仪是一种形式美，交换的内容与形式是相辅相成的，形式表达一定的内容，内容借助于形式来表现。不善于表达或表达不好都不行，表达要注意环境、氛围、历史文化等因素。你对人家好要让人家知道，这是商务交往中的一个要求。

3．提案技巧

如果策划创意没有让客户接受，那么此前的任何付出都是白忙一场。所以，同学们要非常重视面对项目客户的提案训练，有关的经验如下。

（1）要有一个有趣的开场白（桥段）

不要一上来就急着直接讲方案，你需要把客户的注意力集中到你身上来，融入你想建立和把握的氛围中。没有人喜欢一成不变的"自我介绍—方案介绍"模式，乏味的开场白会让整个提案显得很乏味。桥段可以是小调侃、小幽默、流行词等用语方式，可以采用设问、反问、疑问、"高亮"观点等诙谐开场。

（2）要事先训练口才表达能力

也许方案不是你设计的，也许后面的跟进执行不是你，但如果你练就了口齿伶俐同时又极富亲和力及感染力，那么就可以由你来进行提案。客户不喜欢说话抓不到重点、废话一大堆的人。

（3）提案前一定要问自己三个问题

① 你是否对自己这个创意充满热爱，并且深知它的来龙去脉？

② 你是否对自己提案的对象（客户）足够了解，并且清楚他们在想什么？

③ 你是否已经有足够的勇气去迎接提案的失败，当然也不会在成功后兴奋得晕厥？

（4）确定提案人的"颜色"

① 理性蓝色（blue）。

"蓝色"提案人是理性的，他们用清晰的头脑说服别人并引起所有人的注意。"蓝色"提案人有着渊博的知识、清楚的论点，以及无可置疑的逻辑。

② 激情红色（red）。

"红色"提案人是感性的，具有爆破力和强烈感染力，热情是他们的动力，情感使他们说服别人，他们很难被别人忘记。

③ 中庸灰色（grey）。

"灰色"提案人是平庸的，缺乏"红色"的火热和"蓝色"的敏锐，他们宁可平庸也不要冒险以免使自己看起来很笨。"灰色"提案人很容易被人遗忘，而且他们大部分不认为自己是灰色的，因为有太多人是灰色的，有"齐头平等的效果"，并且不是很多人有勇气告诉你"你实在很乏味"。

（5）检查一下自己"灰不灰"

① 当你对着镜子喃喃演练的时候，是否连自己都有点厌烦？

② 当团队一起预演的时候，你的部分是否时常被截断？

③ 当你提案的时候，是否很少有人提问题？

④ 预演的时候，是否团队成员心不在焉？

⑤ 团队成员是否经常给你中庸的评语？

（6）检查一下是否别人会对你的提案厌烦

① 如何成为理性和严谨的"蓝色"？

a. 前期准备：用一张纸勾画出基本的逻辑节点，大量的信息资料收集和不断的演练。

b. 怎么开始：抛一个问题，下一个结论，有一个发现……

c. 过程控制：不断地提出问题；突然提高声调或者停顿；突然展开与听者的对话；不可或缺的幽默或者俚语。

d. 怎样结束：强有力的论断及核心信息回顾。

蓝色是相对常用的一种提案方式，比较适用于规划性提案或者焦点性提案，其关键就是不断的演练。

② 如何成为激情与动感的"红色"？

a. 前期准备：人物很关键，对这个点子最热爱的人最适合用各种方式加深你对这个点子的热爱。

b. 怎么开始：开场直接热情（衣着、表情、音调）地讲一个故事……

c. 过程控制：不需要照顾所有听众的心情，只需要提前找到那些注意倾听你的听众或主要的决策者，看着他们关注和倾听的眼睛，别犯错误。

d. 怎样结束：讲讲自己的感受，并且主动提问。

红色是一种高风险但往往也会高收入的提案方式，更适用于创意型的提案或者竞争相对同质化的提案，其关键是你对这个方案绝对热爱。

（7）发展自己的个人风格，别让自己成为灰色

一定要训练自己在提案中做到"五到"！我们是面对一群逻辑动物（客户）推销自己的概念和创意。对他们而言，接受你的创意，通常代表极高的风险和面子。所以我们必须不断演练怎么用全方位的信息、氛围、气场包围他们，这就要求我们做到"眼到"、"手到"、"心到"、"口到"与"耳到"。

① 眼到。

一开始要环顾现场，尽量照顾到每一个人，尤其是角落的人。50% 的注视应该放在主要决定者，然后第二注视留给决定的影响者，看着他们的眼睛，不要视而不见，不要给人一种闪烁、缺乏自信或应付的感觉。有时改变站的位置，会自然引起听众视觉关注的重点和角度的变化。如果站在讲台中央，居高临下，则有控制全场的气氛，且有权威感；走近发问者，有专注倾听、亲切感。

② 手到。

手势可以投射出个性、精神状态，适当的手势可辅助表达，不适合的手势则有干扰作用。

例如，手置于腰下代表温和、消极、冷漠；手置于肘以上代表热情、积极、有企图心；手势过多代表紧张，并且干扰听众。自然就是美，不要强求，避免做作，充分表现个人人格的优良特质就可以了。

③ 心到。

提案的时候一定首先要知道客户要的什么，期待的是什么。不要牛头不对马嘴，枉做虚工，还招致抱怨。了解提案的内容，注意条理性，准备必需的例证说明来应对可能的疑问。

④ 口到。

用自己习惯的语气，重点在于自然及诚恳，避免过于严肃及高调。如果需要严肃及权威，就要站起来说话。可以幽默但是绝不能滑稽，这样会降低信赖度；懂得暂停，可引起注意，让人有思考和消化的时间。

⑤ 耳到。

是听他的意思不只是听他的话，懂得弦外之音的人，不但能抓住重点，也能抓住客户的心。对于过激的反对意见或者带有情绪的看法，应避免正面的语言冲突，如果机智地整理和转换，形成有力的看法，则能更胜一筹。

（8）提案结束的总结

提案结束后，我们对方案的逻辑论点进行总结，对现场筹备、个人表现、气氛关键节点进行总结，对客户的认同、态度和制约关系进行总结。

提案是一项技能，影响这项技能的最关键因素是经验和技巧。因此重要的就是预演，希望大家能从提案中得到无比的快乐。

4．路演脚本

市场营销中的所谓路演（Road Show），顾名思义，就是在马路上进行的商业演示活动，是指通过现场演示的方法，引起目标人群的关注，让他们产生兴趣，最终达成销售。路演有两种功能：一是宣传，让更多的人知道你；二是可以现场销售，增加目标人群的试用机会。

我们在逛商业广场、大型超市的时候，看到的簇拥着很多人，有的在表演，有的在观看，就是最常见的路演。

所谓脚本，过去是指表演戏剧、拍摄电影等所依据的底本或书稿的底本，现在包括主持人讲话、销售员话语、现场发布告知、宣讲、演说等的底本，都可以称作脚本。

路演脚本就是指在路演活动中，涉及主持人、销售员、通知、演说等内容的底本，以便统一口径、统一说辞，以达到事先策划好的路演效果。

5.8　创意评价

这是非投资性产品营销策划创意的第六个环节，主要实训内容是对本项目的创意工作形成客观的评价。评价意见来自两个方面：一是项目委托方——客户的评价，另一个是行业企业专家的评价。教学团队的老师必须在模拟竞标完成后，根据学生团队表现和客户专家评价意见，对每一个学生团队的作品和表现进行全面的点评。

表 5.11 为实训内容与实施、自检的要求。

表5.11　实训内容与实施、自检要求

内　　容	操作步骤	操作方法	注意事项	自　　检
客户评价	28. 客户意见和建议	㉞ 在投标演讲答辩中，客户会很直接地提出意见和建议	详细记录客户所说的每一句话，诚恳地解释自己的创意	客户评价
专家评价	29. 专家提问和点评	㉟ 在评标中，邀请的行业专家会从专业的角度提出问题，并点评提案演讲和回答问题的表现	详细记录专家所说的每一句话	专家评价
教师点评	30. 教师点评	㊱ 模拟投标 PK 活动结束后，指导老师要进行综合点评和评分排名，向中标者宣布中标名单和中标内容	详细记录指导老师所说的每一句话	教师点评

5.9　自我总结

这是非投资性产品营销策划创意的最后一个环节，主要实训内容是根据提案过程中评委的意见和建议，召开团队会议进行自我检讨与总结。

表 5.12 所示为实训内容与实施、自检的要求。

表5.12　实训内容与实施、自检要求

内　　容	操作步骤	操作方法	注意事项	自　　检
自我总结	31. 自我总结	㊲ 每个团队均应在项目结束后，专门组织撰写自我总结报告，召开总结会议，会上要进行充分讨论，畅所欲言，以达到总结提高的目的	人人都必须完成自我总结，在小组会上发言，无论是遗憾的体会，或是欣喜的收获，都是一次难得的促进	• 总结笔记 • 总结报告

5.10 典型产品策划创意的技巧

5.10.1 卖点产品策划创意的技巧

卖点产品的意思是突出某卖点作为产品核心竞争力，这种策划创意的方法需要提炼产品的独特销售主张，即 USP。

USP 的内容是在对产品和目标消费者进行研究的基础上，寻找产品特点中最能满足消费者需求的而竞争对手不具备的那个最为独特的部分，然后以足够强大的声音说出来，而且要不断地强调。

例如，在竞争激烈的国际市场环境中，国内出口企业的营销思路需要发生转变，由过去以产品为中心转变为以客户为中心。这就意味着，"高质量、低价格"的策略已经不能吸引客户，客户需要知道：产品的 USP 在哪里？与对手的区别在哪里？

让我们来看一看世界一流的营销商是怎样表述 USP 的："给你的宝宝一个你孩提时代不曾拥有的东西：一个清爽的屁股"（帮宝适纸尿裤）；"只溶在口，不溶在手"（M&M 巧克力）；"27 层净化"（乐百氏纯净水）；"防止蛀牙"（高露洁牙膏）等。

5.10.2 功能产品策划创意的技巧

功能产品的意思是以功能为出发点策划的产品，按照消费者需要解决的产品功能性问题，着重创意产品的功能特性。

比如使用电熨斗的产品目的是使衣服定型，而电熨斗的基本功能是提供热平面；电烤面包机的用户需要解决的产品功能是自动烤制面包，而产品基本功能则是产生热量。再比如脑轻松的功能是健脑，可以降低脑疲劳；王老吉可以降火；红牛可以补充牛磺酸和维生素以达到抗疲劳和补充能量的目的；一些运动型功能饮料如乐百氏的"脉动"、娃哈哈的"激活"、农夫山泉的"尖叫"、康师傅的"劲跑"、汇源的"他＋她－"、巨能的"体饮"等。

产品功能可以从基本功能、从属功能和美学功能三个方面进行创意。

如钟表的基本功能是"提示时间"，剪草机的基本功能是"剪草"，这是用户购买产品时要求的必需功能；如照相机的从属功能是"自动测光"和"提供闪光"；如产品的美学功能是外观的色彩、造型等。从这些方面进行创意，能够得到消费者的喜爱。

面对激烈竞争和同质化的市场，能够发现和开发出现有市场内还没有企业提供的功能性需求的产品，不仅需要有科研开发的技术人员，更需要能把产品功能变成产品卖点的策划创意人员。

5.10.3 竞争产品策划创意的技巧

竞争产品就是针对竞争对手的产品在市场上打开了销路、未来还有更广阔的市场前景而策划的产品。

这是大家比较熟悉的方法，可能有很多做产品营销策划创意的人员看不起这种方法，认为这种方法太简单，体现不了策划人员的价值。其实不然，对于企业来说是利润压倒一切，判断一个创意有多大价值，关键在于它为企业创造了多大的价值，这不是以产品策划人员的意志为转移的，希望产品策划人员务必要有这样的意识。

其实，模仿跟进是最经济高效的方法，市场中最常见的成功大都源于此，比如互联网中百度模仿并超越了 Google、淘宝模仿并超越了易趣、QQ 模仿并超越了 ICQ 等。

5.10.4　空白产品策划创意的技巧

空白产品就是在竞争对手还没有开拓的空白市场进行营销策划的产品，推出与竞争对手相同或相似的产品，以抢占市场空白区域。另外，空白产品的方法还包括将自身的成功产品在空白市场进行营销策划。

空白产品的策划创意需要具备敏锐的市场触角（洞悉市场趋势）、宽广的视野（发现有潜力的空白产品）、快速行动的能力（把握竞争机会）。

一般来说，空白产品有两种情形：一是区域性企业发现全国性企业有价值的产品对于本区域市场是空白的；二是全国性企业发现区域性企业有价值的产品对于全国市场是空白的。

 知识练习

一、问答题

（1）产品策划创意的 USP 包括哪三个要点？

（2）产品策划的两大部分同时对应了产品策划创意的两大部分，是哪两部分？

（3）产品营销策略创意需要撰写的路演脚本是什么？

（4）什么是空白产品？

二、判断题

（1）弱点—机会（WO）对策是利用内部劣势来弥补外部机会，使分析对象克服劣势而获取优势的对策。（　　　）

（2）"撇脂"是一种低价策略，撇脂定价策略也叫取脂定价策略，属于心理定价策略。（　　　）

（3）分析和选择企业的目标市场策略有两种：无差别性市场、差别性市场。（　　　）

（4）产品三层次包括核心产品、有形产品和无形产品。（　　　）

三、选择题

（1）市场定位可以采取如下方法：

A．差异定位法

B．利益定位法

C．使用者定位法

D．消费定位法

E．分类定位法

F．针对特定竞争者定位法

G．公共关系定位法

H．问题定位法

（2）细分市场的"五性"原则：

A．可衡量性、可赢利性、可进入性、差异性、相对稳定性

B．可衡量性、可赢利性、可进入性、差异性、相对容易性

C．可衡量性、可赢利性、可界定性、差异性、相对稳定性

D．可衡量性、可赢利性、可界定性、差异性、相对容易性

 实务训练

目标：60分钟练习如何为产品做产品创意和营销策略创意。

内容：学生可为本校创意一款纪念品，进而想办法运用有创意的策略迅速推广给本校师生。要求各模拟公司按照产品策划的工作过程列出每个步骤的要点，并通过头脑风暴筛选出产品创意的最佳点子。

组织形式：请各模拟公司学习小组按照以下流程完成任务。

① 用10分钟分头采集本校以往纪念品信息和同学们对纪念品需求的信息。

② 用10分钟集体讨论，写出纪念品市场定位、产品的创新概念。

③ 用5分钟创意纪念品广告口号。

④ 用10分钟手绘纪念品，并写出产品特点和推广思路。

⑤ 老师用20分钟安排各组学生团队上台来与全班分享完成的广告作品，老师和其他团队的代表共同担任评委打分。最后，由老师进行总结。

要求：每个模拟公司学习小组的成员都必须参与练习。

实训要点：掌握产品营销策划创意的工作过程。

投资性产品营销策划创意实训

 学习目标

1. 知识目标

通过本章实训，掌握投资品策划创意的真实工作过程，懂得如何开展投资品策划，了解典型投资品的策划创意技巧，特别需要注意投资性产品与非投资性产品在市场需求、市场定位等方面的不同。

2. 能力目标

学生团队应继续磨炼深入市场和企业的能力，学会沟通客户，学会协调外部资源，学会根据每个项目安排好每个成员的工作目标、内容、时间等任务指标，逐渐熟练地配合完成项目。

 学习导航

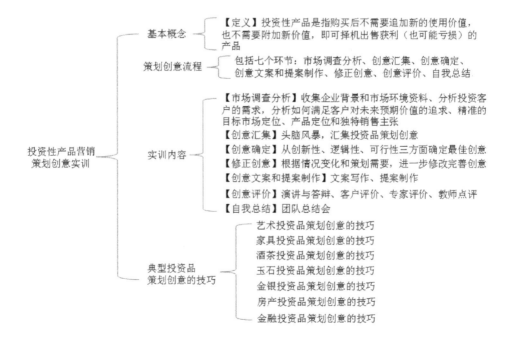

案例导入

有些人购买红酒不是消费而是投资

红酒投资，是指以红酒为投资对象，当期投入一定数额的资金而期望在未来获得回报，是将货币低风险地转化为较为丰厚回报的过程。它是一项集消费与投资为一体的商业活动，在国外已经有300多年的历史。近年来，随着人们物质财富的增长和对精神财富追求的提升，红酒为越来越多的投资收藏爱好者所青睐。

红酒成为投资新宠，与它巨大的市场潜力和超高的利润空间息息相关。在近年的葡萄酒市场上，投资红酒带来的丰厚利润，大大超过同期道琼斯和标准普尔指数成分股的增值速度。据悉，在1982年出产的法国知名列级酒庄酒Lafite Rothschild，过去10年投资报酬率高达857%。在尝到顶级红酒的甘甜之后，越来越多的投资客开始涌入这个市场，红酒的价值也远远超过了人们餐桌上佐餐的佳酿。

红酒投资市场的四大投资途径：

① 高端模式：投资海外酒庄。国际高级的酒庄是集种植、酿造、装罐和储藏等于一体，从原料到成品酒，围绕葡萄庄园而进行的葡萄酒生产方式，其中包括严谨的管理方式、贵族式的经营模式。这种投资方式成本非常高，也最难实现，主要适用于机构投资者和富豪。

② 常规模式：现酒，红酒现货酒，就是所谓的瓶装酒。如果以投资为目的，那么通常投资数量以箱为单位，一箱有12瓶。多数的葡萄酒投资者可以直接通过酒商购买现酒。选择有信誉的较有知名度的酒商就非常重要。比如法国酒商ProvenanceinBond、英国酒商BBR（Berry Bros.& Rudd），都是全球最知名且历史最悠久的酒商，这些酒商均提供储藏服务。

③ 潜力模式：期酒，又称葡萄酒期货，是指在红酒完成发酵工艺后，刚刚放入橡木桶陈酿环节，酒商购买其所有权，这时购买的红酒即为期酒。此时的红酒尚不能饮用，还需要将红酒存放在酒窖中，经过18～24个月的陈酿之后，红酒完全成熟，装瓶出窖，才能交付给客户饮用。

④ 专家理财：红酒基金。如果对葡萄酒不甚熟悉但又想参与投资，可以把投资期酒的风险转化到专业的基金公司，这类基金由专业人士用期酒和现酒构造投资组合。投资基金后，有一定时期的投资封闭期，以便基金管理者挑选适合投资的葡萄酒。基金投资者实现收益通常有3个方法：抛售基金取回现金、提取葡萄酒享用、提取部分葡萄酒并提取部分现金。

案例思考：葡萄红酒投资比黄金投资回报率更高吗？

分析提示：

顶级葡萄酒的投资收藏价值是有目共睹的。有分析家指出，投资法国波尔多地区葡萄酒的回报率是3年150%，5年350%，10年500%。国内投资葡萄酒市场上流行一句黄金条例，即"会不会品酒并不重要，只要知道品牌就行"。与购买黄金、股票等投资方式不同，投资红酒必须认同红酒文化，要对红酒有一定的品鉴能力。因此，策划成功的葡萄红酒产品肯定比黄金的投资回报率更高。

参见图6.1。

图6.1　1982年的法国葡萄红酒拉菲

 **做中学**

房地产商业街营销策划创意

实训目的：房产投资品在中国是最典型的投资性产品，学生们可通过实训体会投资性产品营销策划创意的流程，改变其他教材仅重视非投资性产品营销策划的情况，把握投资性产品的供需弹性，体会投资性产品与非投资性产品的不同特点，理解购买投资性产品必然成为中国发展的趋势。

实训内容：商业街铺面是房地产产品类型中一种典型的投资性产品，与住宅产品主要用于居住消费的特点不同，铺面产品主要就是为了通过经营后提高出租或出售价格而达到投资增值的目的。老师可在本地楼盘中挑选一个占地面积达到 60 000 平方米、建筑面积达到 50 000 平方米的商业街，商业街的风格为仿古建筑，集购物、休闲、观光于一体，可经营花鸟虫鱼、古玩字画、奇石珠宝、盆景根雕、特色餐饮、旅游产品、居家饰品、民族特色工艺品、精品类、玉器、茶艺品、博览展览等。

参见图 6.2。

图6.2　商业街营销策划创意

实训要求：要求学生团队通过企业调研、市场调查，完成市场分析，包括招商对象分析和项目消费群分析，为项目研究定位，完成营销策划创意，制定《营销策划总体方案》及《策划执行手册》。

实训步骤：学生模拟公司应根据本章所列的策划流程开展实训。

成果评价：三周后提案竞标，以文案和PPT形式提交，现场讲解、答辩。邀请商业街业主及房地产行业专家共同担任评委。

同类作品欣赏

6.1 基本概念

6.1.1 投资性产品定义

投资性产品是指购买后不需要追加新的使用价值，也不需要附加新价值，即可择机出售获利（也可能亏损）的产品。追加新的使用价值是指增加新的功能和用途，或者改变其功能和用途；附加新的价值是指把购买的投资性产品与其他有价资产组成投资组合，例如，购买一家公司的股权后附加上另一家公司的应收账款一起出售，这没有追加使用价值，但附加了新价值。

经济学基本原理表明，非投资性产品的供给曲线单调递减，需求曲线单调递增，在市场规律的作用下可以实现单一的均衡价格 P_0。而投资性产品的供需曲线则比较复杂。参见图6.3。

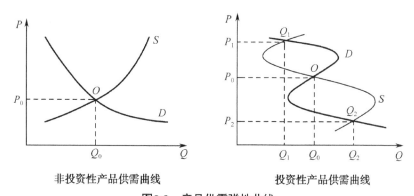

非投资性产品供需曲线　　　　　投资性产品供需曲线

图6.3　产品供需弹性曲线

6.1.2 投资性产品特性

投资性产品的供给与需求曲线在有些阶段与消费品相似，因为在投资品市场，"逢低买入，逢高减仓"是重要的买卖依据之一。

但是，投资性产品的供给与需求曲线更多时候是与消费品相反的，因为"买涨不买跌"、"追涨杀跌"也是投资品买卖的重要心理。在这种买卖依据作用的阶段，当投资品价格上涨时，买入意愿更加强烈，卖出意愿减弱，即对投资品的需求增加、供给减少；当投资品价格下跌时，买入意愿减弱，卖出意愿增强，即对投资品的需求减少、供给增加。投资性产品在这一阶段的供给和需求曲线变化方向与非投资性产品正好相反。

投资性产品供给与需求曲线的阶段性反向变化使产品价格既有可能在偏高的价格暂时均衡，也有可能在偏低的价格暂时均衡，还有可能在中间段形成暂时均衡。投资品没有均衡价格，或者说有多个暂时均衡价格 P_0、P_1、P_2 等。这一规律称为"投资性产品无均衡价格定律"。

可见，投资性产品与非投资性产品的最大不同有两点：一是价值让渡的方式和目标不同，前者是未来价值预期的让渡，因此具有投资价值，后者是当前使用价值的让渡，因此具有效用价值；二是供应与需求的曲线不同，前者只有一个均衡价格，后者有多个均衡价格。

因此，投资性产品必须与非投资性产品区别开来，针对性地开展营销策划创意工作。尤其房地产行业的产品是近二十年来中国大众能够普遍接受的、为数不多的稳健型投资产品，更应成为营销策划创意的主要类型之一。

6.1.3　投资性产品类型

投资性产品可分为两种类型：纯投资品，这类投资品没有使用功能，只有投资功能，如股票（或股权）、期货、金融衍生产品等；复合投资品，这类投资品既有使用功能，也有投资功能，如房地产、红木家具、酱香型白酒、金银首饰、艺术品、普洱茶等。

阅 读 资 料

红木家具的红木是什么？

红木家具主要是指用紫檀木、黑酸枝木、红酸枝木、香枝木、花梨木、乌木、条纹乌木和鸡翅木等制成的家具，其外观形体简朴对称，天然材色和纹理宜人。红木主要采用中国家具制造的雕刻、榫卯、镶嵌、曲线等传统工艺。德国学者 G·Ecke 在《中国花梨木家具图考》中总结加工红木家具的三条基本法则是：非绝对必要不用木销钉；在能避免处尽可能不用胶粘；任何地方都不用镟制，即不用任何铁钉和胶黏剂。所以红木家具的造型和工艺中明显的民族性是对许多收藏者最有吸引力的部分，很多人称红木家具为人文家具、艺术家具。

参见图 6.4。

图6.4　红木家具

6.2 实训流程简介

6.2.1 概述

投资性产品策划创意与非投资性产品策划创意是基本相同的，但需要注意以下方面。

1．产品创意

在产品创意阶段要特别注重调查顾客在投资方面的需要和欲望，形成产品策划的目标、方向；要特别注意分析企业的产品开发资源及条件，挖掘企业的优势，发现存在的问题，分析市场潜在的机会和危险。

产品创意要在五个方面进行创新和可行的分析：质量创新；品种创新；包装创新；定位创新；产品组合创新。

2．营销策略创意

要注意从营销策划的角度研究投资性产品，找出产品独特的投资价值点；对投资产品的目标投资者要进行详细的投资心理和行为习惯的调查与分析，找准市场的切入点；按照市场当前的调研资料确定产品的定价；注意创新投资性产品投放市场的渠道；不同的投资性产品针对不同目标投资者要制定不同的促销策略和广告策略；针对投资需求比消费需求弹性变化大的特点，实施营销策略创意时特别要注意根据实际情况调整。

营销策略创意的实施要特别关注以下八个方面：产品投资特点的变化；代理商的选定；针对代理商的促销；精心准备售后服务；周密安排产品宣传活动；选择高端媒体；按照独特的销售主张设计广告；关注公共关系创意。

6.2.2 实训流程

以真实工作过程为导向，经过对系统化知识与技能的解构，采用七步法按课程建设的需要，对投资性产品营销策划创意实训流程进行重构，参见表6.1。

表6.1 投资性产品营销策划创意实训流程

实训流程	内容要求
市场调查分析	收集产品企业背景资料和市场环境资料，分析投资客户对投资性产品的需求，分析营销策划如何满足客户对产品未来预期价值的追求，形成精准的目标市场定位、产品定位和独特销售主张
创意汇集	头脑风暴，汇集投资品策划创意
创意确定	从创新性、逻辑性、可行性三方面确定最佳创意
修正创意	根据情况变化和策划需要，进一步修改完善创意
创意文案和提案制作	撰写文案，制作 PPT 提案
创意评价	提案讲解及答辩，专家、老师和企业对创意作出评价
自我总结	模拟公司对照评价进行总结反思

阅读资料

红酒助推房产

典雅奢装的售楼大厅，一曲高雅舒缓的音乐奏起，拉开了红酒投资品的高端理财品鉴会活动帷幕。在项目推介信息传达完毕后，理财讲座开始，讲座结束后是互动环节，来宾可自由提问，然后是抽奖环节。抽奖结束后稍作休息开始红酒品鉴，伴着悦耳的小提琴音，与各位来宾一同品鉴正宗法兰西红酒的香醇。同时，销售中心还另准备了自助冷餐，让来宾于自由交流中随心品尝。

此活动看似推荐红酒投资品，其实是将有能力投资的客户带到楼盘来，助推楼盘项目。

1. 活动主题：醇美时刻•财富人生（银行投资理财讲座＋红酒音乐品鉴会）。

2. 活动时间：19:00 ~ 21:00。考虑到上班无空闲，夏季天气炎热。

3. 邀约对象：

① 银行个人理财 VIP 客户（银行方面自带客户，30 人左右）。

② 已交商铺认筹款的客户，犹豫不决的客户，以及住宅部分的投资客户（房产项目邀约客户，30 人左右）。

4. 活动地点：项目售楼处接待中心。

5. 活动形式：质感节目展演开场＋项目推介＋红酒理财讲座＋红酒品鉴＋豪礼抽大奖＋音乐自助沙龙。

6. 活动格调：高雅流畅、轻松自由。

7. 活动内容：红酒品尝＋质感节目展演（钢琴演奏或萨克斯独奏）。

6.3　市场调查分析

6.3.1　实训内容与实施、自检要求

这是投资性产品营销策划创意的第一个环节，主要实训内容是产品企业背景和环境资料采集与消化，投资客户需求调查分析，以及产品分析。要求采集产品企业内部资料及市场外部资料，运用市场营销学的分析工具进行分析。

表 6.2 所示为实训内容与实施、自检的要求。

表6.2　实训内容与实施、自检要求

内　　容	操作步骤	操作方法	注意事项	自　　检
产品企业内部资料收集	1. 直接沟通	①与客户进行各种方式的沟通，并深入企业现场，收集有关企业资料和产品资料	必须能与产品经理、销售经理、项目经理、企业领导等沟通，以使资料具有权威性	● 资料清单 ● 沟通记录

内　容	操作步骤	操作方法	注意事项	自　检
市场环境资料采集	2. 间接采集 3. 直接采集	②通过公开的数据进行第二手资料收集 ③确定调查目标、调查内容、调查问卷、样本窗、抽样数量、抽样方法、调查计划 ④亲赴真实市场，以目标产品的投资心理与行为习惯为对象开展市场调查	①开展资料采集之前，需设想产品的目标市场 ②复习之前学过的市场调查分析知识与工具	• 调查问卷 • 抽样数量 • 抽样方法 • 调查计划 • 调查分工
资料消化	4. 数据统计 5. 图表描绘	⑤问卷数据输入电脑，统计输出结果 ⑥根据产品定位分析需要，绘制柱图、饼图等	①团队成员分工，共同协调、协助完成 ②注意图形标注合理，色彩搭配美观	• 统计结果 • 绘制图形
产品调查	6. 产品基本信息调查 7. 产品竞争力分析	⑦完成投资品基本信息调查，包括产品名称、特征、特性、预期价值、品牌等 ⑧进行竞争对手对比的优劣势分析 ⑨进行 SWOT 分析	①投资品是否有如下优势：风险小、长期效益高、流通性强、变现成本低 ②运用 SWOT 工具进行分析	• 投资价值分析 • 消费价值分析 • 竞争力分析 • SWOT 分析
目标市场分析	8. 细分市场 9. 目标市场	⑩分析客户需求、行为和特征，根据客户对投资品的态度、行为习惯、人口变量、心理变量和投资习惯细分市场 ⑪分析和选择企业的市场覆盖战略：单一市场、产品专门化、市场专门化、有选择的专门化、完全覆盖 ⑫分析和选择企业的目标市场策略：无差别性市场、差别性市场、集中性市场	①注意产品、品牌现状分析，学会运用单变量、二变量、三变量、多变量细分市场 ②必须与客户进行沟通 ③按步骤完成 STP 分析	• 细分市场"五性" • 目标市场描述 • STP 分析
产品定位分析	10. 产品定位步骤 11. 产品定位方法	⑬定位是头脑之战，寻找消费者的心理空间占位，按照定位方法一步一步练习 ⑭确定选用 8 种定位方法之一	①在创意中注意避免：过度定位、混乱定位、过窄定位、过宽定位 ②确定产品独特卖点 ③按步骤完成 USP 分析	• 定位描述 • 产品定位 • 独特卖点 • USP 分析

6.3.2　相关知识与工作内容

投资性产品可简称投资品（以下同），根据工作任务的要求，针对不同种类的投资品，采用不同特点的市场分析方法，采集和消化市场信息。

1. 既具有消费价值又具有投资价值的复合型投资品

（1）房地产

房地产作为投资品得到社会的普遍认同，但其投资价值却受到诸多因素的影响。房地产市场分析的内容较为复杂与多样，可将它归纳为 6 项主要内容。

① 地区经济分析。这是研究地区的经济环境，可采用计划部门等机构对地区经济情况的研究结果，而不必对地区经济情况做完全分析。

② 区位分析。这是某地点的最佳用途分析，是进行投资决策时的主要分析内容。它要对项目地块所在的区位与类似的区位进行比较，发现市场机会；在有两个或两个以上的可选用途时，要对每一种可能的用途进行分析比较。

③ 市场概况分析。它包含：对地区房地产各类市场总的未来趋势分析；把项目及其所在的专业市场放在整个地区经济中，考察它们的地位和状况，分析人口、公共政策、经济、法律是否支持该项目；找出影响计划项目成功的关键问题，明确下一步分析的方向和侧重点。

④ 专业市场供求分析。它包含：根据潜在需求的来源地及竞争物业的所在地，确定市场研究区域；细分市场，进行产品细分及消费者细分，找出某一消费群体所对应的房地产产品子市场；分析各子市场的供需关系，求出各子市场的供需缺口；将供需缺口最大的子市场确定为目标子市场，具体求出目标子市场的供求缺口量（即未满足的需求量）。

⑤ 项目竞争分析。它包含：分析目标物业的法律、经济、地点及地点的可达性等特征；根据目标物业的特征选择、调查竞争物业；进行竞争评价，确定目标物业的竞争特点，预测一定价格和特征下项目的销售率及市场占有率（市场份额）。这里面还包含要得出3个分析的侧重点，即营销建议、售价及租金预测、预测吸纳量及吸纳量计划。其中，营销建议是研究销售较好的竞争项目及户型，进行目标物业的规划设计和产品功能定位，并找出目标物业的竞争优势，提出强化优势、弱化劣势的措施，并指出它的市场风险来源；售价及租金预测是通过对比分析，总结竞争项目历史上的出售率、出租率及租金、售价情况来预测；吸纳量计划是指研究地区、价格和市场份额间的关系，将项目所在子市场中未满足的需求，按照市场占有率进行分配。

⑥ 敏感性分析。它是指测定关键参数，如容积率、绿化率、停车位、价格区间等的敏感性，确定分析结果适用的范围，反映市场分析面对的不确定性，即测定关键参数变动范围，对分析中的关键假设，测定它在确保项目满足投资目标要求的情况下，允许变动的范围。

（2）艺术收藏品

艺术收藏品由来已久，几乎涉及人类生活与历史的一切，主要分瓷器、玉石、金属物品、钱币、邮品、磁卡、书画、红木等。艺术收藏品的市场分析内容包括以下方面，具体分析时可以根据具体情况有所侧重。

① 投资机遇分析。它包括：经济增长对行业的支撑，在危机中的竞争优势，优胜劣汰速度加快。

② 投资风险分析。它包括：行业竞争风险，市场贸易风险，金融信贷市场风险，产业政策变动的影响。

③ 应对策略分析。它包括：国家投资契机的把握，竞争性战略联盟的实施，企业自身应对策略。

④ 重点客户战略分析。它包括：实施重点客户战略的必要性，合理确立重点客户，对重点客户的营销策略，强化重点客户的管理，实施重点客户战略要重点解决的问题。

（3）消费收藏品

消费收藏品与房地产收藏品、艺术收藏品的相同之处在于来源于生活的需要，是生活资料中物以稀为贵的体现；消费收藏品的根本不同在于可能与艺术无关，只与时间有关，时间越长，价值越高。有些消费收藏品需要特殊的收藏条件，如干红葡萄酒等；有些只需要普通环境收藏，如酱香型白酒、普洱茶等。市场分析应特别注重产品分析，即产品的产源地、品牌历史、产品属性与特性、时间价值等。

（4）保险

投资性保险是个人保险消费和金融投资的复合型投资品。该保险产品的消费价值是在出险理赔的时候，可以保障既定的价值目标不受到约定风险事件的损害，同时，投资价值是该保险产品到期可还本，而且随时间增加收益也增加。

2. 只有投资价值的纯投资型投资品

（1）股票

股票投资有以下一些市场概念：

股票主板是以传统产业为主的股票交易市场，目前国内有上海证券交易所与深圳证券交易所挂牌上市的股票可供投资者选择。

二板是创业板，上市标准较低，主要以高科技、高成长的中小企业为服务对象，目前我国正推出，美国的纳斯达克是世界上最著名的创业板。

三板是代办股份转让系统，中国的三板市场比较特殊，交易的都是从股票主板退下来的股票，比如某些企业连年亏损，被迫从股票主板摘牌，那么就可以转到三板市场继续交易。

中小板是相对于股票主板市场而言的，中国的股票主板市场包括深交所和上交所。有些企业的条件达不到股票主板市场的要求，所以只能在中小板市场上市。中小板市场是创业板的一种过渡，在中国的中小板市场代码是以002开头的。

（2）期货

国内期货市场包括金属、农产品、能源类期货投资工具，具有套期保值的功能，对于参与者来说，具有套利性、投机性。

（3）基金

基金分股票型基金、货币型基金、债券型基金和混合型基金。投资基金，一是要确定赢利目标，二是要控制好风险，三是要适度投资或者投机，四是要选择适合自己的基金入市。

（4）外汇

各个银行都开设外汇宝交易，通过世界各国货币汇率之间的波动，投资者可以获取货币数量的增加，最终达到外币投资增值的效果。

（5）贵金属交易

贵金属包括黄金与白银等。国际上有现货黄金投资交易，国内银行有纸黄金或实物黄金投资交易。

（6）现货市场

大宗商品交易特指专门从事电子买卖交易套保的大宗类商品批发市场，又称为现货市场，参与经营的商品包括农产品、金属、建材，遵循"三公"原则进行交易。

（7）彩票

国内有福利彩票与体育彩票。随着博彩业的发展，彩票作为一种投机性强的品种，其投资的功能也将逐步显现。

（8）债券

债券一般有国库券、企业债券和金融债券。可转换债券可以转为其他金融工具，如股票。

案例资料

红酒投资在欧洲，白酒投资在中国

我国有着数千年辉煌灿烂的白酒历史，底蕴丰厚的白酒文化也独具特色。改革开放的新时期以来，醇香的美酒不仅仅供人品尝，其所具有的丰富、独特的收藏投资价值也被越来越多的人所认识，白酒收藏成了越来越多的收藏家热衷的风雅之事。近年来，白酒文化内涵深厚、便于储存、资源稀缺等特点使它逐渐成为收藏市场的新宠。很多白酒收藏专家认为："白酒收藏有望继红酒收藏之后，成为国内收藏市场一个新的亮点。因为国人对于白酒更有感情，也更了解有关的文化。"

2011年4月，贵州首届茅台酒专场拍卖会在贵阳开槌，113瓶茅台酒共拍出1200多万元，其中，一瓶1992年仅生产了10瓶的汉帝茅台酒拍出890万元高价；1957年出厂价几元钱的一瓶茅台，在2007年拍到了138万元。

白酒投资中有一类投资品为"期酒"，期酒之所以能够成为一种投资品，是因为收藏者在酒品处于窖藏期尚未成熟时，就已认可了它的价值。而在酒品成熟装瓶并推出后，投资者就能够或选择以直接消费或持有至期满，赎回本金并获得投资收益。期酒的投资和收藏在西方已经有了300多年的历史，时至今日，已成为品位和文化的象征，期酒也被称为"液体黄金"而备受推崇。期酒的投资和鉴赏绝不能仅仅停留在物质层面，更要有着别样的精神文化层面的匹配。凝聚在甘醇中的光阴故事，绝非一饮而尽的可以知晓的内容。

纵观世界投资形势和现状，越是历史悠久、资源稀缺的投资品，越能决定其收藏投资价值。对于具备投资眼光的人而言，能长期保存并维系投资条件、存在交易市场又有退出投资机制等优势，才是最好的收藏投资品。而在众多收藏投资产品中，高端酒类投资产品，在满足人们品味需求的同时，以其稳定可靠的升值空间，越来越成为一种时尚和投资文化存在。

从中国白酒储藏史来看，只有极少数高品质白酒，才经得起时间的考验，有资格成为投资型白酒。首先是产地。中国最优的白酒，几乎都产自北纬30°附近的酿酒带上。其次是陈年能力。影响白酒陈年能力的因素很多，大体可归结为酿酒的原料、工艺、盛酒容器、恒温恒湿的储藏环境等。白酒的陈年能力是白酒成为投资型产品的关键要素，也是增值和获得收益的前提。再者是品牌和历史。拥有古董级窖池和传承技艺的产品，更有潜力成为投资型白酒。此外，由于酱香型白酒（如茅台、习酒、郎酒等）更易引导微生物生长，因此可考虑作为白酒投资的首选种类。最后是稀缺性。能成为投资型的白酒，产量一般极低，如全国酱香型白酒每年只有一万多吨的产量，而浓香型白酒则有超过二千万吨的产量。国内顶级酱香型品牌的超高端白酒产量，每年保持在几吨左右，其珍稀度不亚于铂金、钻石。

2013年的春节以来，由于政策因素，高端白酒一批价格直线跌落，白酒市场销售大幅下滑，2012年春节茅台的价格可以卖到2000多元，2013年春节只能卖到1400～1500元，到了2015年春节，则仅能卖到800～900元。

是不是白酒已经失去了投资价值？专家表示，因酱香型白酒的特点，白酒的价值投资肯定是一直存在的，但价值投资和趋势投资不可能结合，价值投资不等于长期持有，更绝对不等于不顾价格安全性频繁地去操作，价值投资最核心的是买到的价格争取远低于它的价值。安全是我们的全部思考，增长、成长、价值等其实都是安全的一部分。我们喜欢把金鸡蛋放同一个篮子里，并好好看着。我们如鳄鱼般善于等待，但一旦猎物出现，我们会像豹子般迅速行动。

参见图6.5。

图6.5 期酒投资"封坛"活动

  课堂练习

投资品调查问卷设计

市场调查分析是营销策划创意必不可少的前提，投资性产品策划创意也同样如此。问卷调查法与深度访谈法、观察法同属市调分析中最有效、最常用的方法。在问卷调查中，问卷设计是非常重要的一个环节，甚至决定着市场调查的成功与否。

传承传统建筑风格的商业街，通常会考虑生态、景观、环境的融合，结合当地的历史、文化、风情、地域等，将观光旅游、赏花逗鸟、品石观鱼、古玩字画和特色餐饮有机结合地连成一体，让人们置身在蕴藏着深厚文化的商业街内还能享受到大型精品百货商场的种种温馨服务。老师可以安排各模拟公司团队在课堂上针对本章的过程实训项目，利用15分钟时间搜索有关图文信息，要求团队集体分析，在20分钟内设计一份面对招商客户的问卷调查表，设计的问题不超过8个，并抽选三个团队派一名代表上台分享，老师和其他团队共同对其评分。

6.4 创意汇集

6.4.1 实训内容与实施、自检要求

这是投资性产品营销策划创意的第二个环节，主要实训内容是根据确定的目标市场和产品定位，组织头脑风暴，汇集创意。

表6.3所示为实训内容与实施、自检的要求。

表6.3　实训内容与实施、自检要求

内　容	操作步骤	操作方法	注意事项	自　检
头脑风暴	12．头脑风暴	⑮每个成员发挥灵感创意，团队按头脑风暴法进行创意活动，创意的目标是产品创意和营销策略创意	每个成员均应事先练习创意思维方法和创意工具的运用	头脑风暴会议记录
汇集产品创意 汇集营销策略创意	13．分析投资品3个层次与非投资品有何不同 14．产品包装策略和品牌包装策略 15．产品定价策略、广告总精神、媒体建议	⑯分析投资品属性和特征，确定核心层、有形层和附加层的卖点，形成产品卖点 ⑰分析目标市场特征，进行Logo和包装策略的创意 ⑱按照投资品无价格均衡理论构思营销战略和战术计划 ⑲投资品定价策略分析、广告诉求分析、媒体效果分析	①注意投资品与消费品有何不同，重点分析投资品带给客户的预期利益、未来价值 ②采用拟人法研究产品和品牌的性格特征	●产品三层次 ●广告口号 ●Logo 设计 ●包装创意 ●营销策略创意 ●广告总精神 ●广告口号 ●定价策略 ●媒体建议

6.4.2　相关知识与工作内容

1．投资品产品包装策略

一方面，包装是指产品的容器和外部包扎，是产品策略的重要内容，有着识别、便利、美化、增值和促销等功能。包装是产品不可分割的一部分，产品只有包装好后，生产过程才算结束。另一方面，包装有着广博而宏大的含义。世界可以被包装，城市可以被包装，商场可以被包装，店面可以被包装，人的个体也可以被包装……

比如，房地产类投资品在我国高速发展二十多年，我国引进和出版了很多建筑类、规划类、市场研究类、景观设计类、装修设计类图书，这些也正是为房地产产品包装做足工夫的基础。红酒、珠宝、首饰类投资品的包装策略则应根据不同产品、不同市场环境灵活使用，要以有利于营销为最高原则。总之，包装已成为投资品强有力的营销手段。

2．投资品品牌包装策略

消费者对品牌形象的认识是基于影响品牌形象的各种因素，如品牌属性、名称、包装、价值、声誉等。随着品牌包装的重要性越来越大，包装对于创造名牌产品更有着重要的价值。我们应从品牌包装策略入手，重视投资品品牌策略的信息定位作用，以品牌包装赢得市场。

品牌包装作为产品销售的"第一媒介"，必须充分把握品牌的个性形象，把品牌定位主旨信息在"第一时间"传递给消费者。随着经济的发展和信息社会的到来，人们不再满足于产品的使用功能，而更多的去追求品牌包装的精神功能，这促使设计师更为自由大胆地去设计品牌的包装。但是新的问题出现了，人们发现今天的包装已不再绝对依附于产品的传统形式，它们逐渐改变了原有的特点，电子化、集成化、智能化技术使得不同的产品变得相似，甚至造成人们的认知混乱。因此，在信息化社会中如何进行品牌设计，尤其是品牌信息设计，就成为品牌包装策略必须面对的问题。

3．广告总精神

"每个广告总带着一种精神"，广告总精神就是贯穿整个项目广告的核心理念，是在项目前期就制定好的广告推广思路。项目进展的各个时期的不同广告体现，都是由这个核心理念发展出来的。

案例资料

东郊半岛的广告总精神

"无瑕，所以无价。"

东郊半岛房地产项目是一个纯地中海风情、纯手工打造的艺术品级别墅，她精练、唯美，只是几个字，却表达了绵绵不绝的一种情感和一种无人能敌的力量。

以这6个字为广告总精神而演绎出来的广告词，充满了纯粹的美：

"如此可遇不可求的蓝白，东郊半岛，有幸相遇结缘，43幢有年份、有来历、有气味的建筑，东郊半岛的地中海风格是一种纯粹，是褪却所有繁杂后的唯一风格，醇厚而历久弥坚。当大量叠加与华丽流行，那群白色温润的小岛宛如天然的礼物，越单纯、越唯一、越珍贵……"

"在东郊半岛上，没有一样的白墙，没有一样的驳岸，没有一样的窗，因为岛上没有一样的风，也没有一样的阳光，每一个瞬间，都由建者与观者的心灵角度而变幻无穷……"

广告是品牌形象的包装，传递着"纯地中海"品牌定位信息，激起投资者体会这个房地产项目的投资价值，引起无尽共鸣。

参见图6.6。

图6.6　"无瑕，所以无价"

6.5　创意确定

6.5.1　实训内容与实施、自检要求

这是投资性产品营销策划创意的第三个环节，主要实训内容是在头脑风暴汇集创意后，

分析并筛选创意，确定最佳创意。

表 6.4 所示为实训内容与实施、自检的要求。

表6.4　实训内容与实施、自检要求

内　　容	操作步骤	操作方法	注意事项	自　　检
创意确定	16．创意验证 17．优选创意	⑳ 运用市场检验、客户沟通、专家评价来验证创意的效果 ㉑ 根据创意验证效果的评分和综合考虑，由团队投票决定选择哪个创意	特别考察创意的市场定位、独特卖点、广告诉求是否做到"人无我有，人有我新，人新我特"，要有明确的营销创意主题	● 创意描述 ● 创意评分表
营销活动预算	18．费用估算	㉒ 根据投资品价格策略、市场规模，对营销渠道建设成本、促销成本进行估算	特别注意各项费用测算必须经过市场需求的调查来完成，必须符合当前实际	费用预算

6.5.2　相关知识与工作内容

1．营销策划创意主题

"主题"原本是指文学、艺术作品中所表现的中心思想，对作品的解读过程就是读者与作者之间心灵交流的过程。如果没有主题，就像是单纯的静物描摹，就算再精美、再细致也无非是刻画了一张照片，如同缺乏气质的美女一样让人惋惜。

产品在营销策划过程中，务必创意一个主题，使产品活灵活现地将个性呈现在受众面前。无论是非投资性产品还是投资性产品，作为人们消费和收藏的对象，都需要具有审美、保值、增值的功能，因此要在思想或意境上给人们带来独特的享受。当这个独特的思想和意境，即创意主题，为人们所接受，那么支撑这个主题的产品核心效益、包装形象、延伸服务与价值等，都会被接受。

2．市场规模

市场规模即市场容量或总市场潜量，通常用一个目标市场供应品的潜在消费者或潜在消费总量预测来表达，消费总量可以是总金额，也可以是产品总数量。

市场规模大小与竞争性可能直接决定了对新产品设计开发的投资规模。研究市场规模主要是研究目标产品或行业的整体规模，具体可能包括目标产品或行业在指定时间的产量、产值等，根据人口数量、人们的需求、年龄分布、地区的贫富度调查所得的结果。市场需求的预测直接决定了企业是不是要对该产品进行投资生产。

测量市场规模，即总市场潜量的方法：估算的潜在消费者数量 N 乘以上一个消费者的平均消费数量 Q，再乘以每一平均单位的价格 P。P 一般通过消费者使用该产品获得收益，并愿意支付产品的最大合理平均价格来决定，很多时候是通过消费者研究来确定这个标量的。

因此，市场规模 M 的计算公式为：

$$M=N\times Q\times P$$

3．市场需求

市场需求不是一个固定的数字，而是在一组条件下的函数，因此也称为市场需求函数 C。

市场最低量 L 和市场规模 M 之间的差距,表示了全部的营销需求敏感性。因此,市场需求的函数表达为:

$$C=\{L,M\}$$

根据不同市场条件,可以得出市场需求 C 的不同函数组,组成函数矩阵。

4.市场规模与市场需求的关系

市场规模是市场需求的测量目标,市场需求是市场规模的推动力,二者相辅相成。可以通过用户确定的标量来反映市场的需求,从而确定市场的规模。

6.6 修正创意

修正创意是投资性产品营销策划创意的第四个环节,主要实训内容是根据情况变化和策划的需要,进一步修正、完善创意。

修正创意的实训内容与实施、自检的要求参见表 6.5。

表6.5 实训内容与实施、自检要求

内　容	操作步骤	操作方法	注意事项	自　检
修正创意	19.修正完善创意	㉓ 对照目标市场需求特征和产品定位,对创意进行修正 ㉔ 随时根据最新资料的分析、客户意图的理解、市场环境变化的分析、营销策略的调整等,在投标演讲前,可以对创意做进一步的修正和完善	客户的要求和市场的状况是对立统一的关系,以客户为中心是工作的重点,务必注意协调处理好客户关系	创意修改要点

6.7 创意文案和提案制作

这是投资性产品营销策划创意的第五个环节,主要实训内容是根据已经确定的创意和策略,撰写文案和制作 PPT 提案,并通过演讲、答辩的形式向项目委托方汇报,争取本方案获得认可。

教学团队组织模拟提案竞标。各学生团队按照投标的形式,在同一时间面对评议小组互不透明地进行竞标。教师与项目方专家、行业企业专家等组成评议小组。

表 6.6 所示为实训内容与实施、自检的要求。

表6.6 实训内容与实施、自检要求

内　容	操作步骤	操作方法	注意事项	自　检
创意文案撰写	20.策划创意说明书 21.促销活动创意	㉕ 解释投资品营销策划创意思路和创意的独特亮点 ㉖ 根据营销策略及其计划实施的需要,编写销售促进活动的创意文案,包括开盘路演脚本、主持词、宣传口径等脚本	①注意独特亮点的表达要同样能吸引读者 ②脚本文案的文字以清晰、明白为原则,要求图文并茂	● 创意说明书 ● 创意文案 ● 路演脚本 ● 宣传口径 ● 主持词

续表

内　容	操作步骤	操作方法	注意事项	自　检
创意提案制作	22. 提案构思 23. 提案制作	㉗ 在整体风格、美学效果、时间把握方面首先进行构思 ㉘ 使用最新版 PowerPoint 工具进行电子幻灯片提案制作	注意团队中至少有一个成员对 PowerPoint 工具的运用比较熟练	PPT 提案
演讲与答辩	24. 预演练习 25. 正式演讲与答辩	㉙ 练习背诵、解读、时间控制、与电脑操作的组员配合 ㉚ 商务礼仪展现、职业能力体现、专业能力展示	① 预演，预演，再预演，是成功的基础 ② 现场氛围控制非常重要，这是通过礼仪和能力来把握的	• 预演 3 次 • 演讲 • 礼仪 • 预备问题

 **课堂练习**

编写广告总精神

请各模拟公司根据金汇如意坊的情况，为其编写广告总精神（不超过 10 字），并以感性广告文体阐述广告总精神（不超过 300 字），为该项目广告策划奠定中心主题和主体内容。请派一名代表上台分享，老师和其他团队为其评分。

6.8　创意评价

这是投资性产品营销策划创意的第五个环节，主要实训内容是对本项目的创意工作形成客观的评价。评价意见来自两个方面：一是项目委托方——客户的评价，二是行业企业专家的评价。教学团队的老师必须在模拟竞标完成后，根据学生团队表现和客户专家评价意见，对每一个学生团队的作品和表现进行全面的点评。

表 6.7 所示为实训内容与实施、自检的要求。

表6.7　实训内容与实施、自检要求

内　容	操作步骤	操作方法	注意事项	自　检
客户评价	26. 客户意见和建议	㉛ 在投标演讲答辩中，客户会很直接地提出意见和建议	详细记录客户所说的每一句话，诚恳地解释自己的创意	客户评价
专家评价	27. 专家提问和点评	㉜ 在评标中，邀请的行业专家会从专业的角度提出问题，并点评提案演讲和回答问题的表现	详细记录专家所说的每一句话	专家评价
教师点评	28. 教师点评	㉝ 模拟投标 PK 活动结束后，指导老师要进行综合点评和评分排名，向中标者宣布中标名单和中标内容	详细记录指导老师所说的每一句话	教师点评

6.9　自我总结

这是投资性产品营销策划创意的最后一个环节，主要实训内容是根据提案过程中评委的意见和建议，召开团队会议进行自我检讨与总结。

表6.8所示为实训内容与实施、自检的要求。

表6.8 实训内容与实施、自检要求

内 容	操作步骤	操作方法	注意事项	自 检
自我总结	29. 自我总结	㉞每个团队均应在项目结束后，专门组织撰写自我总结报告，召开总结会议，会上要进行充分讨论，畅所欲言，以达到总结提高的目的	人人都必须完成自我总结，在小组会上发言，无论是遗憾的体会，或是欣喜的收获，都是一次难得的促进	● 总结笔记 ● 总结报告

6.10 典型投资品策划创意的技巧

6.10.1 艺术投资品策划创意的技巧

1. 艺术投资品的目标市场

艺术投资品的目标市场可分为两大类：一类是以投资为主的市场，他们购买艺术品就是为了投资收藏，获得价值回报；另一类是以使用为主的市场，他们将艺术品用于美化生活的消费，视艺术品为生活不可缺少的一部分，价值回报只是附加的收益。

目前在中国以第一类为主，欧美、日本则以第二类为主。

2. 艺术投资品的市场定位

艺术品投资属于一种有益身心并极富前景的投资。精美的艺术品可为拥有者带来即时的享受，并令其生活更为充实和更富情趣。艺术品必定是艺术家亲手制作的产品，具有时间资源不可再生、物以稀为贵、精品难求的特征，故升值空间较大。

3. 艺术投资品的策划重心

艺术品投资属于中长线投资，投资者一般不会抱有即时获利的心态，也不会因投资艺术品而影响正常的生活，在策划中应把握最佳的策划是既可为消费者带来即时的艺术享受，又可作为投资品长期保值增值。

目前市场上艺术投资品的创新种类越来越丰富，除最传统的古代艺术品，如名人字画、雕塑、碑匾、丝锦、邮票等以外，现代艺术品外延更是不断拓展，不仅包括由现代艺术家在原有古代艺术品种类的基础上采用新工艺、新技术、新材质进行创造的现代艺术品，还增加了如标本、陨石、生物化石等新品种。

相比古代艺术品，现代艺术品由于是现代在世的艺术家创作，易鉴别，因此在策划时，可以突出现代艺术品很少被仿制，所以在交易时好操作、风险小等特点。

6.10.2 家具投资品策划创意的技巧

1. 家具投资品的目标市场

家具投资品通常是指红木家具，因为一般只有红木家具历经几百年不仅不会腐坏反而质量越来越好，因此可以实现增值，其他材质的家具则不能。红木家具也应该符合人体工程学原理，要按照人体功能比例尺度进行设计和制作，符合人体使用功能上的要求，如椅子的弯背椅、圈椅均需契合人体需要，坐感舒适。

2．家具投资品的市场定位

家具投资品集实用、观赏、保值于一体。年代久远、品质高超的中国传统红木家具，是中外收藏家梦寐以求的珍品。加之红木资源有限，红木的生长周期又非常长，有的可达几百年，因此，物以稀为贵的红木家具将越来越具有独特的魅力。

3．家具投资品的策划重心

①造型优美。庄重典雅的红木家具，在变化中求统一，雕饰精细，线条流畅。既有简洁大方的仿明式，又有雕龙画凤、精心雕琢的仿清式，也有典雅大方的法式等，适合不同人的审美需求。

②做工精细。红木家具大都采用榫卯结合，做法灵妙巧合，牢固耐用，从力学角度来看具有很强的科学性。而且，中国传统的红木家具，基本上都是由工艺师们一刀一锯一刨完成的，每落一刀都花费工艺师的心机，同时还要讲究整体艺术上的和谐统一。

③用料讲究。真正的中国传统红木家具均用质地优良、坚硬耐用、纹理沉着、美观大方、富于光泽的珍贵硬木即红木制成。

6.10.3　酒茶投资品策划创意的技巧

1．酒茶投资品的目标市场

在世界上，可以长期保存、有投资价值的酒和茶并不多，比如红酒投资必须是来自法国波尔多优质产地的红葡萄酒，白酒投资必须是来自中国赤水河的酱香型白酒，茶投资必须是来自云南、湖南、广西等地深山老茶树的发酵类普洱茶、红茶、黑茶。

一般的酒茶只是消费品，而能够在存放期间继续发酵的酒茶不仅可以存放很久，而且越陈味越浓、越醇越被喜爱，因此存放越久价格越贵，才能成为投资品。

酒茶的上述产品属性决定了必须要面向奢侈品目标市场。一般来讲，红酒的发酵成熟至少需要6年，酱香型白酒至少需要8年，自然发酵的茶至少需要5年，很多酒茶要在二三十年后才能显示出其真正价值，因此，有能力在酒茶的窖中收藏存储的毕竟是少数。

2．酒茶投资品的市场定位

酒茶投资品与其他投资品的相同市场定位是具有价值增长的预期及投资存在的风险，差异化的市场定位是因为随着消费而收藏品越来越少，因此物以稀为贵，比起其他投资品又增加了更大的想象空间。

基于酒茶投资品的市场定位，投资者购买投资品的趋势往往是公关、送礼和收藏。

3．酒茶投资品的策划重心

以红酒、白酒、发酵茶为分类的酒茶投资品，其策划的特点各有不同。

（1）红酒投资品以 Robert Parker 评分为策划重点

由于中国人对红酒其实很陌生，因此比较依赖红酒品牌的权威评价，其中 Robert Parker 因以百分制评定红酒的等级受到业界推崇，红酒投资行业有一句话"让投资越滚越多的秘诀，就是选 Robert Parker 评分最高的那些酒"，说的就是这个道理。

（2）白酒和发酵茶以体验为策划重点

酱香型白酒、发酵茶的投资都是针对国内产品的，中国人比较熟悉，因此投资价值很大程度上取决于产品的"用户体验"够不够好。

针对中国文化的"用户体验"，通常情况下都需要在一个中国传统文化氛围浓郁、舒适安静的环境中，以优雅四溢的茶香或酒香弥漫在空中，此时投资者对酒茶投资品未来价值的认同就比仅仅用图片、文字、语言介绍要容易得多。

6.10.4 玉石投资品策划创意的技巧

1. 玉石投资品的目标市场

玉石是最好的保值投资品，但玉石的投资风险也相当大，主要来自对投资品价值的判断和投资品流动性较差。因此，玉石投资品的目标市场是那些有时间认真、理性地分析自己的投资经济实力、风险承担能力及投资预期的目标消费者。

2. 玉石投资品的市场定位

俗话说："黄金有价玉无价"，玉石投资需要更大的耐心、更多的时间和更雄厚的实力，除了要考虑资金、成本、风险之外还要考虑周期，因此好的玉石比黄金具有更稳定的保值能力和更大的回报预期。

3. 玉石投资品的策划重心

① 通过组织学习培育市场。玉石投资者都喜欢自己掌握一定的玉石知识，能够独立欣赏玉石作品，因此通过组织学习活动的方式培育他们自己的投资观念，使他们在投资心理与行为上有更加独特的收获。

② 通过对比策划独特价值。每件玉石作品往往是独一无二的，投资者总是担心可能会错过最佳的投资时间，因此提供多方对比可帮助投资者下决心。

③ 推荐产品切勿贪多。玉石的种类繁多，玉石的品质也是分门别类，投资者在浩如烟海的玉石市场中往往只期待一件价值不菲的玉石未来升值的空间无限。

6.10.5 金银投资品策划创意的技巧

1. 金银投资品的目标市场

几千年以来，黄金白银一直散发着独特的投资魅力，其独有的特性——不变质、易流通、保值、增值、融资，成为人们资产保值的必选对象，被称为"没有国界的货币"，黄金白银制成的首饰产品也因此拥有广阔的市场。

2．金银投资品的市场定位

从黄金白银投资的独特性看，它的价值一方面表现为它自身的独特保值功能，另一方面则体现在投资组合中的独特价值。

黄金白银价格变动具有非常突出的特点，就是黄金白银与其他投资产品价格变动具有负相关性，即其他投资品回报下降的时候，金银投资品反而回报上升，因此使之成为一种重要的分散风险的投资工具。

因此，在家庭投资品的资产组合中，投资者需要维持一定的金银投资品比例，可以控制较好的收益风险状况。

3．金银投资品的策划重心

黄金白银分散风险的功能不仅取决于它自身价格相对稳定，更重要的是，它的保值功能具有降低系统风险的功能，这是一般资产组合无法实现的。所以，无论在经济稳定期还是不稳定期，黄金白银投资品都能以较小的风险取得较大的收益，这是金银投资产品最重要的策划点。

6.10.6 房产投资品策划创意的技巧

1．房产投资品的目标市场

房产投资品是指为赚取租金或资本增值，或二者兼有而购买的房产。如果是下列情况则不属于房产投资品：①自用房产，即为自己居住、自己使用的房产；②存货房产，即为了自己的后代、亲属使用而准备的房产。

2．房产投资品的市场定位

房地产界有一句几乎是亘古不变的名言：第一是地段，第二是地段，第三还是地段。作为房地结合物的房地产，其房子部分在一定时期内建造成本是相对固定的，因而一般不会引起房地产价格的大幅度波动；而作为不可再生资源的土地，其价格却是不断上升的，房地产价格的上升也多半是由于地价的上升造成的。在一个城市中，好的地段是十分有限的，因而更具有升值潜力。所以在好的地段投资房产，虽然购入价格可能相对较高，但由于其比别处有更强的升值潜力，因而也必将能获得可观的回报。

3．房产投资品的策划重心

房产投资的回报率相对其他投资品的计算更加复杂，因此这是策划的重心：①房产投资品的收益很可能与经营收益相关；②房产投资品的成本能够根据房产证可靠地计量；③房产投资品是由可靠的房产商提供的。

6.10.7 金融投资品策划创意的技巧

1．金融投资品的目标市场

随着商品经济的发展，资本投资规模不断扩大，金融投资已经成为现代投资概念的重要组成部分。而且，由于现代金融市场的日益发展和不断完善，金融投资的重要性日益凸显，因此，现代投资概念更主要的是指金融投资。在西方学术界的投资学著作中，投资实际上指的就是金融投资，特别是证券投资。社会投资者在其投资组合中，必然有金融投资品。

2．金融投资品的市场定位

金融投资的主要目的是获取收入，归结起来有两类。

① 固定收入投资。投资者购买的某种金融资产应得收入事前规定了一个确定的收益率，定期支付或到期支付，并在金融投资的整个期限内固定不变，如银行存款、债券、优先股投资等。这种投资一般风险性较小。

② 非固定收入投资。投资者购买的某种金融资产应得收入事前并不确定固定的收益率，也不一定会按期支付，而是因时而异，如普通股投资。这种投资一般风险较大，但获利机会也较大，收益也较高。

3．金融投资品的策划重心

金融投资主体进行金融资产投资，目的在于金融资产的增值收益，如存款目的在于获取存款利息，贷款目的在于取得贷款利息，购买有价证券（如股票、债券等）在于获取股息、债息收入等。因此，针对不同的金融投资需求，应该有不同的策划重点。

 # 知识练习

一、问答题

（1）投资性产品的供给与需求曲线在哪些阶段与消费品相似？
（2）投资性产品可分为哪两种类型？
（3）投资性产品与非投资性产品有哪两点最大不同？
（4）酒茶投资品的市场定位是什么？

二、判断题

（1）投资性产品是指购买后不需要追加新的使用价值，也不需要附加新价值，即可择机出售获利。（　　）
（2）家具也可以作为投资品。（　　）
（3）产品在营销策划过程中，务必创意一个主题，使产品活灵活现地将个性呈现在受众面前。（　　）
（4）消费者对品牌形象的认识是基于影响产品形象的各种因素。（　　）

三、选择题

（1）测算市场规模的因素包括：
A．目标市场
B．购买人数
C．消费总量
D．消费价格

E. 消费忠诚度

F. 消费平均价格

G. 潜在消费者

H. 现实消费者

（2）市场需求函数 C，取决于：

A. 市场最低量 L

B. 市场规模 M

C. 市场最低量 L 和市场规模 M 之间的差距

D. 表示了全部的营销需求敏感性

 ## 实务训练

目标： 60 分钟练习如何为家里挑选适合理财保值和增值的投资品。

内容： 每个学生的家庭条件各不相同，但作为一个家庭，必须要有积蓄以防不测和积累资产，因此挑选合适的投资品，可以替代银行存款，至少超过通货膨胀率，这是每个家庭的诉求。请每个学生根据自己家庭实际情况，运用本章的知识和技能，挑选一款合适的投资品，并说明为什么。

组织形式： 请每个同学按照以下流程完成任务。

① 用 10 分钟分头分析自己家庭的积蓄情况。

② 用 10 分钟和团队讨论，分析不同投资品的优劣。

③ 用 10 分钟挑选投资品。

④ 用 20 分钟写下自己家庭投资品的策划方案。

⑤ 老师用 10 分钟挑选两个同学上台分享，老师和每个团队的代表共同担任评委打分。最后，由老师进行总结。

要求： 每个学生必须参与练习。

促销策划创意实训

 ## 学习目标

1. 知识目标

通过本章实训，掌握促销策划创意的真实工作过程，掌握如何创新促销策略，了解典型促销策划创意的技巧，把握当今新媒体发展和市场经济发展形势下促销策划创意的趋势。

2. 能力目标

促销策划是学生团队直面客户、直面市场的重要方式，同学们应深入掌握沟通客户的技巧，学会整合内、外部资源，能够顺序完成促销策划创意项目。

学习导航

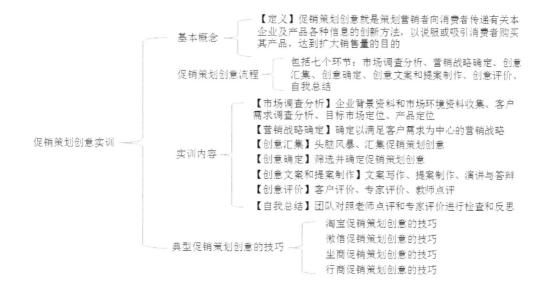

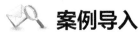

案例导入

一个面膜微商高手的自白

微商，这是个形容词！形容这么一群人，他们在微信朋友圈里面刷着自己代理的产品，然后开始称赞自己是微商。

这几天，有好几个微商美女加我，一加我就问我怎么增加粉丝？这个让我怎么回答呢？我只能说，我也不知道！因为我没有什么手段去增加粉丝。我记得认识一个朋友，他是做QQ空间营销的，靠一些手段吸引别人关注然后卖保健品。他告诉我，日访问可以达到3万多，但是很久才可以成交一单，这算下来这转化率可以说是低的伤心了。

咱们换个角度来思考一下：你在逛QQ空间的时候，是一种什么状态？就拿我来说，我逛空间是为了看下别人写了什么新鲜的东西，看下别人发生了什么，我的心理状态是没有存在购买的，意思就是我并没有购买的欲望。为什么你去逛淘宝那么容易成交，很简单的一个道理，你去淘宝就是为了买东西的。

很多商家提前做预热，告诉他们什么时候开卖也是这个原因，想要在当天影响他们的心理活动，让他们从普通状态变化成消费状态，从而提高转化率。

不知道你懂不懂这个道理，大部分人都是以商品链接粉丝，粉丝对应的是商品本身。商品是死的，它是没有感情的，人家说一个有温度、有BIG的商品那都是人调教出来的，背后还是人对人，而不是单纯你那样产品对粉丝。

如果是我，我会怎么做微商？

1. 定位（明确用户特征）

我的面膜代理价是90元，市场价是200元，我要卖168元，客户说高了，当然为什么客户会觉得高？

我们来想一想，你的客户定位了吗？比如反馈给你的人她是一个在校学生，本身经济就靠家里，本身就年轻，正大好时光，面膜只不过是锦上添花的罢了，你认为她会花费168元购买我的面膜吗？她本就需求不大，可有可无，再加上她以前或许买的面膜更便宜，对比下你的价格对她来说就非常高了。就好比我平常买条牛仔裤只需100多元，突然有一条牛仔裤卖300元，我的潜意识会根据我往常的消费来判断这次是不是成交，就这样简单！

那怎么办呢？首先，面膜的市场很大，目标客户也非常多，小到几岁的娃娃就开始贴，大到70、80岁的大爷大妈都贴，你只需要定位好一群合适你价格的人群。就拿这个168元来说，有能力花费这么多钱购买面膜的人一般是上班族，这类人天天面对电脑，电脑的辐射对脸部的皮肤造成影响，会出现痘痘、痘印！她们的年纪是22～25之间，有比较高的消费水平，如果按照她们20岁上班，也工作了好几年，几年下来的积蓄还是会有一部分，当然除了钱还是辐射造成的痘印或者雀斑。那么，我就定位22～25岁的白领。

2. 抓潜（找到用户渠道）

找到了目标客户，那我们就要抓潜，这群客户一般会在什么地方呢？仔细想想，22～25岁的白领有的会不会正在谈恋爱或者结婚了？如果我们在细分一下，可以把目标客户定位在22～25岁的孕后妈妈们，你知道的，生宝宝后，很多女人身材都变样了！最好是找阳光一点的，那就是找一些比较幸福的，但是唯一缺陷就是孕后出现身材后遗症的，她们会在什么地方呢？妈妈论坛？宝宝论坛？妈妈群？宝宝群？孕妇群？宝宝吃喝拉撒群？这类人往往很关心的就是宝宝的健康，和宝宝有关的 QQ 群是不是会出现她的身影呢？同时还有一些美女论坛、美女群、模特群、美容护肤群等。道理很简单，去找这些 QQ 群，然后加她们为好友。你要记住，你一定要主动去加她们！

不要因为你卖什么对她有用的东西，她们就会来主动加你，你要记住一点，你对别人来说根本就不那么重要，她的宝宝、她的容貌才是重点，像这样的 QQ 群，非常非常的多，你可以加很多很多，切记不要去做那些一进去就发广告的低级手段！你可以在群里分享美容化妆小技巧，去网上找一些美容化妆教程免费送，由此吸引目标客户加你 QQ、微信。而且，全是准确的客户，但是你依然不能在空间发无聊的广告，你好不容易把他们加进来了，难道还撵走？你说对吧？咱们要做的是去关心她们，关心她们关心的，要像朋友一样对待她们！

3. 互动（顺应人性）

其实，传递感情的不是产品，而是你和粉丝的互动。当她在晒自己宝宝的时候，你是否应该去送上一句祝福而不是点个赞就走呢？你要知道，点赞比阅读重要，评论比点赞重要，转发比评论重要！如果你用心看完她写的东西，并且用心地去评论，而不是点个赞，那她对你的印象会如何呢？

我刚开始玩空间的时候，也是因为看到别人都是在用软件秒赞别人，我说我也来，我就这样走上了这一条不归路，但是我自始至终都没有用过软件，因为我电脑不支持……

不管怎样，后来我又狂点赞别人，但是我发现我又错了，因为点赞对别人来说很普通，因为她一条说说也许有几十个点赞，就没一个评论，而你如果去评论她，用心地评论，那结果会怎样呢？礼尚往来的道理，你懂的！

4. 活动（拉近距离）

当你有了一部分准确粉丝的时候，你可以搞一些比较有意义的活动，比如团购，一次少卖一点，自己少赚一点，让她们团购，并且你可以考虑赠送一些宝宝用的小礼品，如果舍得，最好送一些好的东西给她的宝宝，你这样做不是为了钱，而是利用面膜的活动来增强彼此的关系，彼此之间像朋友一样，你就把赚面膜的钱用来买礼物送给她的宝宝！这样的好处是什么？如果你有 100 个这样的天使客户，那你几乎什么都不做，就很稳定了！知道小米吧，一开始就靠着 100 个天使粉丝的传播。你要知道一点，现在是小而美的时代，你在某个领域做成专家，你就是最牛的！自媒体时代，每个人都是自明星，但是每个人的玩法都不同，仁者见仁，智者见智！

5. 维护（感情交流）

后期的维护是建立在前期的基础上的，如果没有前面的一切动作，你后期也没办法。如果你前期基础都打不好，就想靠面膜赚钱，上面也说到了，做到最后，别人认可的是你这个人，而不是你的产品，产品成了你赚钱的媒介，你今天可以卖面膜，明天可以卖护肤品，后天甚至可以卖臭豆腐，如果她们喜欢，她们也会支持你的。

如果你连前期的基础都想靠一些手段去做，比如 QQ 好友克隆，比如色图引流，又比如心灵鸡汤，又比如……这些虽然传播速度很快，但是缺乏近距离的接触，是没有感情的。人是感性的动物，如果你感动她了，她感受到温暖了，那你们的关系会越来越近！

案例思考：微商促销是一种新型电商渠道的促销手段，与传统促销策划的创意相比好处在哪里？

分析提示：

以微信公众账号"像素生活圈"为例，其精准定位主打内容为整合生活服务信息。将服务做到极致，让每个粉丝都能体会到，"我就在您身边"，让客户自我驱动，实现真正的精准服务。传统电商"营销之困"是成本太高，无论是自建平台还是在第三方平台，一般都依靠价格、品牌等吸引客户，等待客户上门。但未来顾客体验的影响将越来越凸显，传统模式已经无法吸引当下的客户。

传统的营销更像是一块石头，冷冰冰的，要求你必须接受。而基于微商的营销更像是一道小菜或者一块可口的小点心，跟人们的生活融为一体，是你想要的，是你主动得到的，是被许可的，是快乐的，因此，微商更容易做到"直抵人心"的创意。

参见图7.1。

图7.1 微商的优势O2O（线下体验线上成交）

做中学

百年乐复方扶芳藤合剂网络促销策划创意

实训目的：每一个产品都必须经过促销才能实现最终的成交，学生们可通过实训体会促销策划创意的流程，掌握促销策划的特点，尤其注意在促销组合策划、促销策略创意和线上媒体计划的安排等方面，把握为实现销售目标而策划的方法。

实训内容：2014年是"百年乐"牌复方扶芳藤合剂面世30周年，该产品荣获2009中国—东盟博览会指定健康产品，百年乐系列产品列为《中国药典》品种、国家中药保护品种、国家基本药物，是广西名牌产品、广西著名商标。"百年乐"品牌被列为"中国中药名牌"、"广西著名商标"；以独特的疗效和可靠的质量30年畅销不衰，被国家体育总局指定为"中国跳水队专用补剂"，深受海内外人士的厚爱。这一款传统的名牌产品如何在互联网线上进行促销，是本次实训的主要内容。

参见图7.2。

图7.2 百年乐产品介绍

实训要求：

① 可通过网店联系企业安排真实的营销任务，企业提供产品代理价和营销宣传费用支持（如按销售业绩计算，在下个季度中配套 3% 的宣传经费予以支持）。

② 每个模拟公司通过促销策划创意及对创意的实施，检验创意的成效。

③ 根据业绩成效排名给予分值，每周排名一次，总共 3 次排名，占本次任务总分的 50%。

④ 根据创意提案水平现场给予分值，占本次任务总分的 50%。

实训步骤： 学生模拟公司应根据本章所列的策划流程开展实训。

成果评价： 三周后提案竞标，以文案和 PPT 形式提交，现场讲解、答辩，由老师和各模拟公司的代表共同担任评委。

同类作品欣赏

7.1 基本概念

7.1.1 促销策划创意的概念

促销策划创意就是策划营销者向消费者传递有关本企业及产品各种信息的创新方法，以说服或吸引消费者购买其产品，达到扩大销售量的目的。促销实质上是一种沟通活动，即营销者（信息提供者或发送者）发出作为刺激消费的各种信息，把信息传递到一个或更多的目标对象（即信息接受者，如听众、观众、读者、消费者或用户等），以影响其态度和行为。常用的促销手段有广告宣传、人员推销、营业推广和公关促销四种，传统行业或互联网电商行业、线上或线下都可以使用。企业可根据实际情况及市场、产品等因素选择一种或多种促销手段的组合。

7.1.2 促销策划创意的四个方面

促销策划创意的四个方面是依据促销组合的四种手段而形成的。

① 广告宣传。广告宣传是指依据即已制定的目标市场及市场定位，完成广告创意及广告作品，利用报纸、杂志、电视、广播、传单、户外广告、互联网、移动设备等媒体，进行产品宣传活动。

② 人员推销。人员推销是指企业通过销售人员与目标消费者沟通交流，推销商品，促进和扩大销售。推销的形式有当面推销和隔面推销两种，电话、邮件、淘宝电商、微信电商等推销属于隔面推销。

③ 营业推广。营业推广是一种适宜短期推销的促销方法，是企业为鼓励购买、销售商品和劳务而采取的除广告、公关和人员推销之外的所有企业营销活动的总称。

④ 公关促销。公关促销并不是推销某个具体的产品，而是利用公共关系，把企业的经营目标、经营理念、政策措施等传递给社会公众，使公众对企业有充分了解；对内协调各部门的关系，对外密切企业与公众的关系，扩大企业的知名度、信誉度、美誉度；为企业营造一个和谐、亲善、友好的营销环境，从而间接地促进产品销售。

7.1.3　促销的意义

① 传递产品销售信息。在产品正式进入市场以前，企业必须及时向中间商和消费者传递有关的产品销售情报。通过信息的传递，使社会各方了解产品销售的情况，建立起企业的良好声誉，引起消费者的注意和好感，从而为企业产品销售的成功创造前提条件。

② 创造需求，扩大销售。企业只有针对消费者的心理动机，通过采取灵活有效的促销活动，诱导或激发消费者某一方面的需求，才能扩大产品的销售力。并且，通过企业的促销活动来创造需求，发现新的销售市场，从而使市场需求朝着有利于企业销售的方向发展。

③ 突出产品特色，增强市场竞争力。企业通过促销活动，宣传本企业的产品较竞争对手产品的不同特点，以及给消费者带来的特殊利益，使消费者充分了解本企业产品的特色，引起他们的注意和欲望，进而扩大产品的销售，提高企业的市场竞争能力。

④ 反馈信息，提高经济效益。通过有效的促销活动，使更多的消费者或用户了解、熟悉和信任本企业的产品，并通过消费者对促销活动的反馈，及时调整促销决策，使企业生产经营的产品适销对路，扩大企业的市场份额，巩固企业的市场地位，从而提高企业营销的经济效益。

7.2　实训流程简介

以真实工作过程为导向，经过对系统化知识与技能的解构，采用七步法，按课程建设的需要，对促销策划创意实训流程进行重构，参见表7.1。

表7.1　促销策划创意实训流程

实训流程	内容要求
市场调查分析	企业背景资料和市场环境资料收集，客户需求调查分析，目标市场定位，产品定位
营销战略确定	确定以满足客户需求为中心的营销战略
创意汇集	头脑风暴，汇集促销策划创意
创意确定	确定产品策略和促销目标、广告诉求、价格建议、销售周期建议、信息沟通方式、媒体建议等，筛选并确定产品促销策划创意
创意文案和提案制作	撰写文案，制作提案，并面对项目委托方及专家讲解创意提案
创意评价	项目委托方评价，其他企业和行业专家评价
自我总结	对照老师点评和专家评价进行检查和反思

7.3　市场调查分析

这是促销策划创意的第一个环节，主要实训内容是企业背景和环境资料采集与消化，客户需求调查分析，以及产品分析。要求采集企业内部资料及市场外部资料，运用市场营销学的分析工具进行分析。

首先是对企业、产品、品牌和市场环境进行深入细致的分析和研究；其次，明确产品营销目标对促销策划提出的要求，以满足消费者需求为出发点，分析产品在市场上的独特位置，进而确定目标市场定位、产品定位、价格建议、销售周期建议、媒体建议等营销策略；最后，综合分析并利用各种企业内外部资源，创新促销策划的内容、方法和手段。

表 7.2 所示为实训内容与实施、自检的要求。

表7.2 实训内容与实施、自检要求

内 容	操作步骤	操作方法	注意事项	自 检
企业内部资料收集	1. 直接沟通	①与客户进行各种方式沟通，并深入企业现场，收集有关企业资料和产品资料	必须能与产品经理、销售经理、项目经理、企业领导等沟通，以使资料具有权威性	• 资料收集表格和清单 • 沟通问题
环境资料采集	2. 间接采集 3. 直接采集	②通过商场、卖场、门店和网络、报刊、书籍，以及政府公布的数据，进行第二手资料收集 ③确定调查目标、调查内容、调查问卷、样本窗、抽样数量、抽样方法、调查计划 ④亲赴真实市场，以标的产品为对象开展市场调查	① 开展资料采集之前，需明确项目产品及其企业，做好人员分工，落实调查分析的工具，如电脑、纸笔、计算器等 ② 复习之前学过的市场调查分析知识与工具	• 调查问卷 • 抽样数量 • 抽样方法 • 调查计划 • 调查分工
环境资料消化	4. 数据统计 5. 图表描绘	⑤问卷数据输入电脑，统计输出结果 ⑥根据产品定位分析需要，绘制柱图、饼图等	① 团队成员分工，共同协调、协助完成 ② 注意图形标注合理，色彩搭配美观	• 统计结果 • 绘制图形
产品调查	6. 产品基本信息调查 7. 产品竞争力分析	⑦完成产品基本信息调查，包括产品名称、特征、特性、预期价值、品牌等 ⑧和竞争对手进行优势比较分析 ⑨进行 SWOT 分析	① 产品是否具有差异化独特优势 ② 运用 SWOT 工具进行分析	• 产品价值 • 竞争力分析 • SWOT 矩阵分析表
目标市场分析	8. 细分市场 9. 目标市场	⑩分析客户需求、行为和特征，根据客户对投资品的态度、行为习惯、人口变量、心理变量和投资习惯细分市场 ⑪分析和选择企业的市场覆盖战略：单一市场、产品专门化、市场专门化、有选择的专门化、完全覆盖 ⑫分析和选择企业的目标市场策略：无差别性市场、差别性市场、集中性市场	① 注意产品、品牌现状分析，学会运用单变量、二变量、三变量、多变量细分市场 ② 必须与客户进行沟通	• 是否符合市场细分的"五性"要求 • 目标市场描述文档
产品定位分析	10. 产品定位步骤 11. 产品定位方法	⑬定位是头脑之战，寻找消费者的心理空间占位，按照定位方法一步一步练习 ⑭确定选用 8 种定位方法之一	① 在创意中注意避免：过度定位、混乱定位、过窄定位、过宽定位 ② 确定产品独特卖点	• 定位描述 • 定位步骤 • 产品定位策略 • 独特卖点

7.4 营销战略确定

这是促销策划创意的第二个环节，主要实训内容是根据确定的目标市场和产品定位，确定营销战略。

表 7.3 所示为实训内容与实施、自检的要求。

表7.3 实训内容与实施、自检要求

内　容	操作步骤	操作方法	注意事项	自　检
营销战略	12. 分析并明确企业的经营目标 13. 明确一定时期内市场营销发展的总体设想和规划	⑮从定位提升到战略，以自身优势瞄准市场空白点或市场差异 ⑯对宏观环境、市场、行业、本企业状况等进行分析，以准确、动态地把握市场机会 ⑰描述营销战略：提出营销的基本指导思想，明确企业和产品的明确定位，确定采取怎样的竞争态势和渠道系统规划，指出需要达到的营销目标	经营理念、方针、企业战略、市场营销目标等，是企业制定市场营销战略的前提条件	● 指导思想 ● 市场定位 ● 竞争态势 ● 渠道规划 ● 营销目标

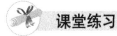 **课堂练习**

提炼独特销售主张的练习

针对"过程实训项目"的"百年乐"产品，请各模拟团队根据自己在市场调查分析过程中采集的信息和分析的结果，在课堂上利用 30 分钟，先进行团队讨论，然后进行头脑风暴汇集 USP 的广告口号创意，最后确定最佳广告口号。老师挑选部分公司的代表上台分享，由老师给其评分。

7.5 汇集创意

7.5.1 实训内容与实施、自检要求

这是促销策划创意的第三个环节，主要实训内容是根据确定的营销战略，组织头脑风暴，展开创意思维，进而汇集创意，确定最佳创意。

表 7.4 所示为实训内容与实施、自检的要求。

表7.4 实训内容与实施、自检要求

内　容	操作步骤	操作方法	注意事项	自　检
汇集创意	14. 头脑风暴	⑱每个成员发挥灵感创意，团队按头脑风暴法进行创意活动，创意的目标是促销策略，汇集尽可能多的创意	每个成员均应事先练习创意思维方法和创意工具运用	头脑风暴会议记录

续表

内　　容	操作步骤	操作方法	注意事项	自　　检
制定促销策略	15. 明确促销目标及促销费用预算 16. 创新促销方式	⑲ 明确促销周期、促销业绩、促销成果等促销目标 ⑳ 在广告宣传、人员推销、营业推广和公关促销4类促销手段中进行创新 ㉑ 提出与之配套的媒体计划 ㉒ 详列促销开支预算明细	促销策略必须在市场营销目标和战略的框架下统一行动	● 促销目标 ● 促销周期 ● 促销业绩 ● 促销成果 ● 促销方法 ● 媒体计划 ● 开支明细

7.5.2　相关知识与工作内容

1. 促销策略

促销如同两军对垒，不是简单地硬打硬拼，而要讲究战术和技巧的应用，即具有创意的思维。以下一些成功的策略方法可供借鉴、参考，并可创新出更多的方法。

（1）借势打力策略

借助竞争对手的某种力量，通过一定的策略用到自己手中。这就像《笑傲江湖》中的吸星大法，在对手出招的时候，一定想办法把对方的优势转变成自己的优势。例如，利脑是一个地方性品牌，高考期临近，在脑白金、脑轻松等知名补脑品牌纷纷展开效果促销并请一些人现身实地说法时，利脑就掀起了"服用无效，不付余款"的促销旋风。利脑作为实力弱小的品牌，在广告上无法跟大品牌打拼，而在促销上也无法进行更大的投入。因此，只有在跟进促销中进行借力打力——采取"服用一个月，成绩不提升，不付余款"的活动。这一下，因为跟大品牌在一起，并采取了特殊策略，于是就有效地解决了消费者的信任问题，也提升了知名度。

（2）击其软肋策略

在与竞争对手开战前，一定要做到"知己知彼"，这样才能决胜千里。实际上，竞争对手无论怎么投入资源，在整个渠道链条上都会有薄弱部分。例如，在渠道上投入过大，于是终端的投入就往往不够；如果在终端投入多了，在渠道上就往往会投入少了。再如，当面临中国区域时，可能会在某些区域市场不具有优势，这些都是很好的攻击机会。又如，在摩托罗拉为自己的新品大打广告的时候，某些国产手机则迅速组织终端拦截，在拦截中也大打新品的招牌，并且低价进入，以此将竞争对手吸引到零售店的顾客牵引一部分到自己的柜台、专区。在竞争对手忽略终端执行的时候，这种模式是最有效的。

（3）提早出击策略

有时候，对手比自己强大许多，它们的促销强度自然也比自己的强大。此时，最好的应对方法是提前做促销，令消费者的需求提前得到满足，当对手的促销开展之时，消费者已经毫无兴趣。例如，A公司准备上市一款新的洗衣粉产品，并针对A品牌策划了一系列的产品上市促销攻势。B公司虽然不知道A公司到底会采用什么样的方法，但知道自己的实力无法与之抗衡。于是，在A产品上市前一个月，B公司开始了疯狂的促销——推出了大包装，并且买二送一、买三送二，用低价格俘虏了绝大多数家庭主妇。当A品牌产品正式上市后，由于主妇们已经储备了大量的B品牌产品，所以A产品放在货架上几乎无人问津。

（4）针锋相对策略

简单地说，针锋相对策略就是针对竞争对手的策略发起进攻。例如，1999—2001 年期间，某著名花生油品牌大量印发宣传品，声称其主要竞争对手的色拉油产品没营养、没风味，好看不好吃。2004 年，该品牌又改变宣传主题，说竞争对手的色拉油原料在生产过程中用汽油浸泡过，以达到攻击竞争对手、提升自己销量的目的。

（5）搭乘顺风车策略

很多时候，当企业明知对手即将运用某种借势的促销手段时，由于各种条件限制，企业无法对其打压，也无法照样进行，但由于其可预期有效，如果不跟进，便会失去机会。此时，最好的办法就是搭乘顺风车。例如，在 2006 年第十八届世界杯上，阿迪达斯全方位赞助。耐克则另辟蹊径，针对网络用户中占很大部分的青少年（耐克的潜在客户），选择与 Google 合作，创建了世界首个足球迷的社群网站，让足球发烧友在这个网络平台上一起交流他们喜欢的球员和球队，观看并下载比赛录像短片、信息、耐克明星运动员的广告等。数百万人登记成为注册会员，德国世界杯成为独属于耐克品牌的名副其实的"网络世界杯"。

（6）高唱反调策略

消费者心智是很易转变的。因此，当对手促销做得非常有效，而自己却无法跟进、打压时，那么最好就是高唱反调，将消费者的心智扭转回来，至少也要扰乱他们，从而达到削弱对手的促销效果。例如，2001 年，格兰仕启动了一项旨在"清理门户"的降价策略，将一款畅销微波炉的零售价格大幅降至 299 元，矛头直指美的。6 个月之后，格兰仕将国内高档主流畅销机型"黑金刚系列"全线降价。同时，美的也开展了火药味十足的活动，向各大报社传真了一份"关于某厂家推出 300 元以下的微波炉的回应"材料，认为格兰仕"虚假言论误导消费者"，美的要"严斥恶意炒作行为"；2001 年，美的还隆重推出了"破格（格兰仕）行动"。

（7）百上加斤策略

所谓"百上加斤"即是在对手的促销幅度上加大一点，如对手降低 3 折，自己就降低 5 折；对手逢 100 送 10，自己就逢 80 送 10。在很多时候，消费者可能就会因多一点点的优惠而改变购买意愿。例如，某瓶装水公司，举行了"进一箱（12 瓶）水送 5 包餐巾纸"的活动。开始的两个星期，活动在传统渠道（终端零售小店）取得了很大的成功。对此，另一家饮料公司则加大了促销力度，推出了"买水得美钻"的活动，即促销时间内将赠送 100 颗美钻，价值 5 600 元 / 颗。采取抽奖方式，确定获得者。另外，在促销时间内，每购买两箱水，价值 100 元，可以获得价值 800 元的美钻购买代金券，在指定珠宝行购买美钻，并承诺中奖率高达 60% 以上。其促销效果火得出奇。

（8）错峰促销策略

有时候，针对竞争对手的促销，完全可以避其锋芒，根据情景、目标顾客等的不同相应地进行促销策划、系统思考。例如，古井贡开展针对升学的"金榜题名时，美酒敬父母，美酒敬恩师"、针对老干部的"美酒一杯敬功臣"、针对结婚的"免费送丰田花车"等一系列促销活动，取得了较好的效果。

（9）整合应对策略

整合应对策略就是与互补品合作或联合促销，以此达到促销最大化的效果，并超越竞争对手的声音。例如，看房即送福利彩票，小心中取百万大奖；又如，方正电脑与伊利牛奶和可口可乐的联合促销，海尔冰吧与新天地葡萄酒联合进行的社区、酒店促销推广。在促销过程中要善于"借道"，一方面要培育多种不同的合作方式，如可口可乐与网吧、麦当劳、迪尼斯公园等的合作，天然气与房地产开发商的合作，家电与房地产的合作等；另一方面要借助专业性的大卖场和知名连锁企业，先抢占终端，然后逐步形成对终端的控制力。

（10）连环促销策略

保证促销环节的联动性就保证了促销的效果，同时也容易把竞争对手打压下去。实际上，促销活动一般由三方参加：顾客、经销商和业务员。如果将业务员的引力、经销商的推力、活动现场对顾客的拉力三种力量连动起来，就能实现购买吸引力，最大限度地提升销量。例如，某公司活动的主题是"减肥有礼！三重大奖等您拿"，奖品从数码相机到保健凉席，设一、二、三等奖和顾客参与奖。凡是购买减肥产品达一个疗程的均可获赠刮刮卡奖票一张。没刮中大奖的顾客如果在刮刮卡附联填写好顾客姓名、电话、年龄、体重、用药基本情况等个人资料寄到公司或者留在药店收银台，在一个月活动结束后还可参加二次抽奖。奖品设34英寸彩电、随身听等。如果年龄在18～28岁的年轻女性将本人艺术照片连同购药发票一同寄到公司促销活动组，可参加公司与晚报联合举办的佳丽评选活动（该活动为本次促销活动的后续促销活动）。这次活动的顾客参与度高，活动周期长，活动程序复杂，一下子把竞争对手单一的买一送一活动打压了下去。

（11）善用波谷策略

某纯果汁A品牌就针对竞争对手的活动进行了反击，推出了一个大型的消费积分累计赠物促销（按不同消费金额给予不同赠品奖励）。活动后没几天就受到竞争对手B更大力度的同类型促销反击。A的促销活动原定是4周，见到竞品有如此强大的反击，便立即停止了促销活动。一周之后，A的促销活动又重新开始了，但形式却变成了"捆绑买赠"。结果，虽然竞品花了巨大的代价来阻击A产品的促销，但A产品依然在接下来的一个月里取得了不俗的销售业绩。

2．媒体计划

媒体计划是指一系列的决策，包括把促销信息传播给未来的购买者或者产品、品牌的使用者。媒体计划也是一个过程，它意味着要做出许多决策，并随着策划的进展，每一决策的进展都可能被修改，甚至被抛弃。

媒体计划是选择媒体的指导，它要求制订具体的媒体目标，以及设计具体的媒体战略来达到这些目标。

（1）媒体计划相关概念

① 媒体载具。它是媒体的一种具体的载体。例如，《时代》和《求是》是印刷载具，"新闻30分"是电波载具。由于每种载具都有自身的特征，所以必须根据每种载具在传播信息方面的优势来制订出具体的决策。

② 到达率。它是指在一段给定的时间内，对至少一次接触到媒体载具的不同受众人数的测量。

③ 覆盖面。它是指可能通过媒体载具接收到信息的那些潜在受众。覆盖面和潜在受众有关，而到达率则指已接收到信息的实际受众。

④ 接触频率。它是指受众在一段具体的时期内接触媒体载具的次数。

（2）制订媒体计划

制订媒体计划的过程如下。

① 市场分析。

② 媒体目标的建立。

③ 媒体战略的制订和执行。

④ 评价与实施。

⑤ 时间及地点的针对性。

 课堂练习

针锋相对促销策略的创意练习

假设百年乐牌复方扶芳藤合剂的对手是某固元膏产品，它近期的促销宣传是：

"国际领先中医配方，拥有提取技术专利保护，主含大花红景天、狭叶红景天、刺五加、白芍等活肾精华，为补阳类及补气类天然植物。能补肝滋肾、益精养血、补脾益胃，用于肾阳亏虚所至之筋骨不健、腰膝酸软等。现代研究发现：补血类及补气类天然植物多有强健体魄、改善精神状态、抗疲劳等作用。"

请各模拟公司团队，在15分钟时间内，经过头脑风暴，形成针锋相对的促销策略，编写宣传文案（不超过200字），并派一名代表上台分享。

7.6　创意确定

7.6.1　实训内容与实施、自检要求

这是促销策划创意的第四个环节，主要实训内容是在头脑风暴后，分析并筛选创意，确定最优创意，拟定实现创意的计划和预算。

表7.5所示为实训内容与实施、自检的要求。

表7.5　实训内容与实施、自检要求

内　　容	操作步骤	操作方法	注意事项	自　　检
创意确定	17. 创意验证 18. 优选创意 19. 修正创意	㉓运用市场检验、客户沟通、专家评价来验证创意的效果 ㉔根据创意验证效果的评分和综合考虑，由团队投票决定选择哪个创意 ㉕进一步对照营销战略、促销目标，对促销创意作出更完善的修正	特别考察创意在人员推销、广告、公共关系和营业推广4类促销方法中的构思	• 创意描述 • 创意评分表 • 创意修正要点
促销计划与预算	20. 促销计划 21. 费用估算	㉖为实现促销创意所做的营销工作安排，包括时间、地点、人员、内容等 ㉗确定信息沟通方式 ㉘估算促销活动开支	特别注意各项费用测算必须通过市场调查来完成，必须符合当前实际	• 促销计划 • 费用预算

7.6.2　相关知识与工作内容

在消费者购买决策的过程中，促销能够帮助潜在顾客了解产品，引起注意，激发购买欲望和实施购买行为，从而扩大销售。于是很多企业开始了做广告，设计销售刺激方案，树立公司形象，建立数据库推行直销，并开始利用邮寄、电话和互联网与顾客建立联系……

但我们需注意，有大量无效的促销是由于"形似而神不似"造成的。虽然把所有的促销工具都用了，但却忽略了"形似"下面的具体内容和正确的操作方法，因而相同的促销工具因为"神"的缺陷同样达不到效果。

1. 如何才能让促销组合更传神、更有效

促销的过程实际就是沟通的过程，所谓的促销组合也就是营销沟通组合。现代企业面对的营销沟通系统越来越复杂，它们要与自己的中间商、消费者，以及不同的公众进行沟通；而中间商又要与它们的公众和消费者沟通；同时消费者之间及与其他公众之间又以口头形式进行着沟通。这一切一切的环节和构成都要依靠公司促销沟通部门去引导、规划和控制，否则信息就会因无序、无效而影响公司整体目标的推进。

我们都知道传统的营销沟通组合（促销组合）主要由 4 种工具组成：广告、销售促进、公共关系和人员推销。这 4 种工具又自成体系，有着各自系统的方法和技巧。不论怎样的自成体系，它们的沟通过程都会受到 3 种因素的影响：受众的选择性注意、选择性曲解和选择性记忆。

因此，影响有效沟通的首要因素是受众的选择性注意。

当今被称为注意力经济时代，我们的目标顾客周围每天都充斥了大量的信息，泛滥的信息量已远远超出了他们的注意力范围，这时他们就会有选择地注意一些事情，也就是说他们具有"选择性注意"这样的特征。这就是为什么有些企业和别人一样选择了同样的媒体与沟通渠道，也花了同样的钱却没有达到同样成功的原因。

2. 怎么才能尽可能地让目标受众注意

下面是一个简单的公式：

$$注意的可能性 = 认知的报酬强度/认知的惩罚强度$$

从以上公式中我们可以看出，注意的可能性与受众注意该信息所能得到的报酬成正比，与其注意该信息所需要付出的努力成反比，也就是说自己的信息要想增加被注意的可能性，就必须让信息内容符合受众的利益需求，让其一眼看到信息就感觉比别人的信息能给自己带来更多的报酬。同时还要减少受众注意信息所需花费的时间、精力、体力等各方面的成本，让受众尽可能地在获取自己的信息时能比在获取别人的信息时少花费一些努力因素。

落实到具体的操作层面需要做的事情如下。

一是要保证自己设计的信息内容能撩起受众的欲望，不但要突出卖点，还要抓住利益点，让其感觉看自己的信息获得的报酬会更多。

例如，一家餐饮连锁机构想招加盟商，它决定通过在报纸上做广告和目标受众进行沟通。它在同样的报纸广告上撰写同样字数的文案，花费了同样多的费用，但由于信息内容设计不同可能就会产生截然不同的效果。如一则文案的标题是"如何轻松年赚 100 万？"，另一标题是"某某餐饮连锁机构寻求加盟伙伴"，很显然，前者对受众的认知报酬强度就远远超过

了后者，前者对受众的感觉是来给其提供利益的，后者对其的感觉是卖什么的，吆喝什么的，来挣受众钱的，最终结果不言自明。前者信息被注意的可能性大，其沟通效果会非常显著。

二是在选择和设计媒体时，要比对手更能使受众花费更少的努力，使其轻松获得信息。还举上面那个企业的例子，它选择了同样的标题和文案内容，但一则广告放在了一条受视率非常高的新闻下面，另一则广告放在了一条冗长乏味的企业公告下面，并且前者的标题用了鲜明醒目的色彩和大号字体，后者标题却用了和上面的公告同样的字体和颜色。此时它们被注意的可能性就会大不一样，前者几乎不需要付出什么努力，在人们看完新闻后就会顺理成章地注意到它，而后者也许会让你在浩如烟海的文字中累得眼酸也不能找到。

三是要注意传播的信息不要给受众带来不必要的损失和惩罚，甚至是一种潜意识的受惩罚的恐惧都不能让其产生，否则目标受众将会远离这则信息。

湖北安琪集团的补锌产品——康普力星做策划时，针对一个区域市场将原来设计好的全国通用的广告卖点改了，其中一个卖点是说明它的产品是生物锌，不同于哈药六厂的葡萄糖酸锌等有机锌，它们没有毒副作用，使用起来安全，等等。这个卖点本来很好，为什么改了呢？因为在这个区域刚刚发生了一起碘钙营养片中毒事件，很多儿童在服用了这种保健品后，都出现了毒副作用，大量的儿童被送进医院去治疗和抢救。事件被《焦点访谈》曝了光，在社会上影响很大；在该区域的人们更是谈"虎"色变，一提及保健品的安全就会触动他们的敏感神经，甚至不愿接触这方面的信息。这时如果再采取该产品原有的广告内容，将会使该区域受众在潜意识中产生一种将要受到惩罚的恐惧。结局是他们看到这个标题就会躲开这则信息，根本不会再往下看文案和诉求内容了，从而让该沟通沦为无效。

3. 具体的促销形式

（1）降价式促销

降价式促销就是将商品低于正常的定价出售。其运用方式最常见的有库存大清仓、节庆大优惠、每日特价商品等方式。

- 库存大清仓：以大降价的方式促销换季商品或库存较久的商品、滞销品等。
- 节庆大优惠：新店开张、逢年过节和周年庆等，是折扣售货的大好时机。
- 每日特价品：由于竞争日益激烈，为争取顾客登门，推出每日一物或每周一物的特价品，让顾客用低价买到既便宜又好的商品。低价促销若能真正做到物美价廉，极易引起消费者的"抢购"热潮。

（2）有奖式促销

顾客有时总想试试自己的运气，所以"抽奖"是一种极有效的促销活动。因为抽奖活动一定会有一大堆奖品，如彩色电视机、洗衣机等，这样的奖项是极易激起消费者参与兴趣的，可在短期内对促销产生明显的效果。通常，参加抽奖活动必须具有某一种规定的资格，如购买某特定商品，购买某一商品达到一定的数量，在店内消费达到固定金额，或回答某一特定问题答对者。另外，需要注意的是，办抽奖活动时，抽奖活动的日期、奖品或奖金、参加资格、如何评选、发奖方式等务必标识清楚，且抽奖过程需公开化，以增强消费者的参与热情和信心。

（3）打折式优惠

打折式优惠是指在适当的时机，如节庆日、换季时节等打折，以低于商品正常价格的售价出售商品，使消费者获得实惠。

- 设置特价区：就是在店内设定一个区域或一个陈列台，销售特价商品。特价商品通常是应季大量销售的商品或是过多的存货，或是快过保质期的商品，或是外包装有损的商品。注意不能鱼目混珠，把一些变质损坏的商品卖给顾客，否则会引起顾客的反感，甚至会受到顾客投诉。
- 节日、周末大优惠：即在新店开业、逢年过节或周末时，将部分商品打折销售，以吸引顾客购买。
- 优惠卡优惠：即向顾客赠送或出售优惠卡。顾客在店内购物，凭手中的优惠卡可以享受特别折扣。优惠卡发送对象可以是由店方选择的知名人士，也可以是到店购物次数或数量较多的熟客，出售的优惠卡范围一般不定，这种促销的目的是为了扩大顾客群。
- 批量作价优惠：即在消费者整箱、整包、整桶或较大批量购买商品时，给予价格上的优惠。这种方法一般用在周转频率较高的食品和日常生活用品上，可以增加顾客一次性购买商品的数量。

（4）竞赛式促销

竞赛式促销是融动感性与参与性为一体的促销活动，由比赛来凸显主题或介绍商品，除了可打响商品的知名度，还可以增加销售量，如喝啤酒比赛等。此外，还可举办一些有竞赛性质的活动，如卡拉 OK 比赛等，除了可热闹卖场之外，也可借此增加顾客对零售店的话题，加深顾客对零售店的印象。

（5）免费品尝和试用式促销

在促销时，零售店可以在比较显眼的位置设专柜，让顾客免费品尝新包装、新口味的食品，非食品和其他新商品实行免费赠送、免费试用，鼓励顾客使用新商品进而产生购买欲望。例如，许多连锁百货店设有美容专柜，免费为愿意试用新品牌化妆品的顾客做美容；国外零售店的香水柜台也常常进行免费试用。

（6）焦点赠送式促销

想吸引顾客持续购买，并提高品牌忠诚度，焦点赠送是一种非常理想的促销方式。这一促销活动的特色是消费者要连续购买某商品或连续光顾某零售店数次后，累积到一定积分的点券，可兑换赠品或折价购买。

（7）赠送式促销

赠送式促销是在店里设专人对进店的消费者免费赠送某一种或几种商品，让顾客现场品尝、使用。这种促销方式通常是在零售店统一推出新商品时或老商品改变包装、品味、性能时使用，目的是迅速向顾客介绍和推广商品，争取消费者的认同。

（8）展览和联合展销式促销

这是说在促销时，商家可以邀请多家同类商品厂家，在所属分店内共同举办商品展销会，形成一定的声势和规模，让消费者有更多的选择机会；也可以组织商品的展销，如多种节日套餐销售等。在这种活动中，通过各厂商之间相互竞争，促进商品的销售。

案例资料

"多喝多漂亮"公关活动促销的创新

创新是促销制胜的法宝。实际上，即使是一次普通的价格促销，也可以组合出各种不同的方法，达到相应的促销目的，这才是创新促销的魅力所在。例如，统一"鲜橙多"为了配合其品牌核心内涵"多喝多漂亮"而推出的一系列促销组合，不但完成了销售促进，同时也达到了品牌与消费者有效沟通、建立品牌忠诚的目的。统一结合品牌定位与目标消费者的特点，开展了一系列的与"漂亮"有关的促销活动，以加深消费者对品牌的理解。在不同的区域市场就推出了"统一鲜橙多 TV-GIRL 选拔赛"、"统一鲜橙多·资生堂都市漂亮秀"、"统一鲜橙多阳光女孩"及"阳光频率统一鲜橙多闪亮 DJ 大挑战"等活动，极大地提高了产品在主要消费人群中的知名度与美誉度，促进了终端消费的形成，扫除了终端消费与识别的障碍。

7.7　创意文案和提案制作

这是促销策划创意的第五个环节，主要实训内容是根据已经确定的创意和策略，撰写文案和制作 PowerPoint 提案，并通过演讲、答辩的形式向项目委托方汇报，争取本方案获得认可。

教学团队组织模拟竞标。各学生团队按照投标的形式，在同一时间面对评议小组互不透明地进行竞标。教师与项目方专家、行业企业专家等组成评议小组。

表 7.6 所示为实训内容与实施、自检的要求。

表7.6　实训内容与实施、自检要求

内　　容	操作步骤	操作方法	注意事项	自　　检
创意文案撰写	22. 策划创意说明书 23. 促销策划建议书	㉙ 解释促销策划创意思路和创意的独特亮点 ㉚ 根据促销策略及其计划实施的需要，编写促销策划建议书	① 注意独特亮点的表达要同样吸引读者 ② 脚本文案的文字以清晰、明白为原则，要求图文并茂	• 创意说明书 • 创意文案
创意提案制作	24. 提案构思 25. 提案制作	㉛ 在整体风格、美学效果、时间把握方面首先进行构思 ㉜ 使用最新版 PowerPoint 工具进行电子幻灯片提案制作	注意团队中至少有一个成员对 PowerPoint 工具的运用比较熟练	PowerPoint 提案
演讲与答辩	26. 预演练习 27. 正式演讲与答辩	㉝ 练习背诵、解读、时间控制、与电脑操作的组员配合 ㉞ 商务礼仪展现、职业能力体现、专业能力展示	① 预演，预演，再预演，是成功的基础 ② 现场氛围控制非常重要，这是通过礼仪和能力来把握的	• 预演 3 次 • 演讲 • 礼仪 • 预备问题

案 例 资 料

好促销无须降价

有时候，硬打是不行的，要学会进行差异化进攻。例如，竞争对手采取价格战，我们就进行赠品战；竞争对手进行抽奖战，我们就进行买赠战。可口可乐公司的"酷儿"产品在北京上市时，由于产品定位是带有神秘配方的 5 ～ 12 岁小孩喝的果汁，价格定位也比果汁饮料市场领导品牌高 20%。当时，市场竞争十分激烈，很多企业都大打降价牌。最终，可口可乐公司走出了促销创新的新路子：既然"酷儿"上市走的是"角色行销"的方式，那就来一个"角色促销"。于是,"酷儿"玩偶进课堂派送"酷儿"饮料和文具盒,买"酷儿"饮料赠送"酷儿"玩偶,在麦当劳吃儿童乐园套餐送"酷儿"饮料和礼品,"酷儿"幸运树抽奖,"酷儿"脸谱收集,"酷儿"路演……

7.8　创意评价

这是促销策划创意的第六个环节,主要实训内容是对本项目的创意工作形成客观的评价。评价意见来自两个方面:一是项目委托方(即客户)的评价,二是行业企业专家的评价。教学团队的老师必须在模拟竞标完成后,根据学生团队表现和客户专家评价意见,对每一个学生团队的作品和表现进行全面的点评。

表7.7所示为实训内容与实施、自检的要求。

表7.7　实训内容与实施、自检要求

内　　容	操作步骤	操作方法	注意事项	自　　检
客户评价	28. 客户意见和建议	㉟ 在投标演讲答辩中,客户会很直接地提出意见和建议	详细记录客户所说的每一句话,诚恳地解释自己的创意	客户评价
专家评价	29. 专家提问和点评	㊱ 在评标中,邀请的行业专家会从专业的角度提出问题,并点评提案演讲和回答问题的表现	详细记录专家所说的每一句话	专家评价
教师点评	30. 教师点评	㊲ 模拟投标PK活动结束后,指导老师要进行综合点评和评分排名,向中标者宣布中标名单和中标内容	详细记录指导老师所说的每一句话	教师点评

7.9　自我总结

这是促销策划创意的最后一个环节,主要实训内容是在模拟竞标和客户沟通的过程中,根据客户的要求、评委的意见,修正完善创意和策略,并在团队内部进行自我检讨。

表7.8所示为实训内容与实施、自检的要求。

表7.8　实训内容与实施、自检要求

内　　容	操作步骤	操作方法	注意事项	自　　检
完善创意	31. 完善创意	㊳ 在文案和提案制作过程中,根据最新资料的分析、客户意图的理解、市场环境变化的分析、市场目标和营销战略的调整等,在投标演讲前,可以做进一步的修正和完善	客户的要求和市场的状况是对立统一的关系,以客户为中心是工作的重点,务必注意协调处理好客户关系	完善活动的纪要
自我总结	32. 自我总结	㊴ 每个团队均应在项目结束后,专门组织撰写自我总结报告,召开总结会议,会上要进行充分讨论,畅所欲言,以达到总结提高的目的	人人都必须提交自我总结报告和在小组会上发言,无论是遗憾的体会,或是欣喜的收获,都是一次难得的促进	● 总结笔记 ● 总结报告

7.10 典型促销策划创意的技巧

7.10.1 淘宝促销策划创意的技巧

在淘宝上，卖家云集，买家的选择面很广。众多买家第一考虑因素就是价格，是否实惠，货比三家。你要战胜其他卖家，吸引买家，获得成交，就必须要有好的促销策划创意。

1．间接降价销售

很多新卖家，因为没有信誉值，刚开店都会压低自己的价格，吸引顾客来购买，但效果并不是很明显，因为你没有信誉值，降价离谱的话，产品质量还值得怀疑，所以买家宁愿多花点钱买个安全放心。另外，在短期内你可能获得一定成交量，但所获得的低微利润无法维持正常开销和作业。这时，如果你想提高价格来改善的话，你就会很失败。因为买家习惯了你的降价，一旦提高价格，他们就会选择其他卖家购物，所以交易量反而减少。

那么新卖家如何赢得买家，获得交易量呢？间接降价销售就是一个很好的销售技巧。什么是间接降价销售呢？就是采取促销、折扣、赠予等销售技巧。

具体方法是：搞活动来增加销售量。可以在公告栏里写上新店开张，举行促销活动，比如买就送，可以是买三送一、满100送10、买三包邮等，自由发挥，目的只有一个：吸引消费者的眼球，以优惠来获得销售量。值得注意的是，活动一定要搞得"有声有色"，不光在公告栏里写，在每件宝贝标题上也要写上活动标题，如"买就送"、"满百送十"等活动关键字。

2．多搞店铺活动

（1）一元拍

多放点质量可靠、物品能吸引人的参加一元拍。目的不是赢利，是广告，是为了让更多的买家知道你的产品、你的店铺，带动其他产品的销售。但一切都要视自己的实力而行。

（2）抽奖

成功购买物品后，就有机会抽奖。当然你的奖品一定要吸引人，奖项设置得多点，规则一定要简单，要公正、公平、公开，自己发挥吧。要夺人眼球，促进产品销售。

（3）限时打折

限时打折是淘宝提供给卖家的一种店铺促销工具，订购了此工具的卖家可以在自己店铺中选择一定数量的商品在一定时间内以低于市场价进行促销活动。活动期间，买家可以在商品搜索页面根据"限时打折"这个筛选条件找到所有正在打折中的商品，效果非常好。

3．一定要经常优化店铺

注意写好价格、标题和描述；要与同类网店做友情链接；要把名片与商品一同邮寄；务必经常更新网店。

7.10.2 微商促销策划创意的技巧

微商（微信商城）主要靠手机微信圈销售产品，与淘宝、京东商城是不一样的，因此促销策划创意的技巧也不同。

1. "大小号"技巧

就是注册一个微信公众平台订阅号（大号），再注册 N 个微信个人号（小号）做促销。通过小号深入到各个微信群去吸引粉丝到大号加关注。

2. 微信小号拉粉技巧

一个小号一天加 20 个群，加进去的目的不是为了发广告，而是发表粉丝们感兴趣的话题，顺势引导粉丝们自己主动关注话题中提到的微信公众号。比如加入妈妈群，那么我可以转发一篇文章："宝宝健康饮食，你不得不学的秘密"，文章后面特别注明："如想看更多类似文章，请关注 XX 微信号"。这样就顺利地把你的公众号植入到群里了，然后大家也得到了真实的内容分享，群主不会踢你，大家也不会嫌你发广告扰民。

3. 占领搜索头条的技巧

选择与产品有针对性的关键词，比如销售生物纤维面膜，就以面膜、护肤品、化妆品类目展开关键词定位，去制定 1000 个与该行业相关的关键词，每一个词生成一个独立营销页面，然后利用技术做交叉连接，快速提高权重，这样下来半个月只要一搜设定的关键词，首页一定有我们的网站，这些关键词的百度指数都是很高的，很快就会吸引人流来到微信号。

4. 视频推广微信号技巧

去百度视频里找到精彩的视频资料下载下来，然后利用软件把自己的微信号、QQ 号植入到视频屏幕下方，然后设置不同的关键词标题去各大视频网站上传这些带有你微信号的视频，一个关键字就是一个标题，上传一个视频，这样有 1000 个关键字就要上传 1000 个视频。当用户搜索我们设置的某个关键字的时候，我们的视频排名就会靠前，别人就会看到我们的微信号，就会过来关注。

7.10.3 坐商促销策划创意的技巧

坐商就是坐拥店面（线上、线下均可），不是像行商那样靠个人或团队到处推销产品，而是依靠店面吸引顾客前来消费，它们的促销往往是在店面进行广告宣传、人员推销、营业推广和公关促销活动。

有一段时期，许多专家认为走出去做行商才能找到客户赚到钱，坐着就是等死。事实证明这种观点是错误的。一方面，线下实体商业中心如超级市场、华润万象、万达商业中心、家装市场、步行街等坐落于城市 CBD（中央商务区）的大型商业体方兴未艾，线上虚拟商业体如淘宝、京东、唯品会等大型电商平台发展迅猛，无论线上还是线下的商业体，它们的门店租金节节攀升，说明坐商很有生意，因为这些大型商业体解决了坐商个体难以聚拢大规模人气的问题；另一方面，所谓"酒香不怕巷子深"，在新媒体、自媒体风起云涌的时代，口口相传的口碑效应比起电视报纸的广告宣传毫不逊色，比如，质量过硬、特性鲜明的餐饮店，哪怕坐落在偏僻的角落，哪怕装修简单，也会门庭若市，食客唯恐去晚了没有吃的。

坐商的促销策划创意技巧如下：

① 坐商是以招牌和商号吸引顾客、扩大店面影响的。招牌的形式多样，以实物、模型、包装品、额匾、旗子为招牌，要悬挂于店铺门前显眼处，引人注意。

② 在适销对路、物美价廉等方面下功夫，一定要使自己的产品具有与众不同的特色。

③ 所谓"人无笑脸休开店，说话和气招财多"、"做好生意三件宝，人员门面信誉好"，人员是"软件"，门面是硬件，信誉是一个商店的形象。商店的服务质量、态度是能否吸引顾客的关键，要特别注意养成良好的店风，对顾客笑脸相迎、热情招呼，不能有厌烦、抱怨之举；经商守信，不能掺杂使假，不能短斤少两。

7.10.4　行商促销策划创意的技巧

行商是相对坐商的一种说法，就是走出去做营销，不一定有店面等客户，而是主动找客户，到目标消费群的活动区域（线上、线下均可）去进行广告宣传、人员推销、营业推广和公关促销活动。

行商可以直接找到目标客户与之接触，这就决定了行商的优势所在，可以留给客户一个很重要的第一印象，至少，当他要购买时，他最先想起来的可能是这次行商的活动，接下来是行商所代表的公司。

行商的促销策划创意技巧如下。

1．客户分类

找准目标客户再做行商活动才是最有效率的。大众分类法可以分为男人女人、老人孩子，按社会职能来分可以分为蓝领、白领、黑领等。中国十三亿多人，做行商切忌"我要把产品卖给所有人"，一定要定位好自己的客户群体。

2．寻找顾客的需求点

把顾客分类完毕，还需要做什么呢？我们的先人老子说过一句话：知人者智，自知者明。什么叫作知人者智呢？就是了解别人的需求是一种智慧。什么叫作自知者明呢？就是了解自己产品的卖点。

顾客的需要点包括显性需求、潜在需求、趋势性需求。

3．定位产品的卖点

还要对顾客的需要点进行分类，然后分析你的产品是满足顾客衣食住行这些显性需要，还是保健类的潜在需求，还是车子、房子这些趋势性、未来性需求？将产品的卖点进行定位。

4．注意行商的推销技巧

营销界有句名言："没有卖不出去的货，只有不会推销的人"，应充分相信自己一定能把产品推出去；应掌握你所推销产品和企业的相关情况，比如产品的功能、特点、原理、使用等；

走访式推销一定要事先选好线路，否则线路不明晰就会走弯路、走回头路，徒劳无功；掌握洽谈要点，才能在洽谈中言之有物；着装应大方得体、干净利落，切忌不修边幅。

 知识练习

一、问答题

（1）常用的促销手段有哪几种？

（2）"百上加斤"是怎样的促销策略？

（3）淘宝促销策划创意技巧中店铺活动有哪三种？

（4）微信"大小号"的技巧是怎么做的？

二、判断题

（1）促销就是营销者向消费者传递有关本企业及产品的各种信息。（　　）

（2）占领搜索头条的技巧就是选择与产品有针对性的关键词去制定1000个相关关键字。（　　）

（3）顾客有时总想试试自己的运气，所以"抽奖"是一种极有效的促销活动。（　　）

（4）坐商无须在物美价廉方面下功夫，只需要掌握好客户沟通技巧即可。（　　）

三、选择题

（1）优化电商店铺的方法是：

A．写好价格

B．写好标题

C．写好描述

D．不要做友情链接

E．名片与商品一同邮寄

F．每天主动发信息给客户

（2）顾客的需要点包括：

A．显性需求

B．刚性需求

C．潜在需求

D．趋势性需求

E．弹性需求

 实务训练

目标：假设我们代理营销俄罗斯的贝加尔湖矿泉水，请以团队为单位分别用30分钟练习扮演坐商或行商如何促销。

内容：每个团队抽签决定扮演坐商还是行商，然后由另一个团队的同学扮演客户。

组织形式：请每个团队按照以下流程完成任务。

① 用 10 分钟一起分析坐商或行商的促销特点。

② 用 10 分钟设计坐商或行商的促销策划创意，写出做法和促销话术。

③ 用 10 分钟进行角色扮演。

④ 用 20 分钟总结出团队实训活动的优缺点。

⑤ 老师逐个团队点名总结。

要求：每个团队必须参与练习。

项目 8

品牌策划创意实训

 学习目标

1. 知识目标

通过本章实训，掌握品牌策划创意的真实工作过程和技巧，充分理解品牌策划的重要性、迫切性，形成自己在品牌策划创意方面的技能。

2. 能力目标

学生团队应掌握通过互联网有效搜集信息的方法，能够迅速安排好每个成员的工作目标、内容、时间等任务指标，学会将分别完成的工作内容组合成一份完整方案。

 学习导航

品牌策划创意实训

- 基本概念
  - 【定义】品牌策划创意是为了达成企业或产品品牌的创立和发展，运用科学和艺术相结合的逻辑分析与设计方法，创造性地使企业或产品在消费者脑海中形成一种能达成价值共鸣的个性化形象，从而建立起自己的核心竞争力

- 品牌策划创意流程
  - 包括七个环节：市场调查分析、品牌战略确定、创意汇集、创意确定、创意文案和提案制作、创意评价、自我总结

- 实训内容
  - 【市场调查分析】企业背景资料和市场环境资料收集、客户需求调查分析、目标市场定位、产品定位
  - 【品牌战略确定】确定近期、中期、长期的品牌发展战略目标及模式，明确品牌核心价值定位、文化定位、形象定位
  - 【创意汇集】头脑风暴、汇集品牌策划创意
  - 【创意确定】品牌核心价值、品牌形象、客户关系管理
  - 【创意文案和提案制作】文案写作、提案制作、演讲与答辩
  - 【创意评价】客户评价、专家评价、教师点评
  - 【自我总结】团队对照老师点评和专家评价进行检查与反思

- 典型品牌策划创意的技巧
  - 品牌核心价值创意技巧
  - 品牌符号创意技巧
  - 品牌人格创意技巧
  - 品牌故事创意技巧

 **案例导入**

阿里巴巴如何策划品牌

阿里巴巴是全球 B2B 电子商务的领先者和著名品牌，是目前全球最大的商务交流社区和网上交易市场，曾两次被哈佛大学商学院选为 MBA 案例，在美国学术界掀起研究热潮，两次被美国权威财经杂志《福布斯》选为全球最佳 B2B 站点之一，多次被相关机构评为全球最受欢迎的 B2B 网站、中国商务类优秀网站、中国百家优秀网站、中国最佳贸易网，被国内外媒体、硅谷和国外风险投资家誉为与 Yahoo、Amazon、eBay、AOL 比肩的五大互联网商务流派代表之一。

阿里巴巴公司的电子商务业务主要集中于 B2B 的信息流，是电子商务服务的平台服务提供商。阿里巴巴 B2B 着力于营造电子商务信任文化，其独具中国特色的 B2B 电子商务模式为中小企业创造了崭新的发展空间，在互联网上建立了一个诚信的商业体系。

阿里巴巴网上交易市场的发展并不是照搬美国的商业模型，它主要针对亚洲特别是中国的情况制定自己的发展战略。建设初期根据目前中国网络发展现状，集中力量做好信息流来构筑网上贸易市场，避开了资金流、物流这些国内电子商务现实状况暂时无法解决的问题。

一、品牌战略目标

1. 成为一家持续发展百年的企业。
2. 成为全球最大的电子商务服务提供商。
3. 使世界上没有难做的生意。

二、目标客户群

从中国的中小型制造商到全球的中小企业买家和卖家。

三、产品及服务

A. 诚信通服务。通过阿里巴巴推荐的第三方认证机构认证，享有产品交易保障、阿里推荐的基础服务产品。

B. 网销宝服务。建立在诚信通的基础上，采取预存款的方式付费，设置关键字，买家在利用卖家设置的关键字搜索时按点击收费，排名固定。

C. 黄金展位服务。在一个行业里面的广告固定位置，位于行业信息右边。

D. 诚信保障体系。建立在诚信通基础之上的，用于交易时提供的赔偿金，可以让客户放心交易。

E. 出口通服务。为卖家联系外单，拓展国外贸易。

四、收入及利益来源

阿里巴巴主要收入是付费会员和竞价排名，另外还有广告业务。

阿里巴巴主品牌旗下的子品牌很多：阿里巴巴、阿里妈妈、淘宝、支付宝、雅虎中国、口碑网、阿里软件等，其中，阿里巴巴是 B2B；阿里妈妈是流量广告；淘宝是 C2C；支付宝是第三方支付平台，它的资金余额十分可观，可以用于其他投资；雅虎中国是搜索引擎门户，有搜索排名和广告等业务；口碑网是宣传广告；阿里软件是商务软件。

五、品牌关键措施

对内，通过统一价值观的整风运动、干部队伍的培养、员工投资等关键措施提升公司综合能力；对外，在开展网络推广业务时坚持免费原则，以最低的成本为客户提供最优质的服务，为客户创造最大的价值。

品牌活动则持续举办以"帮你上网做生意，让你生意更成功"为主题的全国系列会员培训会，成立了名为"e商之道"的专业培训机构。

六、品牌核心竞争力

1. 极具凝聚力的企业文化。
2. 坚固的管理团队。
3. 优质的信息服务。

七、品牌策划创意

1. 正确的定位，制胜的差异化战略。定位于为中小企业提供服务，只做信息流，不做资金流。
2. 客户服务。树立客户永远是对的理念；加强与客户的配合；加强对客户的管理。

参见图 8.1。

图8.1　战胜美国电商创造奇迹的阿里巴巴品牌

案例思考： 阿里巴巴为何只用不到十年就打造了世界级品牌？

分析提示：

从本案例中可以很清楚地看到，阿里巴巴运用市场细分和精准定位的策划头脑，避开传统产业竞争的红海，专一为无人愿意为它们服务的那些中小企业提供了优质服务，"长尾理论"击败了"二八理论"。由于中国中小企业客户的巨大规模和海量需求，将阿里巴巴品牌推向了世界的巅峰。

做中学

毛嘉衣架品牌策划创意

实训目的：在中国，民营企业创品牌比国有企业创品牌难，乡镇企业创品牌更难，而品牌策划创意就是为了迎接挑战而不断创新的过程，学生们可通过实训构建自己对于品牌策划创意的认识和体会，把握品牌策划的难点、要点，学会利用品牌策划创意的技能为企业服务。

实训内容：桂林毛嘉工艺品有限公司是一家由乡镇企业外向型发展起来的大型民营衣架企业，在广西桂林荔浦县（盛产荔浦芋头的地方）带动众多民营企业建立了全球最大的衣架生产基地。该公司自 1993 年成立以来，一直专门从事衣架的生产及出口，出口额占公司总销售额的 90% 以上，主要客户为欧洲中高档服饰品牌运营商（如 KENZO、AGNES B、ONLY 等）、跨国大型超市（如家乐福、TARGET 等）及其他大型日用品批发商等，在国际市场上享有很高的声誉。然而，自 2008 年 9 月 15 日爆发金融危机并引发全球经济危机以来，欧洲客户急剧下调订单数量，与此同时毛嘉衣架在国内尚未树立起品牌和市场，因此面临运营成本、资金流、库存挤压等多重危机。

本项目的实训就是通过网络搜索收集国内衣架行业状况和毛嘉衣架市场现状信息，为毛嘉衣架品牌进行策划创意。

（参考网站：http://maos23569.1688.com/?spm=a2615.7691456.0.0.czfOc5）

实训要求：

① 通过互联网搜索目前正在做国内市场或者准备策划做国内市场的竞争对手，即现实竞争对手、潜在竞争对手和替代品竞争对手，特别采集分析那些出口型的衣架企业。

② 对国内市场环境进行调查分析，包括消费需求分析、竞争对手分析、产品现状分析等，通过真实有效的数据，为品牌定位、产品定位、价格定位、核心竞争力等品牌策划创意的核心方面作出切实可行的策划。

③ 通过独特卖点的创意构思，形成品牌独特销售主张的广告口号，设计平面广告和网络广告的样本图片，要求广告要素齐全。

实训步骤：学生模拟公司应根据本章给出的品牌策划创意工作过程开展实训。

成果评价：三周后提案竞标，以文案和 PPT 形式提交，现场讲解、答辩，特邀当地衣架经销商、代理商或厂家的专家、代表参与评分、评价。

同类作品欣赏

8.1 基本概念

8.1.1 品牌策划创意的定义

品牌策划创意是为了达成企业或产品品牌的创立和发展，运用科学和艺术相结合的逻辑分析与设计方法，创造性地使企业或产品在消费者脑海中形成一种能达成价值共鸣的个性化形象，从而建立起自己的核心竞争力。

品牌策划创意给品牌拥有者带来溢价、增值的无形资产，创意的成果是用以和其他竞争对手相区分的名称、术语、象征、记号、设计、故事及其传播组合，品牌溢价增值的部分正是来自消费者脑海中对创意成果产生印象的深刻程度和共鸣程度。

所以，我们往往说，能够做到口口相传的牌子才称得上品牌。

8.1.2　品牌策划创意的作用和意义

① 品牌策划创意需要经过可行性分析，让企业或产品还未进入市场之前就对市场需求作出了正确的判断，有效避免了企业不正确的操作造成巨大的经济损失，为品牌投入市场提供有效的保障。

② 品牌策划创意需要完成逻辑性分析与设计，使品牌与竞争对手形成超越、差异、区隔来引导目标消费群的选择，并在目标消费群的心智中形成竞争优势的定位价值。

③ 品牌策划创意更注重的是创新性，即在消费者的知识和体验中产生崭新的意识与心理冲击，从而形成深刻的印象和长远的记忆，为品牌实现"第一提及"、"领先品牌"的竞争力价值。

④ 具备策划创意的品牌才拥有成为名牌的价值。对于消费者而言，选择有影响力的品牌无疑是一种既省事、可靠又减少风险的方法。

例如，在大众消费品领域，同类产品可供消费者选择的品牌一般都有十几个，乃至几十个。面对如此众多的品牌、产品和服务提供商，消费者是无法通过比较产品服务本身来作出准确判断的。这时，在消费者的购买决策过程中就出现了对产品的"感觉风险"（即认为可能产生不良后果的心理风险）的影响。这种感觉风险的大小取决于产品的价值高低、产品性能的不确定性及消费者的自信心等因素。消费者为了回避风险，往往偏爱知名品牌的产品，以坚定购买的信心。而品牌在消费者心目中是产品的标志，它代表着产品的品质和特色，同时它还是企业的代号，意味着企业的经营特长和管理水准。因此，品牌策划能缩短消费者的购买决策过程。

⑤ 策划成功的品牌可以超越产品的生命周期，是一种无形资产。

一般而言，产品都有一个生命周期，会经历投入、成长、成熟和衰退4个阶段。但是，成功的品牌却不同，它有可能超越生命周期。一个策划成功的品牌拥有广大的忠诚顾客，其领导地位就可以经久不变，即使其产品已历经改良和替换。波士顿咨询集团研究了三十大类产品中的市场领先品牌，发现"在1929年的30个领袖品牌策划中有27个在1988年依然雄居市场第一，在这些经典品牌策划中有象牙香皂、坎贝尔汤和金牌面粉等"。像今天我们很熟悉的一些海外著名品牌，也都有经久的历史，如吉列（始于1895年）、万宝路（始于1924年）、可口可乐（始于1886年）、雀巢（始于1938年）。同样，我国的不少老字号在今天的市场竞争中依然有着品牌优势，如全聚德、同仁堂等。

⑥ 造就强势品牌，能使企业享有较高的利润空间。

曾有调查表明，市场领袖品牌的平均利润率为第二品牌的4倍，而在英国更高达6倍。强势品牌策划出来的高利润空间，尤其在市场不景气或削价竞争的条件下表现出了重要的作用。事实上，这种优势不仅仅得益于通常我们认为的规模经济，更重要的是来自于消费者对该品牌产品价值的认同，也就是对价格差异的认同。

忍受高价只为"苹果"二字

苹果手机的价格比国产同类手机高三倍以上，但却屡屡供不应求。可见，苹果手机的品牌策划创意是非常成功的。苹果手机完全运用自己的故事让人口口相传。苹果的策划者从苹果的商标设计、创始人的性格、公司的企业文化、产品的内外特质，都做了一系列的演绎，将苹果的特立独行、与众不同告诉大家：这所有的一切，只为造一部好手机！参见图8.2。

苹果手机基本没有投入多少市场推广费用，只因品牌的创意和传播产生非常高的认同感，众多消费者就会认为自己拥有一部苹果手机会非常有面子，甚至有人为了买一部手机还要去透支身体。

反观国产高性能低价格的手机虽然让大部分消费者感受到了高科技带来的乐趣，配置也差不多，可价格为什么差了好几倍，且还无法迎合消费者的精神诉求。前不久，一款被"第一夫人"用的手机本可以做许多持续性传播，从而建起品牌的高端位置，可我们发现，此事情后续完全没有发酵，没有进行品牌故事的生动演绎与传播动作，那么，品牌的高端塑造自然也就无法实施。

可见，一个没有经过策划的品牌是没有故事的品牌，缺乏内涵与灵魂，不能引起消费者的共鸣，也就激发不了大众对拥有这个品牌产品的渴望，哪怕这个产品的性能再好也没有人喜欢。

图8.2　北京消费者凌晨排队抢购苹果手机

8.2　实训流程简介

以真实工作过程为导向，经过对系统化知识与技能的解构，采用七步法，按课程建设的需要，对品牌策划创意实训流程进行重构，参见表8.1。

表8.1　品牌策划创意实训流程

实训流程	内容要求
市场调查分析	企业背景资料和市场环境资料收集，消费者分析，竞争对手分析，目标市场定位，产品与品牌现状分析
品牌战略确定	确定近期、中期、长期的品牌发展战略目标及模式，明确品牌核心价值定位、文化定位、形象定位
创意汇集	头脑风暴，汇集品牌策划创意
创意确定	确定品牌创意内容，包括品牌核心价值、品牌形象、客户关系管理等内容
创意文案和提案制作	撰写文案，制作提案，并面对项目委托方及专家讲解创意提案
创意评价	项目委托方评价，其他企业和行业专家评价
自我总结	在提案过程中，对照老师点评和专家评价进行检查与反思

8.3　市场调查分析

8.3.1　实训内容与实施、自检要求

这是品牌策划创意的第一个环节，主要实训内容是企业背景和环境资料采集与消化，客户需求调查分析，竞争对手分析，以及产品分析。要求采集企业内部资料及市场外部资料，运用市场营销学的分析工具进行分析。

首先是企业内部资料收集和市场外部环境资料分析，包括资料收集和消化，对企业、产品、品牌、对手等市场环境进行深入细致的分析和研究；其次，明确企业经营战略目标对品牌策划提出的要求，以满足消费者需求为出发点，分析产品及品牌在市场上的独特位置，进而确定目标市场定位、产品定位、品牌定位；最后，综合分析并利用企业各种内外部资源，创新品牌策划的内容、方法和手段。

表 8.2 所示为实训内容与实施、自检的要求。

表8.2　实训内容与实施、自检要求

内　容	操作步骤	操作方法	注意事项	自　检
企业内部资料收集	1. 直接沟通	① 与客户进行各种方式的沟通，并深入企业现场，收集有关企业资料和产品资料	必须能与产品经理、销售经理、项目经理、企业领导等沟通，以使资料具有权威性	• 资料收集表格和清单 • 沟通问题
环境资料采集	2. 间接采集 3. 直接采集	② 通过商场、卖场、门店和网络、报刊、书籍，以及政府公布的数据，进行第二手资料收集 ③ 确定调查目标、调查内容、调查问卷、样本窗、抽样数量、抽样方法、调查计划 ④ 亲赴真实市场，以标的产品为对象开展市场调查	① 开始资料采集之前，需明确项目产品及其企业，做好人员分工，落实调查分析的工具，如电脑、纸笔、计算器等 ② 复习之前学过的市场调查分析知识与工具	• 调查问卷 • 抽样数量 • 抽样方法 • 调查计划 • 调查分工

续表

内　容	操作步骤	操作方法	注意事项	自　检
环境资料消化	4. 数据统计 5. 图表描绘	⑤问卷数据输入电脑，统计输出结果 ⑥根据产品定位分析需要，绘制柱图、饼图等	① 团队成员分工，共同协调、协助完成 ② 注意图形标注合理，色彩搭配美观	• 统计结果 • 绘制图形
产品及品牌现状调查	6. 产品及品牌基本信息调查 7. 产品及品牌竞争力分析	⑦完成基本信息调查，包括产品名称、特征、特性、预期价值、品牌等 ⑧进行市场进入优势和竞争对手比较优势分析 ⑨进行 SWOT 分析	① 产品与品牌是否有差异化独特优势 ② 运用 SWOT 工具进行分析	• 品牌价值 • 品牌竞争力 • SWOT 矩阵分析表
目标市场分析	8. 细分市场 9. 目标市场	⑩ 分析客户需求、行为和特征，根据客户对品牌的态度、行为习惯、人口变量、心理变量和消费习惯细分市场 ⑪分析和选择企业的市场覆盖战略：单一市场、产品专门化、市场专门化、有选择的专门化、完全覆盖 ⑫分析和选择企业的目标市场策略：无差别性市场、差别性市场、集中性市场	① 注意产品、品牌现状分析，学会运用单变量、二变量、三变量、多变量细分市场 ② 必须与客户进行沟通	• 是否符合市场细分的"五性"要求 • 目标市场描述文档
品牌定位分析	10. 品牌定位步骤 11. 品牌定位方法	⑬ 定位是头脑之战，寻找消费者的心理空间占位，按照定位方法一步一步练习 ⑭ 确定选用 8 种定位方法之一	① 在创意中注意避免：过度定位、混乱定位、过窄定位、过宽定位 ② 确定品牌独特卖点	• 品牌定位 • 定位步骤 • 定位策略 • 独特卖点

8.3.2 · 相关知识与工作内容

1. 品牌价值

品牌价值是指品牌在某一个时点的，用类似有形资产评估方法计算出的金额，一般是市场价格，也可以说是品牌在需求者心目中的综合形象。

品牌价值是品牌管理要素中最为核心的部分，也是品牌区别于同类竞争品牌的重要标志。迈克尔•波特在其品牌竞争优势中曾提到：品牌的资产主要体现在品牌的核心价值上，或者说品牌核心价值也是品牌精髓所在。

所有的企业苦心经营和维护自身的品牌，就是求得一个公众认可的品质质量知名度，让公众认为该企业具有"诚信、守法、可靠、专业、价值、经济、高效"的美誉。

管理和经营品牌，求得基业常青、卓越杰出，就是为了获得品牌价值。

2. 品牌竞争力

品牌竞争力是指企业的品牌拥有区别或领先于其他竞争对手的独特能力，能够在市场竞争中显示品牌内在的品质、技术、性能和完善服务，可引起消费者的品牌联想并促进其购买行为。

因此，品牌竞争力是企业核心竞争力的外在表现，有不可替代的差异化能力，是企业所独具的能力，是竞争对手不易，甚至是无法模仿的；具有使企业能够持续赢利的能力，更具有获取超额利润的品牌溢价能力。强势品牌竞争力强，有更高的认知品质，企业的品牌产品可比竞争者卖更高的价格，获取超额利润，这就是品牌的溢价功能。强势品牌具有高知晓和忠诚度，统领企业其他所有竞争能力，是处于核心地位的能力；是企业长期积淀下来的能力，深深地扎根于企业之中；有持续性和非偶然性的特点；具有延展力，使企业得以扩展；具有构建竞争壁垒的能力。

（1）品牌竞争力的构成

品牌竞争力不是一个单一的能力，而是一种集合的能力，它是产品、企业及外部环境等创造出的不同能力的集成组合。有学者将品牌竞争力划分为八大层次力——品牌的核心力、市场力、忠诚力、辐射力、创新力、生命力、文化力和领导力，从核心力向领导力依次延伸递进。但是，值得注意的是，由于品牌竞争力存在动态性、过程性等特征，因此，简单地将其各分力进行层次递进划分在现实企业中是不可行的。企业在对品牌竞争力进行研究时，应当根据企业所处的行业环境、企业自身的竞争优势及产品的特性等多方面因素对品牌竞争力进行研究。因此，应当将品牌竞争力各分力划分为平级关系。根据企业对品牌竞争力各组成力的影响程度，将受产品和企业自身所影响的力归纳为品牌竞争力的竞争内力，企业可以对其进行控制；将受外部环境（如市场、消费者、行业政策等）影响的力归纳为品牌竞争力的竞争外力，企业对其无法进行控制。

（2）品牌竞争力与企业核心竞争力

品牌竞争力是企业核心竞争力的外在表现。随着市场经济的发展，使得竞争日益激烈，竞争者逐渐增多，竞争手段更加先进。当市场经历单一的产品竞争、质量竞争、价格竞争、广告竞争等之后，发现品牌竞争势在必行，市场、企业、消费者对品牌的需求趋于旺盛，品牌竞争力逐渐成为企业的核心竞争力。品牌竞争力是某品牌具有较同类产品市场影响力大、占有率高、附加值高、生命周期长的深层次原因，是企业的品牌拥有区别和领先于其他竞争对手的独特能力，能够在市场竞争中显示品牌内在的品质、技术、性能和完善服务，并引起消费者的品牌联想进而促进其购买行为。如果某企业的产品比其他企业的同类产品卖得好、卖得快、卖得贵、卖得久，就说明该企业的品牌竞争力强；反之，就说明该企业的品牌竞争力弱。对于消费者来说，企业的核心竞争力是可感知的实实在在的利益，而品牌竞争力又是这种利益的最佳表现形式。品牌竞争力与强势企业的核心竞争力的特征具有高度的同一性。

3．品牌定位

品牌定位是指企业在市场定位和产品定位的基础上，对特定的品牌在文化取向及个性差异上的商业性决策，它是建立一个与目标市场有关的品牌形象的过程和结果。换言之，即指为某个特定品牌确定一个适当的市场位置，使商品在消费者的心中占领一个特殊的位置。例如，在炎热的夏天突然口渴时，人们会立刻想到"可口可乐"的清凉爽口。

品牌定位和市场定位密切相关，品牌定位是市场定位的核心，是市场定位的扩展和延伸，是实现市场定位的手段，因此，品牌定位的过程也就是市场定位的过程，其核心就是 STP 分析。

选择目标市场和进入目标市场的过程同时也是品牌定位的过程。正如前面所讲，品牌定位的核心是展示其竞争优势，是通过一定的策略把竞争优势传达给消费者。因此，对品牌经营者而言，在确定目标后最重要的是选择正确的品牌定位策略，建立他所希望的，对该目标市场内大多数消费者有吸引力的竞争优势。

（1）品牌定位的理论基础

品牌定位是建立品牌形象的提供价值的行为，是要建立一个与目标市场相关的品牌形象的过程和结果。品牌定位的提出和应用是有其理论基础的。

① 人们只看他们愿意看的事物。人们只看他们喜欢的事物，对于不喜欢的东西看得越多反而越感厌恶，不但没有美感，反而更觉得丑陋。一个定位准确的品牌引导人们往好的、美的方面体会；反之，一个无名品牌，人们往往觉得它有很多不如其他商品的特点。广告之所以是促销的有力武器，就在于它不断向潜在顾客传达其所期望的奇迹和感觉。

② 人们排斥与其消费习惯不相符的事物。消费者在长期的购买、消费行为中往往形成了特定的习惯。例如，有的人喜欢去大商场买服装、家电，去超级市场买日常用品、食品；有人喜欢喝果汁，有人喜欢喝可乐，等等。消费习惯具有惯性，一旦形成很难改变，需要企业付出巨大的努力。品牌定位有利于培养消费习惯，提高顾客忠诚度。

③ 人们对同种事物的记忆是有限的。正如前面所讲，这是一个信息超量的时代，产品种类多到前所未有的地步，然而人们的记忆是有限的，很少有人能准确列出同类商品7个以上的品牌，人们往往能记住的是市场上的"第一、第二"，在购买时首先想到的也往往是某些知名品牌。例如，可口可乐、柯达、IBM、摩托罗拉等名牌产品往往是消费者心目中的首选。

（2）品牌定位的目的

品牌定位是品牌经营的首要任务，是品牌建设的基础，是品牌经营成功的前提。品牌定位在品牌经营和市场营销中有着不可估量的作用。品牌定位是在品牌与这一品牌所对应的目标消费者群之间建立一种内在的联系。

品牌定位是市场定位的核心和集中表现。企业一旦选定了目标市场，就要设计并塑造自己相应的产品、品牌及企业形象，以争取目标消费者的认同。由于市场定位的最终目标是为了实现产品销售，而品牌是企业传播产品相关信息的基础，是消费者选购产品的主要依据，因而品牌成为产品与消费者连接的桥梁，品牌定位也就成为市场定位的核心和集中表现。

品牌定位的目的就是将产品转换为品牌，以利于潜在顾客的正确认识。成功的品牌都有一个特征，就是以一种始终如一的形式将品牌的功能与消费者的心理需要连接起来，通过这种方式将品牌定位信息准确地传达给消费者。因此，企业最初可能有多种品牌定位，但最终要建立对目标人群最有吸引力的竞争优势，并通过一定的手段将这种竞争的优势传达给消费者，以转换为消费者的心理认识。

良好的品牌定位是品牌经营成功的前提，会为企业占领市场、拓展市场起到导航作用。如果不能有效地对品牌进行定位，以树立独特的消费者可认同的品牌个性与形象，必然会使产品湮没在众多产品质量、性能及服务雷同的商品中。品牌定位是品牌传播的客观基础，品牌传播依赖于品牌定位，没有品牌整体形象的预先设计（即品牌定位），那么，品牌传播就难免盲从而缺乏一致性。总之，经过多种品牌运营手段的整合运用，品牌定位所确定的品牌整体形象会驻留在消费者心中，这是品牌经营的直接结果，也是品牌经营的直接目的。如果没有正确的品牌定位，无论其产品质量再高、性能再好，无论怎样使尽促销手段，也不能成功。可以说，今后的商战将是定位战，品牌制胜将是定位的胜利。

（3）品牌定位的方法

品牌必须将自己定位于满足消费者需求的立场上，最终借助于传播让品牌在消费者心中获得一个有利的位置。只有品牌定位明确、个性鲜明，才会有明确的目标消费层。唯有明确的定位，消费者才会感到商品有特色，有别于同类产品，从而形成稳定的消费群体。

下面介绍3种实用且快速有效的品牌定位方法。

① 抢先占位法。

抢先占位法是指发现消费者心智中有一个富有价值的阶梯位置无人占据，就第一个全力去占据它。

战略前提：消费者有新品类、新特性的需求或需要（如无绳机、防蛀等）。

例如，步步高公司发现在电话机行业里有一个空白点，即没有一个品牌代表着无绳电话，于是它抢先提出："步步高无绳电话，方便千万家。"现在步步高已成为无绳电话的领导品牌。当步步高成为无绳电话的代名词时，我们就可以说这个品牌占据了这块心智资源。

早在1992年，高露洁发现中国市场的众多牙膏品牌做的是清新口气、洁白牙齿、消炎止痛等，而对牙膏类别中最大的心智资源"防止蛀牙"却没有注意。高露洁根据美国牙膏市场的经验知道，随着生活水平的提高，消费者对防止蛀牙的关注必然会越来越强，于是迅速进入中国市场，开始了十多年来单一而集中的诉求：防止蛀牙。今天，我们一想到防蛀牙膏就能迅速想到高露洁。

② 关联强势法。

关联强势法是指发现某个阶梯上的首要位置已为强势品牌占据，就让品牌与阶梯中的该强势品牌／产品相关联，使消费者在首选强势品牌／产品的同时，紧接着联想到自己，作为补充选择。

国内的金蝶软件公司曾经通过"北用友,南金蝶"的公关宣传,借用友之势迅速获得发展,也是采用这种方法。

战略前提：消费者对某类产品的选择，心目中已有明显的首选。

③ 攻击强势法。

如果消费者心智中的品类（定位）代表品牌有潜在弱点，新品牌可以由此突破，重新定义该代表品牌为不当的选择，自己取而代之。

例如，泰诺林进入头痛药市场的时候，阿司匹林占据了头痛药市场的首要位置。于是泰诺林攻击阿司匹林可以导致胃肠道毛细血管的微量出血，把阿司匹林替换掉，成为领导品牌。

战略前提：消费者对某类产品的选择，心目中已有明显的首选，而且非常关心新品牌提供的利益，并易于认可原首选品牌的弱点。

案例资料

"非可乐"定位

长期以来，可口可乐和百事可乐是饮料市场无可争议的顶尖品牌，在消费者心中的地位不可动摇，许多新品牌无数次进攻均以失败而告终。然而，七喜却以"非可乐"的品牌定位，成为可乐饮料之外的另一种关联饮料选择，不仅避免了与两种可乐的正面竞争，还巧妙地从另一个角度与两种品牌挂上了钩,使自己提升至和它们并列的地位,稳坐市场交椅。可以看出,七喜的成功主要是"非可乐"的品牌定位成功。品牌定位对于一个品牌的成功起着十分重要的作用。参见图8.3。

图8.3　七喜品牌因"非可乐"定位抢得前排位置

8.4　品牌战略确定

8.4.1　实训内容与实施、自检要求

这是促销策划创意的第二个环节，主要实训内容是根据确定的目标市场和品牌定位，确定品牌战略。

表8.3所示为实训内容与实施、自检的要求。

表8.3　实训内容与实施、自检要求

内　　容	操作步骤	操作方法	注意事项	自　　检
品牌战略确定	12. 分析并明确企业的核心竞争力 13. 明确品牌战略的内容	⑮ 从品牌定位提升到核心竞争力的认识，提升到品牌战略，以自身优势瞄准市场空白点或市场差异 ⑯ 对宏观环境、市场、行业、本企业状况等进行分析，以准确、动态地把握市场发展方向 ⑰ 作出以下营销战略的决策：品牌化决策、品牌模式选择、品牌识别界定、品牌延伸规划、品牌管理规划	消费者需求、经营理念、竞争优势、市场差异化定位等，是企业制定品牌战略的前提条件	• 指导思想 • 品牌定位 • 竞争态势 • 品牌模式 • 品牌规划 • 品牌识别 • 品牌管理

8.4.2　相关知识与工作内容

1．品牌战略

品牌战略就是公司将品牌作为核心竞争力，以获取差别利润与价值的企业经营战略。品牌战略是市场经济中竞争的产物，战略的本质是塑造出企业的核心专长。

2．品牌战略内容

（1）品牌化决策

品牌化决策解决的是品牌的属性问题。是选择制造商品牌还是经销商品牌，是自创品牌还是加盟品牌，在品牌创立之前就要解决好这个问题。不同的品牌经营策略预示着企业不同的道路与命运，如选择"宜家"式产供销一体化，还是步"麦当劳"的特许加盟之旅。总之，不同类别的品牌在不同行业与企业所处的不同阶段有其特定的适应性。

（2）品牌模式选择

品牌模式选择解决的是品牌的结构问题，是选择综合性的单一品牌还是多元化的多品牌，是联合品牌还是主副品牌。品牌模式虽无好坏之分，却有一定的行业适用性与时间性。例如，日本丰田汽车在进入美国的高档轿车市场时，没有继续使用 TOYOTA，而是另立一个完全崭新的独立品牌"凌志"，这样做的目的是避免 TOYOTA 会给"凌志"带来低档次印象，而使其成为可以与"宝马"、"奔驰"相媲美的高档轿车品牌。

（3）品牌识别 CI

品牌识别 CI 指确立品牌的内涵，也就是企业希望消费者认同的品牌形象，它是品牌战略的重心。它从品牌的 MI、BI、VI 3 个方面规范了品牌的思想、行为、外表等内外含义，其中包括以品牌的核心价值为中心的核心识别和以品牌承诺、品牌个性等元素组成的基本识别。例如，2000 年海信的品牌战略规划，不仅明确了海信"创新科技，立信百年"的品牌核心价值，还提出了"创新就是生活"的品牌理念，立志塑造"新世纪挑战科技巅峰，致力于改善人们生活水平的科技先锋"的品牌形象，同时导入了全新的 VI 系统。通过一系列以品牌的核心价值为统帅的营销传播，一改以往模糊混乱的品牌形象，以清晰的品牌识别一举成为家电行业首屈一指的"技术流"品牌。

（4）品牌规划

品牌规划是对品牌未来发展领域的清晰界定。它明确了未来品牌适合在哪些领域、行业发展与延伸，在降低延伸风险、规避品牌稀释的前提下，以谋求品牌价值的最大化。例如，海尔家电统一用"海尔"牌，就是品牌延伸的成功典范。

（5）品牌管理

品牌管理是从组织机构与管理机制上为品牌建设保驾护航，在上述规划的基础上为品牌的发展设立远景，并明确品牌发展各阶段的目标与衡量指标。企业做大做强靠战略，"人无远虑，必有近忧"，解决好战略问题是品牌发展的基本条件。

案例资料

宝马的品牌战略

宝马汽车公司是世界著名的轿车公司，作为一家汽车公司，它追求的不是汽车产量的扩大，而是生产高品质、高性能和高级别的汽车。"坐奔驰，开宝马"的说法，表明了奔驰的稳重和宝马的豪放。只有开宝马车，才能享受到它那痛快淋漓的神奇风采。

宝马品牌战略：三种品牌，一种诉求——"驾驶乐趣"。这是宝马集团所有三种品牌的共同诉求——尽管层面不同、细分市场不同，但同样值得信赖。在宝马品牌的全部八个车型系列中，都在诉求一个众所周知的"Sheer Driving Pleasure"（驾驶乐趣）理念。宝马集团的产品和品牌：BMW、MINI 和 Rolls-Royce。三个品牌各自拥有不同的传统、形象和市场定位，它们代表的产品个性鲜明；然而，在质量、安全性和驾驶乐趣等方面都将执行高标准。

BMW 定位："感悟汽车"。全面的高科技、创新和美观，BMW 所有系列车型都具有这些特点。BMW 品牌代表着运动特性和卓越性能及含蓄的表达方式。其美学形式和实际功能的统一融合于整体并贯穿于所有细节中。而且，BMW 品牌富于强大的感情色彩。毕竟，汽车最重要的不仅是技术，还有驾驶乐趣。

MINI 定位："另类的高贵"。MINI 所表达的是年轻、城市化、多姿多彩和与众不同。

Rolls-Royce（劳斯莱斯）定位："永恒的高贵和典雅"。Rolls-Royce 一直以来都是豪华极致的代名词，传统的手工工艺和精湛的现代技术相结合对它进行了全新的阐释。Rolls-Royce 品牌代表着富有格调、高雅和永恒的轿车。

宝马是在品牌战略原则指导下，用品牌核心价值全面统领一切营销传播活动的成功典范。宝马的品牌核心价值是"驾驶的乐趣和潇洒的生活方式"。因此，宝马总是不遗余力地提升汽车的操控性能，使驾驶汽车成为一种乐趣、一种享受。最新的 7 系代表着杰出的工程设计、前沿的科技创新、无法比拟的震撼力、纯正的驾驶乐趣，是宝马品牌价值的最好诠释。

2011 年开始，宝马集团在华的品牌宣传战略——BMW 之悦（JOY is BMW）的品牌广告大获成功，虽然在宣传中突出"BMW 之悦"这一主题，但家喻户晓的"纯粹驾驶乐趣"的广告语不会被取代。"BMW 之悦"延伸了"纯粹驾驶乐趣"的内涵，而且更加全面地反映了品牌与消费者之间更深层的情感联系。"JOY"是宝马品牌长期以来的核心诉求。宝马的外观也栩栩如生地体现出品牌的核心价值，体现出潇洒、轻松的感觉，与很多豪华车都十分庄重的特点形成鲜明的反差。宝马新 7 系采用全新造型设计理念：均衡的动感、古典式的优雅、跑车的轮廓和完美的线条组合，经典的线条及协调的布局，使之尽显豪华气派而不失流畅和动感。正因为宝马用品牌战略统帅一切营销传播，成功地把"驾驶的乐趣和潇洒的生活方式"的品牌精髓刻在了消费者的大脑深处，所以宝马车的购买者更多的是行业新锐、演艺界人士、富家子弟和活力、激情、心态比较年轻、喜欢自己开车的成功人士。参见图 8.4。

图8.4　宝马7系的BWM之悦广告

8.5　创意汇集

8.5.1　实训内容与实施、自检要求

这是品牌策划创意的第三个环节，主要实训内容是根据确定的品牌战略，组织头脑风暴，展开创意思维，进而汇集创意和品牌策略的点子。

表 8.4 所示为实训内容与实施、自检的要求。

表8.4　实训内容与实施、自检要求

内　容	操作步骤	操作方法	注意事项	自　检
创意汇集	14．头脑风暴	⑱每个成员发挥灵感创意，团队按头脑风暴法进行创意活动，创意的目标是品牌策略	每个成员均应事先练习创意思维方法和创意工具运用	头脑风暴会议记录
策略汇集	15．汇集品牌策略的点子	⑲明确采用哪个品牌策略：产品线扩展、品牌延伸、多品牌、新品牌、合作品牌 ⑳品牌化深度 ㉑品牌形象化的拟喻采用，如拟人化、信息化等品牌包装策略	品牌策略必须在品牌战略的框架下统一行动	• 品牌形象化 • 品牌策略点子

8.5.2　相关知识与工作内容

1．品牌化深度

品牌化深度表示在目标顾客头脑中对该品牌的认知度、认同度、忠诚度三种不同的深化程度，品牌化深度决定了客户的忠诚度，参见图8.5。

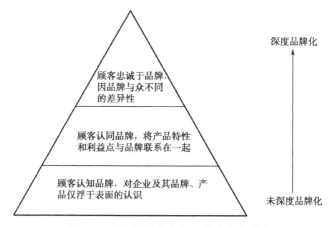

图8.5　品牌化深度决定了客户的忠诚度

2．品牌策略类型

品牌策略类型共有5种，即产品线扩展策略、品牌延伸策略、多品牌策略、新品牌策略和合作品牌策略。

（1）产品线扩展策略

产品线扩展是指企业现有的产品线使用同一品牌，当增加该产品线的产品时，仍沿用原有的品牌。这种新产品往往都是现有产品的局部改进，如增加新的功能、包装、式样和风格等。通常厂家会在这些商品的包装上标明不同的规格、不同的功能特色或不同的使用者。产品线扩展的原因是多方面的，如可以充分利用过剩的生产能力，满足新消费者的需要，率先成为产品线全满的公司以填补市场的空隙，与竞争者推出的新产品竞争或为了得到更多的货架位置等。产品线扩展的好处有：扩展产品的存活率高于新产品，而通常新产品的失败率为

80%～90%；满足不同细分市场的需求；完整的产品线可以防御竞争者的攻击。产品线扩展的不利之处有：它可能使品牌名称丧失其特定的意义——随着产品线的不断加长，会淡化品牌原有的个性和形象，增加消费者认识和选择的难度；有时因为原来的品牌过于强大，致使产品线扩展造成混乱，加上销售数量不足，难以冲抵它们的开发和促销成本；如果消费者未能在心目中区别出各种产品时，会造成同一种产品线中新老产品自相残杀的局面。

（2）品牌延伸策略

品牌延伸（Brand Extensions）是指一个现有的品牌名称使用到一个新类别的产品上。品牌延伸并非只借用表面上的品牌名称，而是对整个品牌资产的策略性使用。随着全球经济一体化进程的加快，市场竞争越加激烈，厂商之间的同类产品在性能、质量、价格等方面强调差异化变得越来越困难，厂商的有形营销威力大大减弱，品牌资源的独占性使品牌成为厂商之间竞争力较量的一个重要筹码。于是，使用新品牌或延伸旧品牌成了企业推出新产品时必须面对的品牌决策。品牌延伸是实现品牌无形资产转移、发展的有效途径。品牌也受生命周期的约束，存在导入期、成长期、成熟期和衰退期。品牌作为无形资产，是企业的战略性资源，如何充分发挥企业的品牌资源潜能并延续其生命周期便成为企业的一项重大的战略决策。品牌延伸一方面在新产品上实现了品牌资产的转移，另一方面又以新产品形象延续了品牌寿命，因而成为企业的现实选择。

（3）多品牌策略

在相同产品类别中引进多个品牌的策略称为多品牌策略。证券投资者往往同时投资多种股票，一个投资者所持有的所有股票集合就是证券组合（Portfolio）。为了减少风险，增加赢利机会，投资者必须不断优化股票组合。同样，一个企业建立品牌组合，实施多品牌战略，往往也是基于同样的考虑，并且这种品牌组合的各个品牌形象相互之间是既有差别又有联系的，不是大杂烩，组合的概念蕴含着整体大于个别的意义。

（4）新品牌策略

为新产品设计新品牌的策略称为新品牌策略。当企业在新产品类别中推出一个产品时，它可能发现原有的品牌名称不适合它，或是对新产品来说有更好、更合适的品牌名称，企业需要设计新品牌。例如，春兰集团以生产空调著名，当它决定开发摩托车时，采用春兰这个女性化的名称就不太合适，于是采用了新的品牌"春兰豹"。又如，原来生产保健品的养生堂开发饮用水时，使用了更好的品牌名称"农夫山泉"。

（5）合作品牌策略

合作品牌（也称为双重品牌）是两个或更多的品牌在一个产品上联合起来，每个品牌都期望另一个品牌能强化整体的形象或购买意愿。合作品牌的形式有多种：一种是中间产品合作品牌，如富豪汽车公司的广告说，它使用米其林轮胎；另一种形式是同一企业合作品牌，如摩托罗拉公司的一款手机使用的是"摩托罗拉掌中宝"，掌中宝也是公司注册的一个商标；还有一种形式是合资合作品牌，如日立的一种灯泡使用"日立"和 GE 联合品牌。

3．品牌形象化

（1）品牌形象化概念

品牌形象化是指通过一定的方式和手段使品牌在社会公众心目中表现出个性化特征，向公众特别是消费者传递可评价与认知的品牌价值。品牌形象化方式和手段包括符号、包装、图案、广告等设计。品牌形象是品牌的根基，所以企业必须十分重视塑造品牌形象。

（2）品牌形象化策略

品牌形象化设计就是将品牌置于一定的使用环境中，根据这一环境中人、物、社会、环境的关系来确定品牌的角色和行为，并以此为依据进行设计，赋予产品一定的形象和意义，使品牌的形态语言有效地传达信息和内涵。因此品牌形象化策略可以分为以下4步。

第一步，设定使用情境，分析各因素的关系。策划师首先要设定目标消费群，明确品牌的服务对象。除此之外，策划师还要明确品牌的效用和所处当地的社会文化、风俗习惯等。

第二步，提取品牌角色。策划师要根据品牌效用和自然环境来确定品牌的自然角色，同时又要从社会文化、风俗习惯的情况来确定品牌的社会角色。

第三步，利用语言描绘品牌形象化角色。将前面得到的抽象感受用具象的形象化视觉加以表现。

第四步，评估品牌形象化造型在技术上的可行性。

4.品牌拟人化

品牌拟人化即品牌人格，意思是品牌应像人一样具有个性形象，这个个性形象不是单独由品牌产品的实质性内容确定的，还应该包括其他一些内容。至此，对品牌形象的认识进入到品牌的个性层次。

科特勒认为，要突破消费者的心智，就要从根本上回归到品牌的本质意义。从产品品牌层面来讲，品牌是在企业与消费者沟通过程中产生的。品牌不属于企业，品牌属于消费者。从某种意义上讲，品牌代表了消费者的一种生活方式。而品牌怎样才能被消费者有效地接受，"属于消费者"呢？换句话讲，如何找到品牌相对于消费者的归属意义？

可以把品牌看成一个人，它也有自己的价值观，有自己的情绪、个性，乃至习惯性的活动，如果消费者认同甚至喜欢上了这个人，那么品牌就自然地进入了消费者的心智。在这个意义上，品牌是受众（消费者、目标客户）把它看成这样或者那样，所以受众品牌消费的本质从根本上被还原到"自我概念"的满足。品牌消费者最大的特征是在认同品牌情况下的消费。

那么品牌应该如何实施"拟人化"策略？

第一，精确地找出品牌的核心价值是什么。品牌核心价值又称为品牌DNA。和人一样，品牌的DNA决定了品牌外在表现的一切行为。价值观的契合构成朋友交往的重要因素，品牌也如此。麦当劳的品牌核心价值是"欢乐"，通过它来注入品牌元素（包括设计、传播、推广等）会让消费者感到麦当劳是一个轻松快乐的人，正如麦当劳叔叔的形象。所以我们可以看到，经常去麦当劳的人与去酒楼的人不一样。价值观能聚合同类的消费者。

第二，找出自己的品牌个性是什么。心理学认为，个性就是个体在多种情境下表现出来的具有一致性的反应倾向，是个体对外界环境作出的习惯性行为。对消费者的研究表明，消费者的个性直接影响着消费者的购买行为。品牌作为一个特殊的"人"，它也有性格，也有特殊的文化内涵和精神气质，这就是品牌个性。品牌个性是品牌与品牌之间识别的重要依据。

一个品牌的沟通若能做到个性层面，那么它在消费者心中的形象是极其鲜明的，它的沟通也是非常成功的。比如，纵观Virgin 30年的发展足迹和品牌里程，自由、创新、价值、反传统的个性和物超所值的品牌价值始终承载着Virgin品牌，用具体的个性化产品策略和物超所值的服务措施与目标消费者的情结联系起来,铸就了今天永远创新的Virgin。Virgin的取名,是因为Virgin代表性感，对消费者来说，具有丰富的联想力和过目不忘的吸引力。它意味着追求一种全新的生活理念和个性的生活态度：在反传统中追求开放、情趣、自由，在创新中体味浪漫、享受价值。这种品牌个性从第一张Virgin唱片开始并在产品、市场营销和品牌塑造与推广中表现出来。就Virgin品牌而言，恐怕没有谁能说出它到底是什么，是唱片，是可乐，还是航空、音乐？但它却以创新、价值、自由和反传统的品牌个性，吸引着全球追求创新和自由的消费者不断接受Virgin，直至最后爱和忠诚于Virgin品牌。

第三，找到自己的品牌气质是什么。正如有的人显得高雅，有的人显得热情，有的人平易近人，品牌也拥有自己的气质。品牌气质是消费者听到品牌后产生的一种心理感受与审美体验。比如，雀巢牛奶有一种温馨感，奔驰有一种庄重、威严感，宝马有一种潇洒、悠闲感；百事可乐给人以年轻、活泼与刺激的感觉，惠普则给人以称职、有教养的感觉。对于奢侈品牌的打造，品牌气质尤为重要，它直接折射出消费者和消费品牌的格调。比如，LV作为奢侈品牌的领先者，向来熟谙此道，从LV专卖店终端展示的质感，到店内的整体设计风格，无不让人感觉到一种高贵的气质。LV为了强化自己高贵的品牌气质，在店内的人员培训上投入了巨大的财力、物力，每个店员至少要掌握两门以上的外语，从走路到客户接洽都必须优雅自信。

第四，找到自己的品牌年龄。品牌与人一样，也有自己的年龄。这个年龄不是品牌诞生以来经历了多少年的风雨和彩虹，而是从消费者的角度来看，品牌作为一个人，年龄有多大。很多情况下，品牌的年龄要和品牌消费者的年龄相仿。比如，酷儿是可口可乐公司成功推出的一个子品牌。酷儿的所有内涵均通过以下档案完整地体现了出来："酷儿5～12岁，歪着脑袋，一手叉着腰，一手拿着酷儿饮料，一声让人叹为观止、荡气回肠的'QOO'；不只爱玩，有点小淘气，活脱脱的一个小精灵，一个随时带来欢乐的小伙伴，一个鲜活的小生命！"可口可乐公司通过对酷儿品牌年龄的精准定位，一下子抓住了消费者——5～12岁儿童的心，成为近年来可口可乐公司推出的最为成功的品牌。

第五，找到自己的品牌阶层。人是社会性动物，人只有在社会中才能找到自己作为"人"而存在的意义，品牌也一样。这里必须指出，不同地方的消费人群对同一品牌的阶层理解会有很大差异。例如，奔驰在中国内地被看作成功人士的标志，属于精英人群的消费品牌，而在中国台湾和中国香港经常被看作"黑社会的坐骑"。

第六，找到和强化自己的品牌故事。品牌故事实际上是企业将自己品牌发展过程中的一些经历生动化，成为一个或多个故事；同时，品牌故事也包括品牌自己根据特定的文化演绎出来的品牌内涵。正如每个人都有自己的经历一样，品牌也有自己的经历、故事。同样是卖梳子，为什么很多企业只能做小本买卖，而谭木匠做了十几亿元？根本原因就在于谭木匠把中国千年的"治木"文化融入了梳子中。

总体来讲，品牌拟人化策略的关键就是要从消费者的角度，赋予品牌"人化"的生命，找到品牌的价值观，品牌的个性，品牌的年龄、气质及故事。通过对这5个维度的有效梳理，品牌会在塑造过程中自然而然鲜活起来。当你的品牌代表的不仅仅是一个产权意义上的商标、一个符号、一句标识语，而转换为一个立体的、能和消费者对话、沟通并达成共鸣的"人"的时候，在击中消费者的"心智战"中，你才会脱颖而出。

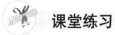

课堂练习

品牌拟人化练习

在本章的"项目过程实训"中，我们对毛嘉衣架品牌已经通过市场调查分析有了较多的了解，现在再进一步阅读下面的相关信息，然后完成相关练习。

桂林毛嘉工艺品有限公司坐落在风景秀丽的中国广西桂林荔浦，中国商务部授予荔浦"中国衣架生产基地"称号，全世界大部分的衣架都产于这里。桂林毛嘉工艺品有限公司（以下简称毛嘉）正是这个衣架生产基地中建立最早、规模最大、产品最齐全的衣架厂家。毛嘉拥有 23 000 平方米的先进厂房、680 名熟练工人和超过百名的技师。这些雇员经过长期培训，技术高超。毛嘉生产超过 600 种衣架和百余种服装模特。其中，衣架分金属、原木、铝、浸塑和包布等大类，模特则用玻璃纤维制造。经过多年的不断追求和改良，毛嘉衣架已经超越了衣架悬挂衣物笔挺不变形、防滑不脱落等传统功能，而且形式更为多样、更为环保。为保证一流品质，毛嘉的衣架都是精选最好的符合环保要求的原材料精心设计制作的。

毛嘉是集产品设计、生产、销售于一体的衣架生产厂家，可以接纳大批量的、持续供货时间较长的大订单。毛嘉是世界多家知名连锁大型超市及知名服饰品牌衣架的长期供应厂家，90% 的产品销往世界 30 多个国家和地区，在衣架生产和销售领域享有盛誉。为了进一步扩大毛嘉的产品影响力，2009 年毛嘉在美国洛杉矶设立了海外销售分公司（Wayne Holdings Inc.），销售分公司有规模巨大的展示间和物流仓库，为美洲客户提供价格更优惠、供货时间更短、服务更周到的厂价直销，并且可以提供小批量即时提货批发。与此同时，毛嘉超强的设计能力可以为世界著名的服装品牌提供专业的衣架设计服务，个性化的衣架更能突出服装的品牌和个性。毛嘉最新推出了具有环保和保健功能的樟木标志衣架。由于樟木具有驱虫防蛀、有益人体健康的特性，毛嘉采用纯天然的樟木做衣架的标志，使普通衣架具有了环保和保健功能，能更好地保护消费者的衣物。樟木标志是毛嘉的独有专利，也成为毛嘉衣架区别于他物的明显标志。

毛嘉衣架三大品牌系列：MAOS；锦衣卫；三角演艺。

请各学生团队经过 20 分钟的头脑风暴和研究讨论，写出毛嘉衣架品牌的拟人化策划文字，老师抽取团队代表上台分享。

8.6 创意确定

8.6.1 内容与实施、自检要求

这是品牌策划创意的第四个环节，主要实训内容是在头脑风暴后，分析并筛选创意，确定最优创意，完成有关费用预算和效果预测。

表 8.5 所示为实训内容与实施、自检的要求。

表8.5　实训内容与实施、自检要求

内　　容	操作步骤	操作方法	注意事项	自　　检
创意确定	16．创意验证 17．优选创意 18．修正创意	㉒ 运用市场检验、客户沟通、专家评价来验证创意的效果 ㉓ 根据创意验证效果的评分和综合考虑，由团队投票决定选择哪个创意 ㉔ 进一步对照品牌战略、品牌规划目标，对品牌策划创意做更完善的修正	特别考察创意在品牌策略中的构思	● 创意描述 ● 创意评分表 ● 创意修正要点
费用预算和效果预测	19．实施计划 20．预算与预测	㉕ 为实现品牌策划创意所做的实施计划安排，包括品牌核心价值、品牌形象、客户关系管理等 ㉖ 费用预算和效果预测	特别注意各项费用测算必须通过市场调查来完成，必须符合当前实际	● 实施计划 ● 费用预算 ● 效果预测

8.6.2　相关知识与工作内容

1．客户关系管理

品牌创意的实施离不开客户关系管理的工作，品牌策划的内容必须运用客户关系管理手段才能有效地组织与执行。

客户关系管理（Customer Relationship Management，CRM）是一个品牌不断加强与顾客交流，不断了解顾客需求，并不断对产品及服务进行改进和提高，以满足顾客需求的连续的过程。其内涵是品牌利用信息技术（IT）和互联网技术实现对客户的整合营销，是以客户为核心的品牌营销的技术实现和管理实现。

2．客户关系管理实施的主要步骤

① 确立业务计划。

企业在考虑部署客户关系管理方案之前，首先应确定利用这一新系统实现的具体的品牌营销目标，如提高客户满意度、缩短产品销售周期及增加合同的成交率等，即企业应了解这一系统的价值。

② 建立客户关系管理员工队伍。

为成功地实现客户关系管理方案，管理者还需对企业业务进行统筹考虑，并建立一支有效的员工队伍。每一准备使用这一销售系统方案的部门均需选出一名代表加入该员工队伍。

③ 评估销售、服务过程。

在评估一个客户关系管理方案的可行性之前，使用者需多花费一些时间，详细规划和分析自身具体业务流程。为此，需广泛地征求员工意见，了解他们对销售、服务过程的理解和需求；确保企业高层管理人员的参与，以确立最佳方案。

④ 明确实际需求。

充分了解企业的业务运作情况后，接下来需从销售和服务人员的角度出发，确定其所需功能，并令最终使用者寻找出对其有益的及其所希望使用的功能。就产品的销售而言，企业中存在着两大用户群：销售管理人员和销售人员。其中，销售管理人员感兴趣于市场预测、销售渠道管理及销售报告的提交，销售人员则希望迅速生成精确的销售额和销售建议、产品目录及客户资料等。

⑤ 选择供应商。

确保所选择的供应商对你的企业所要解决的问题有充分的理解。了解其方案可以提供的功能及应如何使用其客户关系管理方案。确保该供应商所提交的每一软硬设施都具有详尽的文字说明。

⑥ 开发与部署。

客户关系管理方案的设计需要企业与供应商两个方面的共同努力。为使这一方案得以迅速实现，企业应先部署那些当前最为需要的功能，然后再分阶段不断向其中添加新功能。其中，应优先考虑使用这一系统的员工的需求，并针对某一用户群对这一系统进行测试。另外，企业还应针对其客户关系管理方案确立相应的培训计划。

8.7 创意文案和提案制作

这是品牌策划创意的第五个环节，主要实训内容是根据已经确定的创意和策略，撰写文案和制作 PowerPoint 提案，并通过演讲、答辩的形式向项目委托方汇报，争取本方案获得认可。

教学团队组织模拟竞标。各学生团队按照投标的形式，在同一时间面对评议小组互不透明地进行竞标。教师与项目方专家、行业企业专家等组成评议小组。

表 8.6 所示为实训内容与实施、自检的要求。

表8.6 实训内容与实施、自检要求

内 容	操作步骤	操作方法	注意事项	自 检
创意文案撰写	21. 策划创意说明书 22. 品牌策划建议书	㉗ 解释品牌策划创意思路和创意的独特亮点 ㉘ 根据品牌策略及其计划实施的需要，编写品牌策划建议书	① 注意独特亮点的表达要同样能吸引读者 ② 脚本文案的文字以清晰、明白为原则，要求图文并茂	● 创意说明书 ● 创意文案
创意提案制作	23. 提案构思 24. 提案制作	㉙ 在整体风格、美学效果、时间把握方面首先进行构思 ㉚ 使用最新版 PowerPoint 工具进行电子幻灯片提案制作	注意团队中至少有一个成员对 PowerPoint 工具的运用比较熟练	PowerPoint 提案
演讲与答辩	25. 预演练习 26. 正式演讲与答辩	㉛ 练习背诵、解读、时间控制、与电脑操作的组员配合 ㉜ 商务礼仪展现、职业能力体现、专业能力展示	① 预演，预演，再预演，是成功的基础 ② 现场氛围控制非常重要，这是通过礼仪和能力来把握的	● 预演 3 次 ● 演讲 ● 礼仪 ● 预备问题

8.8 创意评价

这是品牌策划创意的第六个环节，主要实训内容是对本项目的创意工作形成客观的评价。评价意见来自行业企业专家和老师的评价。教学团队的老师必须在提案完成后，根据学生团队表现和专家评价意见，对每一个学生团队的作品和表现进行全面的点评。

表 8.7 所示为实训内容与实施、自检的要求。

表8.7　实训内容与实施、自检要求

内　　容	操作步骤	操作方法	注意事项	自　　检
客户评价	27．客户意见和建议	㉝在投标演讲答辩中，客户会很直接地提出意见和建议	详细记录客户所说的每一句话，诚恳地解释自己的创意	客户评价
专家评价	28．专家提问和点评	㉞在评标中，邀请的行业专家会从专业的角度提出问题，并点评提案演讲和回答问题的表现	详细记录专家所说的每一句话	专家评价
教师点评	29．教师点评	㉟模拟投标PK活动结束后，指导老师要进行综合点评和评分排名，向中标者宣布中标名单和中标内容	详细记录指导老师所说的每一句话	教师点评

8.9　自我总结

　　这是品牌策划创意的最后一个环节，主要实训内容是在模拟竞标和客户沟通的过程中，根据客户的要求、评委的意见，修正完善创意和策略，并在团队内部进行自我检讨。

　　表8.8所示为实训内容与实施、自检的要求。

表8.8　实训内容与实施、自检要求

内　　容	操作步骤	操作方法	注意事项	自　　检
修正完善创意	30．修正完善创意	㊱在文案和提案制作过程中，根据最新资料的分析、客户意图的理解、市场环境变化的分析、市场目标和营销战略的调整等，在投标演讲前，可以做进一步的修正和完善	客户的要求和市场的状况是对立统一的关系，以客户为中心是工作的重点，务必注意协调处理好客户关系	完善活动的纪要
自我总结	31．自我总结	㊲每个团队均应在项目结束后，专门组织撰写自我总结报告，召开总结会议，会上要进行充分讨论，畅所欲言，以达到总结提高的目的	人人都必须提交自我总结报告和在小组会上发言，无论是遗憾的体会，或是欣喜的收获，都是一次难得的促进	● 总结笔记 ● 总结报告

8.10　典型品牌策划创意的技巧

8.10.1　品牌核心价值创意技巧

　　品牌核心价值是品牌的精髓，也是品牌资产的源泉，是驱动消费者认同、喜欢乃至忠诚的主要力量。竭力策划品牌核心价值已成为许多国际一流品牌的共识，因为是否具备核心价值已经成为品牌是否成功的重要标志。

　　品牌核心价值的策划创意可分3个方面来进行。

1. 理性价值

品牌核心价值中的理性价值内容着眼于功能性、效用性属性，应在功效、性能、质量、便利等方面进行创意，这是绝大多数品牌在品牌初创时期的立身之本和安身之所。比如飘柔的理性价值是"让头发飘逸柔顺"，海飞丝的理性价值是"快速去除头屑"，潘婷的理性价值是"补充头发营养"，沙宣的理性价值是"专业头发护理"。

2. 感性价值

品牌核心价值中的感性价值着眼于顾客在购买和使用的过程中产生某种心理感受，这种感觉为消费者拥有和使用品牌赋予了更深的意味和营造了密切的关系，很多强势品牌的核心价值创意之所以成功，就是在理性价值之外特别注重感性价值的创意。

感性价值的创意可以通过如下几个方面在品牌与消费者之间营造密切关系来完成。

① 熟悉关系：我非常了解这个品牌。

② 怀旧关系：这个品牌让我想起生命中某个特别的阶段。

③ 自我价值关系：这个品牌与我非常相符。

④ 合伙关系：这个品牌非常看重我。

⑤ 结合关系：如果找不到这个品牌我会非常沮丧。

⑥ 承诺关系：不管生活好坏我都将继续使用这个品牌。

⑦ 依赖关系：一旦我不使用这个品牌，我感到有什么东西正在消失。

比如，可口可乐创造的是"依赖关系"，麦当劳餐厅创造的是"熟悉关系"，苹果电脑创造的是"自我价值关系"，南方黑芝麻糊创造的是"怀旧关系"。

3. 象征价值

品牌核心价值中的象征价值是品牌成为消费者表达个人主张、自我实现或自我宣泄的方式，有个性的品牌具备鲜明的象征价值，就像人一样有血有肉令人难忘。近年来品牌个性在品牌核心价值和品牌识别中的地位越来越重要，以至于不少人认为品牌个性就是品牌的核心价值。

比如，LEVI'S牛仔裤象征着"结实强壮"，万宝路香烟象征着"粗犷豪迈"，哈雷机车象征着"无拘无束"，百事可乐象征着"年轻刺激"，顾家象征着"诚恳"。

8.10.2 品牌符号创意技巧

品牌符号（Brand Symbol）是区别产品或服务的基本手段，包括名称、标志Logo、基本色、口号、象征物、代言人、包装等。这些识别元素形成一个有机结构，对消费者施加影响。它是形成品牌概念的基础，成功的品牌符号是公司的重要资产，在品牌与消费者的互动中发挥作用。因此，品牌符号化，是最简单直接的传播方式。品牌符号化最大的贡献就是能帮助消费者简化他们对品牌的判断，对企业而言是最节省沟通成本的做法。

品牌就是承诺，品牌符号就是承诺的载体，是每个消费者头脑中对一种产品、一项服务或一个公司心理寄托的意念挂钩。

人们喜爱品牌所以喜爱品牌符号，喜爱品牌符号发展出对品牌的高度忠诚，购买该品牌的产品，就是购买品牌符号所承诺的一切，因为相信它们的优越性。品牌和符号一样，简短但总是蕴含着某种意义。

如今每家企业都明白品牌的必要性和迫切性，是因为优秀的品牌造就了企业，无效的品牌阻碍了成功。被人们认知和记忆是至关重要的，但这也越来越困难，一个强有力的品牌能在拥挤的市场中脱颖而出，关键是依靠品牌符号。

品牌符号创意的主要技巧如下。

1. 工厂制造产品，头脑创造品牌

品牌符号是一个品牌的视觉和语言的表达，你可以看到它，触摸它，闻到它，拿着它，听到它，看着它运动。它开始时是一个品牌名称和商标，但会逐渐进化到一系列的手段和交流方式，品牌标志强化着消费者对该品牌的认知，最好的品牌符号系统应该是好记、可信、富有意味、与众不同、便于使用、不断增值、能够跨越文化和习俗的界限、迅速为人们所认知的。

2. 标志 Logo 是通向品牌的入口

品牌符号便于记忆和快速识别，可以促进人们对品牌的感知和认同，引发他们对品牌属性的种种联想。比起其他感觉来，视觉符号更能提供关于这个世界的种种信息，所以我们在创意品牌符号时，既不要忽视其他符号，也要特别重视品牌标识 Logo。标志为人们熟知后，人们往往用它们来代替公司名称了。

3. 品牌符号的认知顺序

创意品牌符号需要研究人的感知科学，遵循人们识别和接受信息刺激的规律。在进行品牌符号创意时必须记住，大脑最先辨别和记住形状与色彩，因为这些视觉信息是可以直接被认识和记忆的，而语言则必须被解码为意义。

因此，品牌符号的认知顺序如下：

首先是形状。大脑接受的如果是与众不同的形状，会更快地加入到记忆中，并且记忆更牢固。

其次是色彩。颜色可以触动冷、暖、硬、软等情感并引发关于品牌的联想，是一种很好的记忆手段。我们需要精心选择与品牌个性相符且与众不同的色彩，这样不仅有利于品牌认知，而且能够展示品牌的独特个性。很多公司都将它们品牌的核心色彩组合方式进行了商标注册，比如你的视野里出现了一辆红色的卡车，你便知道那是一辆运送王老吉饮料的卡车。

最后是文字内容。大脑要用更多的时间来处理文字语言，所以我们把文字内容放在形状和色彩之后，排在这个顺序的第三。

8.10.3　品牌人格创意技巧

品牌就像人，你赋予它性格、情感、意念，塑造它人格化的故事，它就不再是冷冰冰的产品，它就能像风情万种、活生生的人来打动你。

消费者的消费已经不再是满足基本的生活需要，越来越多的消费是为了满足社交性、尊

严性、象征性的需要，当消费者想要表达真实自我而又不能直接说出口时，他可以通过自己的消费行为来表达。没有人格的品牌是没有个性的，往往也是短寿的。因为没有人格化，所以无法与消费者建立感情，形成偏好；因为没有稳定的性格和行为特征，消费者无法认识和认同品牌的个性，自然也无法与消费者自己的个性进行比较并确认是否一致。

广告大师威廉·伯恩巴克认为，每种成熟产品都会产生一种与人们的心理有着微妙联系的东西，即"发现与生俱来的戏剧性"。用市场营销的理论来解释是：产品和品牌都相当于一个"演员"，市场就是一个"舞台"，如果产品或品牌在市场这个"大舞台"上把戏剧演得出神入化，就会被观众追捧，成为人尽皆知的魅力明星，那么成为"魅力明星"的产品或品将会被市场认可。这种把品牌当作"演员"，把市场作为"舞台"，将品牌变成"演员"甚至打造成"魅力明星"的方法就被称为"品牌人格创意"。

品牌人格创意有以下三个方面的技巧。

1．品牌人格神奇化

人是喜欢讲故事的动物，神奇的故事令人敬佩而刻骨不忘，比如关羽的故事、岳飞的故事等。因此，为品牌讲故事是品牌人格化的重要内容，神奇的故事能塑造品牌神奇的人格，能吸引大家非同一般的注意力，拉近消费者的心理距离，为品牌和消费者之间架设亲密的桥梁。

比如，国际化妆品巨擘 REVLON 进入中国市场时，为了给其品牌塑造一个中国式的人格化传奇故事，将其品牌名称译成了唐代诗人李白描写唐朝大美女杨贵妃的名句："云想衣裳花想容，春风拂槛露华浓"的点睛之笔——"露华浓"。这个品牌名称"露华浓"因此具有了杨玉环的人格，使得中国人对国际品牌 REVLON 刮目相看，也导致中国广大女性对 REVLON 的神往，也就拉近了与中国女性的距离，最终为 REVLON 迅速占据中国高端化妆品市场铺平了道路。

2．品牌人格吉祥物化

品牌选择人物作为卡通吉祥物，以夸张的手法传递出品牌人格化形象，使消费者很直接容易地接受企业的理念和文化，同时，品牌吉祥物所具有的人情味无形中有助于品牌与消费者之间的沟通，使企业在公众心目中具有亲切感和随和感。像滑稽可笑的"麦当劳"叔叔、憨态可掬的"康师傅"、聪明活泼的"海尔兄弟"等都是品牌造型的典范。

3．品牌人格个性化

品牌的个性应该是品牌人格化后显示出来的独特性，比如人的脾气、行为方式、偏好等特征，品牌具备这些人格化心理特征就创造了品牌的个性和形象识别，代表了一个品牌区别其他品牌的差异性，让品牌脱颖而出。中国有句老话叫"物以类聚，人以群分"，只有与自己同类的人在一起，才会感到自如、放松。人格个性化的品牌性格具有形象化和情绪化的特点，使品牌形象更具有强烈的感染力，能激起消费者的认同和共鸣，起到了增加品牌美誉度和保持品牌忠诚度的巨大作用。

比如，一个四十岁左右的人拿着一瓶"纯真年代"纯净水总让人感觉不伦不类。又比如，可口可乐告诉消费者：他就是那个给你感觉"爽"的人，因此，只要爽就喝可口可乐。可口可乐很大程度上不是饮料，他是好玩的、精彩的和刺激的人。

8.10.4　品牌故事创意技巧

　　品牌故事是"讲"出来的，因为大部分品牌故事是经过策划者精心创意和设计出来的，对曾经发生过或编写的故事进行重新寻找切入角度、安排更合理的情节、渲染气氛等创意加工后，将它们传播给广大受众，从而给受众带来鼓舞或者是激起受众的兴趣，使得目标消费群加深对品牌的印象，对企业倍加关注和重视，达到良好的品牌传播效果

　　翻开成功品牌的历史，都会发现它们拥有独一无二的品牌故事。品牌文化就是指一个品牌由产生到发展，由不为人知到无人不知的过程中许多品牌故事所组成的文化。

　　总部位于美国明尼苏达州的 Haberman & Associates 公关公司是一家开宗明义地以"讲述品牌故事"为营销手段的公关公司。公司创始人 Fred Haberman 说："我们是现代的讲述品牌故事的专家，我们的使命就是帮助企业和个人发现、完善和传递它们的品牌故事。无论是用原始的口口相传的手段，还是现代的电子手段，讲述故事的方法仍然遵循那些古老的程序。这需要热情，需要创造力，需要故事的完整性，从而使得品牌故事具有更加强大的传播力。"

　　既然是故事，当然不能少了时间、人物、地点、事情四要素，而讲故事的形式则有三种。

　　① 技术或原材料的发明或发现故事，如农夫山泉的故事是"有点甜"，乐百氏的故事是"27层过滤"。

　　② 品牌创建者某段经历的故事，如海尔张瑞敏怒砸 26 台不合格冰箱的故事，肯德基大叔烹炸鸡块的传奇故事。

　　③ 品牌发展过程中发生的典型故事，如麦当劳餐厅销毁卖剩汉堡包的故事，赛百味帮助大学生成功减肥的故事。

 ## 知识练习

一、问答题

（1）品牌策划创意的概念是什么？

（2）品牌人格创意有哪三种技巧？

（3）谈谈品牌核心价值中象征价值的作用和意义。

（4）客户关系管理对品牌策划有何作用？

二、判断题

（1）神奇的故事并不能塑造品牌神奇的人格。（　　）

（2）品牌竞争力是指企业的品牌拥有区别或领先于其他竞争对手的独特能力。（　　）

（3）品牌识别 CI 从品牌的 MI、BI、VI 3 个方面规范了品牌的思想、行为、外表等内外含义。（　　）

（4）品牌抢先占位法是指发现消费者心智中有一个富有价值的阶梯位置无人占据，就全力去占据它。（　　）

三、选择题

（1）品牌形象化策略有四步：

A．设定使用情境

B．设定人物的性别

C．提取品牌角色

D．利用色彩提升形象化效果

E．利用语言描绘品牌形象化角色

F．评估品牌形象化造型在技术上的可行性

（2）品牌感性价值的创意可以通过塑造以下关系进行：

A．熟悉关系

B．朋友关系

C．怀旧关系

D．自我价值关系

E．合作关系

F．承诺关系

G．依赖关系

 实务训练

目标：既然我们已经对毛嘉衣架的品牌有了充分的认知，请以团队为单位用15分钟为该品牌创意一个品牌故事。

内容：从三种讲故事的形式都分别尝试一下，然后挑选一个形式来讲故事。

组织形式：请每个团队按照以下流程完成任务。

①用5分钟分别上网去挖掘素材。

②用5分钟头脑风暴设计故事。

③用5分钟写出故事的提纲。

④老师安排每个团队上台分享他们创意的品牌故事。

要求：每个团队必须参与练习。

公关策划创意实训

 学习目标

1. 知识目标

通过本章实训，掌握公关策划创意的真实工作过程和技巧，深刻理解公关策划在企业经营、品牌营销中的重要作用，掌握典型公关策划创意的技巧。

2. 能力目标

学生团队应掌握社会公众环境的市场调查方法，养成团队分工、协力合作的工作习惯，能够熟练运用 PPT 完成演讲与答辩。

学习导航

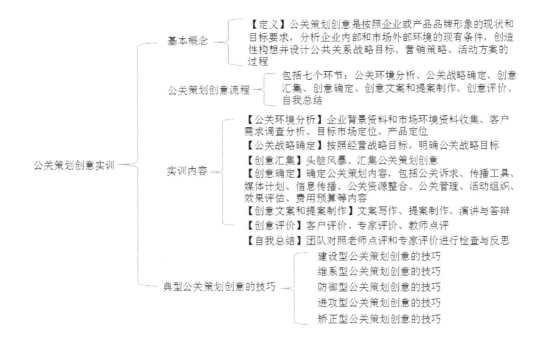

案例导入

百年全聚德的公关策划

全聚德集团有限公司是一家具有悠久历史和文化传统的京城老字号餐饮企业。面对改革开放和市场经济的浪潮，全聚德集团进行了重组，成为"全聚德"商标的唯一持有者，并在国内外进行了商标注册。截至1999年年初，集团已在国内注册11个商标，涵盖25大类124种商品和服务项目，同时在世界31个重点国家和地区注册了"全聚德"商标。1999年1月1日，经权威资产评估机构对"全聚德"品牌评估，"全聚德"品牌价值7亿元人民币。在此基础上，全聚德集团开始全面实施公关战略工程，确定了公关目标：形成全而无缺、聚而不散、仁德至上的企业形象。

1. 大型社会公关

大型公关活动是最常见的一种公关策划形式，也是企业最容易达到其公关目标的手段。因为它社会影响大、针对性强、沟通效果好，同时实施难度也较大。"全聚德"135周年店庆大型活动从策划、筹备、实施和提升历时近一年，涵盖"全聚德杯"新春有奖征联活动、首届全聚德烤鸭美食文化节、全聚德品牌发展战略研讨会三项大型活动，这些大型活动又包括系列专题。"全聚德"针对不同目标公众，巧妙设计公关活动，并与传播手段相结合，取得了良好的公关效益。为确保项目的顺利实施，集团总裁亲自挂帅，相关部门分工负责，按计划逐一落实。

2. 大型事件公关

第1亿只全聚德烤鸭出炉及片鸭仪式是本次大型活动最吸引人、最具新闻价值的公关事件，全聚德抓住这一亮点大做文章，而北京众多媒体记者抢新闻的劲头，说明活动创意策划到位，这是本案例画龙点睛之处。

3. 大型宣传公关

全聚德集团对大众媒体的宣传非常重视，仅"全聚德135周年店庆暨首届全聚德烤鸭美食文化节开幕式"一项活动就有24家媒体参与报道，报道量达56次之多；另外《北京晚报》对"新春征联"活动互动式的追踪报道，将征联活动不断推向高潮，为全聚德135周年店庆活动做了很好的铺垫。

公共关系是为实现企业战略目标的工作内容，它必然服从和服务于企业战略目标。全聚德的公关目标与全聚德品牌战略目标是从属关系，公关目标要从品牌战略的整体利益出发，作出通盘考虑。因此，全聚德在策划公关活动时，根据现阶段要完成的任务、现有的资源和面临的条件来确定公关目标。全聚德135周年公关目标既考虑公众的对全聚德品牌的爱好和继续发扬传统的要求，又考虑全聚德不断发展壮大的利益，为此选择了企业利益与公众利益的相交点，塑造了企业形象，在公关活动的具体内容和目标上则明确了具体、可行、可控的指标，形成体系，这样既有利于实施，又便于检测。

参见图9.1。

图9.1 全聚德烤鸭店

案例思考：全聚德的公关策划重点在哪里？

分析提示：

全聚德作为百年老店，形象是非常重要的，任何疏忽都有可能将其百年品牌毁于一旦。因此，他们的公关活动既要展现大气、恢宏、厚重的时代感，又要能够通过与众不同的创意影响主流媒体记者的眼球，因此，创造社会影响、创造新闻事件、创造宣传数量成为全聚德135周年庆的公关策划重点。

 做中学

修正药业区域公关策划创意

实训目的：处方药产品的客户关系管理和公共关系活动在营销策划中的地位是非常重要的，因为药品在广告宣传、降价促销、人员推销方面，我国都有比较严格的政策法规约束，那么，如何通过公益活动、公关活动、客户关系管理等公关手段来达到营销目标，同学们可以通过实训活动掌握其中的规律和技巧。

实训内容：修正药业集团是集科研、生产、营销于一体的大型现代化民营企业，集团总部设在长春，营销总部设在北京。产业布局已从医药名城通化，延伸到柳河、双阳、长春、北京、四川、南昌等地。总占地面积117万平方米，总建筑面积39万平方米。集团下辖66个全资子公司，有员工80 000余人，资产总额75亿元。

请同学们通过网络了解修正药业的企业情况和市场现状，为该企业在本校所在的城市区域开展公关策划进行创意。

实训要求：

① 为修正药业区域市场的公共关系进行策划创意。

② 每个学生团队必须通过市场调查（至少自行设计并完成调查100份问卷）完成市场定位。

③ 创意必须有新意、合逻辑，并且可行。

④ 注意分析需求、分析对手、分析市场。

⑤ 注意分析企业特点，创新公关手段。

实训步骤：学生模拟公司应按照工作流程开展实训。

成果评价：两周后提案竞标，以文案和 PPT 形式提交，现场讲解、答辩，特邀当地经销商、代理商或厂家的专家、代表参与评分、评价。

同类作品欣赏

9.1　基本概念

9.1.1　公共关系

公共关系是指品牌与公众环境之间的沟通与传播关系，也指为改善品牌与社会公众关系而组织的一系列公共活动。公共关系的目标是促进公众对品牌的认识、理解及支持，达到树立良好品牌形象、促进产品销售的目的。

具体来说，公共关系活动可以起到以下作用：

① 一个品牌是否成功取决于公共关系处理得如何。

② 协助处理好各种问题与事件。

③ 通过公共关系活动了解公众。

④ 传递品牌为公众所承担的社会责任。

⑤ 帮助品牌保持与社会同步，被公众认同。

9.1.2　公关策划创意

公关策划创意即"公共关系的策划创意"，是按照企业或产品品牌形象的现状和目标要求，分析企业内部和市场外部环境的现有条件，创造性构想并设计公共关系战略目标、营销策略、活动方案的过程。

公关策划创意主要解决以下 3 个问题：

一是创新公共关系的内容和形式以便品牌易于被公众接受。

二是提高品牌传播与沟通的效率。

三是创新公共关系管理系统。

9.1.3　公关策划创意的原则

公关策划创意应坚持以下原则。

① 求实原则。实事求是是公关策划创意的一条基本原则。公关策划创意必须建立在对事实的真实把握基础上，公关活动应该以诚恳的态度向公众如实传递信息，并根据实际情况的变化创新策略和调整时机。

② 系统原则。这是指在公关策划创意中，应将公共关系管理作为一个系统工程来认识，按照系统的观点和方法予以创造性谋划、统筹。

③ 创新原则。公共关系策划的创意必须打破传统、刻意求新、别出心裁，使公关活动生动有趣，体现品牌的个性形象，从而给公众留下深刻而美好的印象。

④ 弹性原则。在公共关系处理的过程中涉及的不可控因素很多，任何人都难以全面把握，因此策划创意应留有余地才可进退自如。

⑤ 道德原则。公共关系管理中将会涉及不同区域的社会各阶层群体，因此要求策划创意过程中应注意文化、宗教、民族等伦理道德约束。

⑥ 心理原则。公关策划很大程度是针对公众心理反应的应对策划，要掌握心理学原理在公关策划中创新运用，正确把握公众心理，因势利导化解矛盾，实现品牌增值。

⑦ 效益原则。创新构思如何以更少的公关费用，取得更佳的公关效果，达到企业的公关目标。

案例资料

全球最好的工作

2009 年初，一条号称"全球最好工作"的招聘信息使人们眼前一亮：成为澳大利亚昆士兰州大堡礁的护岛人（参见图 9.2），每月工作不超过 12 小时，不仅可饱览海景风光，还可在半年内拿到约合 65 万元人民币的工资。消息一出，来自全球 200 多个国家的 3 万多报名者一度使昆士兰州旅游局官方网站陷入瘫痪。

当地旅游局承认活动旨在提升大堡礁的国际知名度。这次活动预计投入 170 万澳元，但目前这项活动带来的公关价值已经超过 7000 万美元，咨询当地旅游的旅客也络绎不绝。

这次活动为什么如此成功呢？其实首先它抓住了经济危机中人们对于好工作的渴望心理，其次在具体的活动组织上还巧用了一些小技巧，这可供经济危机环境下的企业营销参考。

第一，将宣传的主战场转向更易观测消费者反应的渠道，例如搜索引擎的广告、BBS 等SNS 社区。在这次活动中，人们口口相传的力量在其中起到了重要作用，通过 YouTube 及各类专门针对比赛的 BBS、博客，旅游局能迅速了解到人们的反应，并且旅游局通过不同版本的申请网站对目标客户市场的反应进行监测，这样就可以随时调整改进自己的方案。

第二，宣传的娱乐性和新闻性很重要，但更要与产品相联系。以"全球最好工作"为题的确吸引眼球，连 BBC、福克斯、中央电视台都开辟专栏介绍该项目。但这并不意味着新闻或是新闻营销是万能的，它们要与产品紧密联合才能迅速达到效果，比如人们为了参加应聘，必须主动搜寻大堡礁的信息，而超女活动等，参加超女选秀或投票并不一定要研究或购买一盒蒙牛酸酸乳。

第三，重视市场细分，抓住核心消费者的同时，也要扩大消费者的参与面。"全球最好工作"的职位竞聘要求没有学历、年龄、地区等限制，仅仅要求有热情、有娱乐性、有展示能力的欲望、一年相关经验，并且申请职位只需要拍摄 60 秒的自我介绍视频。这样宽泛的条件在增加了挑选人才范围的同时，也起到了免费广告宣传的效果。

第四，宣传既具备长期性，也兼具灵活性。以组织活动为形式的营销往往热了一阵就过去，而"全球最好工作"不仅选拔期和工作合同期都是 6 个月，他们从未承诺这是个长期的职位，而且这种方式也给旅游局留下了余地，这意味着在 6 个月选拔期结束后可根据市场反应决定是否进行下一轮选拔，而且旅游局今后可以持续不断地进行选拔活动。

图9.2　美丽的大堡礁

9.2　实训流程简介

以真实工作过程为导向，经过对系统化知识与技能的解构，采用七步法，按课程建设的需要，对公关策划创意实训流程进行重构，参见表9.1。

表9.1　公关策划创意实训流程

实训流程	内容要求
公关环境调查分析	企业背景资料和市场环境资料收集，消费者分析，竞争对手分析，目标市场定位，企业现状和经营目标分析
公关战略确定	按照企业经营战略目标，明确企业公关战略目标
创意汇集	头脑风暴，汇集公关策划创意
创意确定	确定公关策划内容，包括公关诉求、传播工具、媒体计划、信息传播、公关资源整合、公关管理、活动组织、效果评估、费用预算等内容
创意文案和提案制作	撰写文案，制作提案，并面对项目委托方及专家讲解创意提案
创意评价	项目委托方评价，其他企业和行业专家评价
自我总结	在提案过程中，对照老师点评和专家评价进行检查与反思

阅 读 资 料

一份公关策划书的主要内容

1. 背景分析

这部分主要就公关传播中存在的问题进行陈述与分析，并阐明公关计划的首要目标。这部分陈述是制订项目策划案和实施计划的基础。

背景分析中可以包括以下几方面，如目标受众、最新调查结果、企业立场、行业发展历史，以及要实现既定目标需要克服的障碍等。在公关策划书中，可以将最终的公关传播目标分成几个小目标，每个小目标都要能够回答同一个问题：我们希望获得什么样的结果？

2. 策划内容

策划书的第二部分就是准备制订公关项目策划书，这将为我们有效解决问题提供一个大的框架。这部分主要是从战略角度对策划案进行阐述，内容包括实现传播目标所必须采取的方法和手段。

虽然每一份公关策划案的内容都不尽相同，但通常情况下，它应该包括以下几个部分。

- 任务实施范围和目标：也就是对任务性质的描述，要明确项目要实现的目标是什么。
- 目标受众：明确目标受众群体，并根据某一标准将其分成几组，以便于管理。
- 调研方法：明确将采用的具体调查手段。
- 主要信息：明确主要诉求。在确定诉求之前，不妨先问自己这样几个问题：我们想向受众传达什么信息？我们希望他们对我们产生什么样的看法？如果他们收到了我们的信息，我们期望他们作出什么样的反应？
- 传播工具：从战术的意义上，明确计划采用的传播工具，包括散发宣传资料、演讲、巡展、开设专栏、开辟网络聊天室等。
- 项目组成员：明确参加本项目的主要管理和工作人员名单。
- 计时与收费标准：项目进展阶段划分和完成日期，以及每阶段所涉及的成本预算。

3. 实施方案

公关策划书的第三部分主要是将前面的战术进行激活处理。这里涉及对每个相关活动实施情况的具体描述，其中也包括所有参与其中的人员名单和工作安排，尤其是最终期限和活动目标。

至关重要的是，这部分要对每个活动的时间要求和预算进行最真实而详尽的监控与评估，为后期跟踪提供参考依据。在项目进行过程中，如果有突发事件发生，也应该随时对相关因素进行更正与补充。

4. 效果评估

这是最关键的部分，即根据事先的预测，对整个公关过程进行绩效评估。这时，我们的主要任务就是为下面的问题提供答案。

- 本项目是否有效？
- 哪部分获得的效果最佳？哪部分效果最差？
- 活动的实施是否严格按照策划书的内容进行？
- 受众对我们工作的认可度是否令人满意？
- 最重要的是，活动结束后，社区、消费者、管理层或广泛意义上的公众，是否像我们最初策划时所期望的那样，对我们的态度有所改观？

管理层最大的忧虑就是，很难确定他们花在公关上的钱是否物有所值，因为公关活动的传播效果是最难评估的。但是，不管怎样，我们还是很有必要找出一种可以有效评估公关绩效的方法。所以，我们通常会在公关策划案中提到调查方法，并坚持：如果有必要，我们可以根据公众态度的转变来评估公关效果。我们应该尽可能对"公众对我们的评价和看法是否改善"及"消费者是否更愿意购买我们的产品"等这样的问题提供满意的答案。

要想全面了解公关项目的有效性，可以借助很多手段，包括活动前后受众态度的变化、与会人员的定量分析、媒体传播内容分析、调查、销售数字、职员报告、致管理层的信，以及其他来源的反馈信息。所有这些都可以成为评估公关项目有效性的手段。

9.3　公关环境调查分析

9.3.1　实训内容与实施、自检要求

这是公关策划创意的第一个环节，主要实训内容是企业和市场状况分析，通常采用PEST、SWOT、STP等分析工具，关键是明确企业或产品的品牌定位，以此作为公关策划的前提和基础。

表9.2所示为实训内容与实施、自检的要求。

表9.2　实训内容与实施、自检要求

内　容	操作步骤	操作方法	注意事项	自　检
企业内部资料收集	1. 直接沟通	①与客户进行各种方式的沟通，并深入企业现场，收集有关企业的资料	必须能与公关经理、项目经理、企业领导等进行沟通，使资料具有权威性	● 收集资料表格和清单 ● 沟通问题
企业外部资料采集	2. 间接采集 3. 直接采集	②通过商场、卖场、门店和网络、报刊、书籍，以及政府公布的数据，进行第二手资料收集 ③确定调查目标、调查内容、调查问卷、样本窗、抽样数量、抽样方法、调查计划 ④亲赴真实市场，在政府、机构、合作单位、上/下游商家、顾客中，以公关形象为目标开展市场调查	① 开展资料采集之前，需明确项目产品及其企业，做好人员分工，落实调查分析的工具，如电脑、纸笔、计算器等 ② 复习之前学过的市场调查分析知识与工具	● 调查问卷 ● 抽样数量 ● 抽样方法 ● 调查计划 ● 调查分工
资料消化	4. 数据统计 5. 图表描绘	⑤问卷数据输入电脑，统计输出结果 ⑥根据公关形象分析需要，绘制柱图、饼图等	① 团队成员分工，共同协调、协助完成 ② 注意图形标注合理，色彩搭配美观	● 统计结果 ● 绘制图形
公关形象现状调查	6. 美誉度调查 7. 知名度调查 8. 竞争力分析	⑦知名度＝知晓人数÷被调查人数×100% ⑧美誉度＝赞美人数÷知晓人数×100% ⑨通过PEST、SWOT进行竞争力分析	① 知名度表示社会公众对一个企业的知晓和了解程度 ② 美誉度表示社会公众对一个企业的好感和赞美程度	● 知名度 ● 美誉度 ● 竞争力 ● SWOT矩阵分析表
目标市场分析	9. 细分市场 10. 目标市场	⑩分析客户需求、行为和特征，根据客户的消费态度、行为习惯、人口变量、心理变量和消费习惯细分市场 ⑪分析和选择企业的市场覆盖战略：单一市场、产品专门化、市场专门化、有选择的专门化、完全覆盖 ⑫分析和选择企业的目标市场策略：无差别性市场、差别性市场、集中性市场	① 注意产品、品牌现状分析，学会运用单变量、二变量、三变量、多变量细分市场 ② 必须与客户进行沟通	● 是否符合市场细分的"五性"要求 ● 目标市场描述文档

内　　容	操作步骤	操作方法	注意事项	自　检
品牌定位分析	11. 品牌定位步骤 12. 品牌定位方法	⑬ 定位是头脑之战，寻找消费者的心理空间占位，按照定位方法一步一步练习 ⑭ 确定选用 8 种定位方法之一	① 在创意中注意避免：过度定位、混乱定位、过窄定位、过宽定位 ② 确定品牌独特卖点	• 品牌定位 • 定位步骤 • 定位策略 • 独特卖点

9.3.2　相关知识与工作内容

1．公关形象

公关形象又称为组织形象或公众形象，是指企业在公众心目中相对稳定的地位和印象，具体表现为公众对企业的看法、评价和要求。要注意的是，公关形象表现为公众的评价，但并不是说它可以和公众评价画等号，只有公众评价中所包含的相对稳定的趋势和特征，才能反映公关形象的状况。

2．公关环境

公关环境是指公关活动所处的公众环境，从不同的角度反映出不同的属性特点。

① 经济环境。企业公关活动的目标是经济利益，所以要注意分析经济环境。

② 政治环境。公关活动应被政府机关允许和采纳，就必须与当前政治环境相适应。

③ 文化环境。公关形象是一种文化形象，因此公关活动是建立在一定文化环境基础上的。

④ 心理环境。公共关系活动是与公众沟通、协调和传播信息的过程，公众对这个过程的心理接受程度决定了公关活动的成效。

案例资料

公共关系部的工作

有一家宾馆新设了公共关系部，开办伊始，该部就配备了豪华的办公室、漂亮迷人的公关小姐、现代化的通信设备……但该部部长却发现无事可做。后来，这个部请来了一位公共关系顾问，向他请教"怎么办"。于是这位顾问一连问了他几个问题："该地共有多少宾馆？总铺位有多少？""旅游旺季时，本地的外国游客每月有多少，港澳游客有多少？国内的外地游客有多少？""贵宾馆的'知名度'如何？在过去 3 年中花在宣传上的经费共多少？""贵宾馆最大的竞争对手是谁？贵宾馆潜在的竞争对手是谁？""过去一年中因服务不周引起房客不满的事件有多少起？服务不周的症结何在？"对这样一些极为普通而又极为重要的问题，这位公共关系部部长竟张口结舌，无以对答。于是，那位公共关系顾问这样说道："先搞清楚这些问题再开始你们的公共关系工作。"

9.4　公关战略确定

这是公关策划创意的第二个环节，主要实训内容是根据已经明确的品牌定位和营销战略，通过分析明确公关战略。

表 9.3 所示为实训内容与实施、自检的要求。

表9.3 实训内容与实施、自检要求

内　容	操作步骤	操作方法	注意事项	自　检
公关战略	13．明确营销战略 14．明确公关战略	⑮ 从定位提升到战略，以自身优势瞄准市场空白点或市场差异 ⑯ 对宏观环境、市场、行业、本企业状况等进行分析，以期准确、动态地把握市场机会 ⑰ 描述营销战略：企业经营的理念、方针、未来要达到的营销目标 ⑱ 描述公关战略：公共关系活动所要达到的目标	营销战略是公关战略的前提	● 营销战略 ● 公关战略

9.5　创意汇集

9.5.1　实训内容与实施、自检要求

这是公关策划创意的第三个环节，主要实训内容是根据公关战略，汇集创意，明确公关策略。

表 9.4 所示为实训内容与实施、自检的要求。

表9.4 实训内容与实施、自检要求

内　容	操作步骤	操作方法	注意事项	自　检
创意汇集	15．头脑风暴	⑲ 团队按头脑风暴法进行公关策划创意汇集	每个成员均应事先练习创意思维方法和创意工具运用	头脑风暴
明确公关策略	16．明确公关策略的内容 17．明确公关活动的战略策划和战术策划	⑳ 明确公关形象 ㉑ 明确公关战略策划 ㉒ 明确公关战术策划	公关策略必须在营销战略的框架下统一行动	● 公关战略策划 ● 公关战术策划

9.5.2　相关知识与工作内容

1．公关战略策划

公关战略策划是指公关整体形象的规划和设计，因为这个整体形象将会在相当长一段时间内连续使用，关系到长远利益。离开了战略策划的目标，公关的战术活动就失去了灵魂，变成了一种效益低下的盲目投资，有时甚至会产生负面的效果。

公关战略策划的要求是，分析未来 5 年企业面对的公众结构及公众需求将会发生什么样的变化，确定未来公关形象将相应如何发展，确定未来最终将达到一个什么公关目标。公关形象的战略策划意义重大，必须慎重。

2．公关战术策划

公关战术策划是对具体公关活动的策划与安排，是实现公关战略目标的一个个具体战役。公关战术策划的要求如下：

① 确定主题。

② 确定目标公众。由于不同的目标公众有不同的需求，公关活动必须有针对性。

③ 选择公关活动类型。

- 宣传型公关：主要利用各种传播媒介直接向公众传播信息。
- 交际型公关：利用人与人的直接接触来策划公关活动，如招待会、座谈会、宴会等。交际型公关特别适于少数重点公众。
- 服务型公关：为目标公众提供各种服务来树立公关形象，如售后服务、便民服务、义务咨询等。
- 社会型公关：通过公益性的公关活动树立公关形象，如公益晚会、救灾扶贫等。

阅 读 资 料

"公关"营销与"攻关"营销

公关和营销都是非常重要的企业经营职能，公关的主要功能是沟通与传播，营销的主要功能是销售产品或服务，前者的目标是社会效益，后者的目标是经济效益，但这些都是企业追求的利益。

长期以来，人们是把公关作为产品促销的一个有力工具来使用。美国西北大学著名的现代营销学教授菲利普·科特勒认识到：公关营销的源头一为营销，二为公关，它对企业来讲代表了一个重新发言的机会。公关营销不仅可以让消费者听见企业的有效信息，也可以在消费者心中留下较深印象。可见，在他的视野中，公关营销除了要进入"高壁垒"的封闭型、保护型市场这一点上与"攻关"有些相似的意味外，其他均是与"攻关"无缘的。显然，公关营销的作用是要"让消费者听见企业的有效信息，在消费者心中留下较深印象"。领会这一点，我们就理解了"攻关"其实是营销，我们就不会过度神化或过分小瞧公关的作用了，就不会以"攻关"手段来代替"公关"手段了。

9.6 创意确定

9.6.1 实训内容与实施、自检要求

这是公关策划创意的第四个环节，主要实训内容是在头脑风暴后，分析并筛选创意，确定最优创意，拟定实现创意的计划和预算。

表9.5所示为实训内容与实施、自检的要求。

表9.5 实训内容与实施、自检要求

内　容	操作步骤	操作方法	注意事项	自　检
创意确定	18. 创意验证 19. 优选创意 20. 修正创意	㉓ 运用市场检验、客户沟通、专家评价来验证创意的效果 ㉔ 根据创意验证效果的评分和综合考虑，由团队投票决定选择哪个创意 ㉕ 进一步对照营销战略、公关策划目标，对公关策划创意作出更完善的修正	特别考察创意在公关策略中的构思	● 创意描述 ● 创意评分表 ● 创意修正要点
预算与预测	21. 实施计划 22. 预算与预测	㉖ 为实现公关策略创意所做的实施计划安排，并做效果预测 ㉗ 费用预算与效果预测	① 费用预算和效果预测是论证、审定活动方案的重要依据 ② 特别注意各项费用测算必须实际搜集市场信息来完成，必须符合当前实际	● 实施计划 ● 效果预测 ● 费用预算

9.6.2　相关知识与工作内容

1. 公关活动费用预算

公关活动经费是指实施公关专题活动所需的费用。任何一项公关活动都要花费一定的人力、物力和财力，预算公关活动经费对于公关活动的顺利开展是十分重要的。

（1）预算公关活动经费的重要性

① 保证活动方案的可行性和现实性。预算公关活动经费，可以预先清楚地知道公关活动需要投入多少经费作为保障，做到心中有数，使公关活动方案具有可行性和现实性。

② 统筹安排活动项目。预算公关活动经费，可以根据人力、物力和财力，统筹安排公关活动方案中的每一个活动项目，避免因陷入"财政陷阱"而使方案无法实施。

③ 严格控制经费使用。预算公关活动经费，可以给公关活动费用的分配提供一个坐标系，严格控制经费的使用，把钱花在刀刃上。

④ 便于活动效果评估。公关活动方案实施完毕后，可以根据公关活动的效益同成本预算之比来检测评估公关活动的花费是否值得，并且可以考核预算内各个项目之间的分配比例是否合理，为以后的公关策划提供参考依据。

（2）预算公关活动经费的方法

公关专题活动经费预算一般采用"目标作业法"，即根据公关目标和任务的难易程度来确定公关活动经费。公关专题活动的经费开支构成大体如下。

① 行政开支。行政开支包括劳动力成本、管理费用和设施材料费。

② 项目支出。项目支出即每一个具体项目所需的费用，如场地费、广告费、赞助费、咨询费、调研费等。

③ 机动经费。在预算总额已定的情况下，应当计提一定比率（如 5% ～ 10%）的机动经费，以备计划不周或出现偶然事件而造成经费紧张。

要科学、合理地预算公关活动经费，必须具备搜集活动物品市场信息、劳动力市场信息、活动项目经费信息等方面的能力。

2．公关活动效果预测

预测公关活动效果，即对公关活动方案实施的预期结果进行综合效益评估。

我们通常会在公关策划方案中提到评估方法，并坚持我们可以根据评估方法来评估公关效果。这时，我们的主要任务就是为下面的问题提供答案。

① 本方案中各活动项目是否能够顺利开展？

② 活动开展后，能否使目标公众和其他公众在接受组织信息的基础上，记忆和认同这些信息，形成有利于组织的看法、态度或行动？

③ 活动开展后，对组织的工作会有什么促进，会使组织的公关状态在哪些方面有所改善？

④ 本次公关活动在社会上会产生什么影响？

⑤ 大众传媒和社会各界对本次公关活动会有什么样的评价与看法？

9.7 创意文案和提案制作

这是公关策划创意的第五个环节，主要实训内容是根据已经确定的创意和策略，撰写文案和制作 PPT 提案，并参加演讲与答辩。

表 9.6 所示为实训内容与实施、自检的要求。

表9.6 实训内容与实施、自检要求

内　容	操作步骤	操作方法	注意事项	自　检
创意文案撰写	23．策划创意说明书 24．公关策划建议书	㉘ 解释公关策划创意思路和创意的独特亮点 ㉙ 根据公关策略及其计划实施的需要，编写公关策划建议书	① 注意独特亮点的表达要同样能吸引读者 ② 脚本文案的文字以清晰、明白为原则，要求图文并茂	● 创意说明书 ● 创意文案
创意提案制作	25．提案构思 26．提案制作	㉚ 在整体风格、美学效果、时间把握方面首先进行构思 ㉛ 使用最新版 PowerPoint 工具进行电子幻灯片提案制作	注意团队中至少有一个成员对 PowerPoint 工具的运用比较熟练	PowerPoint 提案
演讲与答辩	27．预演练习 28．正式演讲与答辩	㉜ 练习背诵、解读、时间控制、与电脑操作的组员配合 ㉝ 商务礼仪展现、职业能力体现、专业能力展示	① 预演，预演，再预演，是成功的基础 ② 现场氛围控制非常重要，这是通过礼仪和能力来把握的	● 预演3次 ● 演讲 ● 礼仪 ● 预备问题

9.8 创意评价

这是公关策划创意的第六个环节，教学团队的老师必须在模拟竞标完成后，根据学生团队表现和客户专家评价意见，对每一个学生团队的作品和表现进行全面的点评。

表9.7所示为实训内容与实施、自检的要求。

表9.7　实训内容与实施、自检要求

内　容	操作步骤	操作方法	注意事项	自　检
客户评价	29. 客户意见和建议	㉞在投标演讲答辩中，客户会很直接地提出意见和建议	详细记录客户所说的每一句话，诚恳地解释自己的创意	客户评价
专家评价	30. 专家提问和点评	㉟在评标中，邀请的行业专家会从专业的角度提出问题，并点评提案演讲和回答问题的表现	详细记录专家所说的每一句话	专家评价
教师点评	31. 教师点评	㊱模拟投标PK活动结束后，指导老师要进行综合点评和评分排名，向中标者宣布中标名单和中标内容	详细记录指导老师所说的每一句话	教师点评

9.9　自我总结

这是公关策划创意的最后一个环节，主要实训内容是根据演讲与答辩过程中的评价意见，团队进行自我总结。

表9.8所示为实训内容与实施、自检的要求。

表9.8　实训内容与实施、自检要求

内　容	操作步骤	操作方法	注意事项	自　检
完善创意	32. 完善创意	㊲在文案和提案制作过程中，根据最新资料的分析、客户意图的理解、公关环境变化的分析、市场目标和营销战略的调整等，在投标演讲前，可以做进一步的完善	客户的要求和市场的状况是对立统一的关系，以客户为中心是工作的重点，务必注意协调处理好客户关系	完善的内容
自我总结	33. 自我总结	㊳每个团队均应在项目结束后，专门组织撰写自我总结报告，召开总结会议，会上要进行充分讨论，畅所欲言，以达到总结提高的目的	人人都必须提交自我总结报告和在小组会上发言，无论是遗憾的体会，或是欣喜的收获，都是一次难得的促进	• 总结笔记 • 总结报告

阅读资料

公关策划如何创新事件营销

①要找准品牌与事件的联结点：如果找不准品牌与事件的联结点，或是联结过于牵强，就难以让消费者对事件的关注热情转移到品牌和产品上，甚至会引起消费者的逆反心理。2003年蒙牛成功制造"神五"飞天事件营销，并围绕该事件做了大量宣传，通过户外宣传海报、媒体新闻、新浪专题、网站竞猜等多种途径，传达蒙牛的品牌信息，所得效果非常好。

②要为塑造整体品牌服务：事件营销必须见树又见林，而不能脱离品牌的核心理念。事件是一棵树，必须放在品牌战略的森林里考虑，过分突兀的事件未必对品牌有益，甚至会降低品牌的可信度和美誉度。2003年伊拉克战争期间，统一润滑油成功推出的让世界"多一些润滑，少一些摩擦"系列广告，赢得市场、公众及媒体的满堂彩。

③要保证公益原则的底线：实施事件营销要尽可能地把商业目的蕴藏在公益活动之中，也只有这样，才能收到最好的营销效果。如果不能保证公益原则的底线，事件营销的效果必将大打折扣。腾讯网在2008年大暴雪中的反应非常快捷，作为一种主要的网络媒体迅速推出了相关的版块和系列报道，包含新闻、专题、图片、视频、手机彩信、日记、故事、家书等多种形式，既体现了一个企业的社会责任，也大大地提升了腾讯的品牌美誉度。事件营销成为一种重要的塑造品牌的公关策划方式。

9.10 典型公关策划创意的技巧

公关策划创意主要针对五种公关策略来进行，以下就是围绕这五种典型公关策略的策划创意技巧。

9.10.1 建设型公关策划创意的技巧

在公关策划实施的初期，公关形象还没有在公众的头脑中留下什么印象，此时，公关策略应当以正面传播为主，建设较大气势的"第一印象"。

建设型公关策划创意在形式上要学会创造"事件"，可以运用举办专题活动、建立长期客户关系、举行公共宣传活动等形式，在策划创意中一定要懂得选择有利时机，重点在"新"上，掌握好与公众信息沟通的分寸。

9.10.2 维系型公关策划创意的技巧

在公关策划实施的中期，维系已享有的公关声誉，稳定已建立的公关形象，其特点是采取较低姿态，持续不断地向公众传递信息，使良好的公关形象长期保存在公众的记忆中。建设型公关活动是拓荒性的基础工作，常需花大钱，而维系型公关活动常常只要花小钱就可以了。

维系型公关策划应以渐进而持久的方式，针对公众的心理因素精心设计活动，潜移默化地在公众中产生作用，追求水到渠成的效果。在策划创意中要始终抓准公众心理，渐进性地加强企业与公众之间的关系。

9.10.3 防御型公关策划创意的技巧

当公共关系出现不协调，或者即将出现不协调时，应及时采取以防御为主的公关活动，将问题消灭在萌芽。

防御型公关策划在形式上常采取开展公共宣传活动、举办研讨会、鉴定会、售后服务、同行联谊会等，加强信息交流与协作，创造和谐的外部环境。

在策划创意的技巧上以防为主，居安思危，防患于未然；要洞察一切、见微知著，避免矛盾尖锐化；要积极防御，加强疏导，防御与引导相结合；要有较明确的解决问题的步骤；要重视信息反馈，及时调整自身的政策或行为；要重视调查与预测。

9.10.4 进攻型公关策划创意的技巧

进攻型公关策划是当公关形象受到影响，为了摆脱被动局面，采取"出奇制胜、以攻为守"的公关策略，争取主动，力争创造一种新的公关环境。

在策划公关活动时要注意研究环境变化，把握有利时机；同时，以创新创造为主，发挥主观能动性以适应局面变化；还要适可而止，把握进攻分；此外，不要忽略公众利益，要坚持伦理道德原则。

进攻型公关策划创意应积极采用以下策略。

① 改变策略。改变组织对环境的依赖关系。

② 交流策略。想方设法加强沟通，形成支持组织的社会舆论，既减少公众对组织的对抗情绪，又减少组织与环境的摩擦。

③ 回避策略。为避免环境等消极因素的影响，可以采用回避策略。

9.10.5 矫正型公关策划创意的技巧

当公关形象严重受损时采取矫正型公关策略很重要，可逐步稳定舆论，挽回影响，重塑公关形象。矫正型公关策划创意属于危机公关的主要内容，是公共关系的最后一道防线，着重研究如何着手采取各项有效公关措施，做好善后或修正工作，以挽回声誉、重建形象。

公关形象受损的原因有企业主观造成的，也有非企业主观可以控制的，比如因产品质量下降、服务不周、工作失误、环境污染等问题，所引起的公众对组织的不满是由于企业自身主观造成的；但如果是由于公众的误解或少数人蓄意制造事端而引起的，则是非企业主观可以控制的，此时应该积极查明事实真相及问题的症结，制订积极有效的措施，采取主动的进攻行动。

案 例 资 料

麦当劳公关："仅是个案"

【事件还原】

昨晚，亿万消费者瞩目的央视3·15晚会曝光了麦当劳北京三里屯门店供应的鸡翅、吉士片、甜品派存在超时存放问题，并有过期食品或掉落地面食品再销售的情况。

据央视3·15晚会报道，麦当劳存在以下食品安全问题：

① 对每种食材均有在保温箱内存放时间的限制，并规定食材在保温箱中存放超过规定时间就要扔掉。但央视记者暗访的结果却是，在北京三里屯麦当劳店内，食材已经在保温箱中存放超过规定时间，但并没有被扔掉，而是被重新放回了保温箱。

② 麦当劳的派在包装上都有一个数字，它是这个派的过期时间。央视记者却发现，这些数字可以被员工随意更改，原本只有一个半小时保质期的派，可能三四个小时之后仍在待售。

③ 记者在暗访中还发现，有些麦当劳员工会把掉在地上的牛肉饼、过期变硬的吉士片、已经过期的鸡翅当作正常的原料使用。

在晚会进行大约两小时后，北京市卫生监督局及朝阳分局的工作人员赶到了北京三里屯麦当劳。据称，他们也是通过央视3·15晚会了解到这一情况。

在卫生监督局检查后，相关人士对麦当劳的后厨卫生状况做了公布。初步检查出现几点问题：后厨垃圾桶的盖子并没有盖上，这是不合格的；面包坯子在打开后没有和生食分开摆放，而是和杂物放在一起；存放面包坯子的内包装有破损现象，已经露出面包表皮，另外一个储存面包坯子的箱子就放在这个箱子之上，造成面包表面与外包装的直接接触。

随后，有关部门介入了调查。麦当劳（中国）也在第一时间向本报发来声明称，曝光事件仅是"个案"。

3月16日上午9点，记者来到位于王府井大街新东安办公大楼11层的北京麦当劳食品有限公司。麦当劳（中国）公关部经理翁晓萌告诉记者，麦当劳已在15日第一时间对三里屯门店进行了停业整顿和全面整改，并对涉及整个事件的员工做了详细调查。

翁晓萌还表示，将对有问题的员工进行处理，关于整个事件的相应结论和报道将很快公布。

对于事件所带来的不良影响，翁晓萌称，麦当劳向公众表示歉意，"麦当劳一直是大家喜爱的品牌，不愿因为一家门店引发的问题而被公众认为是群体现象。这件事情给我们敲了个警钟，也是一个很好的提醒和教训"。

关于事件更多的回应，翁晓萌告诉记者，麦当劳有自己的新闻发言人制度。至于麦当劳新闻发言人现在何处，翁晓萌称"还在过来的飞机上"。

17日上午，国家食品药品监管局食品安全监管司主要负责人对麦当劳负责人进行责任约谈，要求麦当劳对央视3·15晚会媒体曝光的问题高度重视，认真汲取教训，采取有效措施，立即进行整改。麦当劳中国公司相关负责人称，事件曝光后，已对麦当劳三里屯餐厅进行停业整顿。

（资料来源：2012年3月16日《法制晚报》记者田婉婷、张鑫）

【编者总结】

麦当劳并没有因此而陷入"翻船"境地，反而被央视的免费广告又火了一把。化险为夷，还占尽好处，说明麦当劳的公关策略面对危机事件时，事先有策划、有预案，事发时应对正确、反应迅速，事发过后及时修补公共关系。说明麦当劳公关团队训练有素，迅速启动矫正型公关策划，充分发挥创意的构思和设计，创造性地采取恰当的手段，发挥了矫正型危机公关的作用，完成了公共关系最后一道防线的任务。

 # 知识练习

一、问答题

（1）公共关系的目标是什么？

（2）公关战略策划与公关战术策划有什么不同？

（3）防御型公关策略与矫正型公关策略有什么不同？

（4）为什么说"公关形象是公众心目中相对稳定的地位和印象"？

二、判断题

（1）一个品牌是否成功取决于公共关系处理得如何。（　　　）

（2）公关形象表现为公众的评价，就是说它应该遵从公众评价。（　　　）

（3）离开了战略策划的目标，公关的战术活动就失去了灵魂。（　　　）

（4）当公关形象受到影响时，为了摆脱被动局面，应采取进攻型公关策略。（　　　）

三、选择题

（1）公关战术策划的四种类型：

A．宣传型

B．交际型

C．服务型

D．营销型

E．社会型

F．创意型

（2）公关策略的五种类型：

A．建设型

B．维系型

C．怀旧型

D．自我型

E．防御型

F．矫正型

G．进攻型

 实务训练

目标：公关策划创意是非常重要又经常遇到的，假设我们采用建设型公关策划创意为我们学校进行策划，请以团队为单位用20分钟为本校提交一份策划创意提纲。

内容：从本校的校训和定位入手了解学校的发展战略，为学校设计公关形象，然后展开公关策划的创意。

组织形式：请每个团队按照以下流程完成任务。

①用5分钟讨论学校的校训和定位、发展战略。

②用5分钟设计公关形象。

③用10分钟列出公关策划创意提纲。

④老师抽选部分团队上台分享他们的公关策划创意提纲。

要求：每个团队必须参与练习。

整合营销策划创意实训

 ## 学习目标

1. 知识目标

通过本章实训，掌握整合营销策划创意的真实工作过程和技巧，了解近年来在中国发展起来的整合营销策划理论和实践，掌握整合营销策划创意的相关知识。

2. 能力目标

学生团队应掌握移动互连和传统产业两类典型的整合营销策划创意方法，掌握O2O和在线支付在当代整合营销策划工作中的重要作用，较好地完成项目过程实训任务。

 ## 学习导航

整合营销策划创意实训
├─ 基本概念 ──【定义】整合营销策划是为了整合各种能够成为营销手段的资源而策划，使之为了共同的营销目标而结成一个协调的系统整体，获得低成本、高回报的营销效率
├─ 整合营销策划创意流程 ── 包括七个环节：市场调查分析、营销战略确定、创意汇集、创意确定、创意文案和提案制作、创意评价、自我总结
├─ 实训内容
│   ├─【市场调查分析】企业背景资料和市场环境资料收集，进行需求分析、对手分析，完成市场定位
│   ├─【营销战略确定】确定营销战略目标，明确品牌和产品的独特销售主张、营销目标
│   ├─【创意汇集】头脑风暴，汇集整合营销策划创意
│   ├─【创意确定】确定整合营销策略的创意，确定赢利模式、资源整合模式、传播模式
│   ├─【创意文案和提案制作】文案写作、提案制作、演讲与答辩
│   ├─【创意评价】客户评价、专家评价、教师点评
│   └─【自我总结】团队对照老师点评和专家评价进行检查和反思
└─ 典型整合营销策划创意的技巧
    ├─ 移动互连整合营销策划创意的技巧
    └─ 传统产业整合营销策划创意的技巧

案例导入

除了整合还是要整合

坐拥本土饮料行业老大地位多年的娃哈哈，日前被曝出2014年整体销售额不但没有增长，反而下降了7%左右，实际营收在720亿元左右，与1023亿元的目标相去甚远，这也成为近年来娃哈哈整体销售最差的一年。

作为饮料行业曾经当之无愧的老大，娃哈哈在全国各地拥有强大的销售网络与超强终端掌控能力，其年度销售额曾一度超越"两乐"与康师傅、统一四家企业在中国大陆业绩之和。面对今天飞速下滑的局面，娃哈哈的营销到底整合了什么？还需要什么整合才能扭转局面？

综合分析娃哈哈业绩下滑的首要原因，是这些年来过度的新产品开发与盲目的多元化发展。多年来娃哈哈凭借强大的销售渠道，不断推出新产品，其中包括乳饮料、瓶装水、碳酸饮料、茶饮料、果汁饮料、罐头食品等，基本上涵盖了饮料市场的各个品类，但是综观这些产品，多数生命周期都较短，同时缺乏明星产品。

这与娃哈哈的整合营销采取一贯的"线性跟进"策略不无关系，从早年"跟进"可口可乐、百事可乐推出非常可乐，到后来"跟进"做纯净水，再到后来"跟进"汇源做柠檬饮料，直到最近两年进军格瓦斯市场，可以说"跟进"已成为娃哈哈摆脱不了的一个基因。

从表面上看，娃哈哈的多元化道路走得如火如荼，但实际上并非真正意义上的整合营销，它只不过简单地利用"娃哈哈"品牌影响力，将饮料行业的"线性跟进"策略运用到其他行业而已，其结果效果依然不佳：2003年娃哈哈童装创立，如今已上市12年，年销售额不到2亿元；2010年，娃哈哈与荷兰皇家乳品公司合作推出爱迪生奶粉，高调进军婴儿奶粉领域，但几年过去，爱迪生奶粉的销售并不理想，如今中国内地的市场份额还不到1%；2012年娃哈哈又高调进军城市商业综合体，在杭州设立首个试点——娃欧商城，但如今娃欧已关门大吉；2013年，娃哈哈斥巨资进入白酒业，推出领酱国酒，仅半年就销声匿迹……

也许娃哈哈"有钱就是这么任性"，但盲目的多元化分散了资源与精力，而不科学的整合营销也为今天业绩的大幅下滑埋下了隐患。

考察娃哈哈的营销策划，它建立了强大的线下渠道网络，利用这套网络和终端铺货，其"线性跟进"策略的确为娃哈哈创造了销售奇迹，但同时也造成了这么多年来娃哈哈在这么多品类和品牌中几乎没有一个叫得响的明星产品。我们曾经做过一个调查：娃哈哈第一提及的产品是什么？几乎都回答是"纯净水"，这个产品已经很薄利了。

其实，近年来，消费习惯的变化和主力消费人群的转移才是娃哈哈业绩下滑的主要原因。互联网时代，中国整个消费市场已经发生了翻天覆地的变化。传统媒体衰落，自媒体大行其道。随着80后、90后年轻一代的崛起，他们已经成为快消品的主力消费人群。这些年轻的消费者对那些曾经风光无限的大品牌的兴趣开始减弱：年轻一代的消费群体不再关心这些品牌的历史有多悠久、民族情结有多浓厚，他们只在意自我感受，追求新鲜、个性、奇特的消费体验。品牌年轻化的浪潮汹涌而来，面对新的游戏规则，连可口可乐都早已放下身段，通过卖萌讨好年轻消费者。当竞争对手都已换下90后的偶像郭采洁采用00后的偶像鹿晗作为品牌代言人时，娃哈哈却一直沿用王力宏做品牌代言。

移动互连时代，年轻一代消费者社群化聚焦，跟风消费不再，同时圈子盛行，小众品牌崛起，私人定制盛行，使得80后、90后消费者更注重个人体验，即使大品牌盛名如雷贯耳，但年轻人一句"Who Care？"，就让品牌积累消弭于无形。

传统渠道挑战电商渠道、老明星挑战新明星、"线性跟进"挑战"立体整合"，旁观者已经看出逐渐衰落的端倪，而娃哈哈作为中国传统产业的代表仍然对新兴模式抱有怀疑态度，2015年2月全国"两会"期间，娃哈哈仍在说："我们的产品价值低、分量重，幸亏没被电商看上，看上了也会遭殃。"抵触排斥流露在话语之间。电子商务对传统零售业的冲击巨大，曾经庞大的线下销售渠道一年的销售额未必敌得过阿里巴巴"双十一"一天的销售额。传统企业转型做电子商务，绝不仅仅因为电子商务是企业一个新的销售渠道，它同时还是品牌在移动互联网时代的一个整合营销阵地。当然，娃哈哈也说过2015年娃哈哈要大力发展企业微信、微博，优化自媒体平台，但是不是有些晚了呢？

今天的品牌，已经无法回避移动互连、品牌年轻化、营销娱乐化、渠道电商化、自媒体体验等整合营销的概念和新模式，中国本土名品到了品牌再造、重新出发的新时刻。

参见图10.1。

图10.1 娃哈哈童装

案例思考："线性跟进"策略的整合营销策划是否可行？

分析提示：

整合的目的是使企业掌握的资源价值能够得到最大效益的运用，但如果只是简单地采用前向或后向延伸的方式开发新品牌、新产品，就很容易造成每一个品类的发展不形成互相支撑，但又无法形成P&G公司那样的多品牌项目建设模式。因此，在中国，"线性跟进"策略是不可行的。

 做中学

图书馆整合营销策划创意

实训目的：每个城市都至少有一个图书馆，每个图书馆都面临移动互连电子信息的冲击，利用整合营销策划为图书馆提出创意方案，可以让同学们体会到一项产品或服务经过整合营销后焕发的青春魅力，在这种任务的挑战中将获得更多的职业能力。

实训内容：① 完成图书馆的市场定位（着重需求和对手分析）、品牌战略、整合营销策略创意（品牌策略、产品策略、促销策略）；② 在整合营销策略中对项目各要素要作出规划布局图、功能描述、传播策略等，注意可行性分析；③ 尤其注意进行投入产出分析和营销效果预测。

实训步骤：学生模拟公司应按照工作流程开展实训。

成果评价：三周后提案，以文案和 PPT 形式提交，现场讲解、答辩，特邀当地图书馆代表、专家参与评分、评价。

同类作品欣赏

10.1　基本概念

10.1.1　整合营销策划的定义

整合营销策划是为了整合各种能够成为营销手段的资源而策划，使之为了共同的营销目标而结成一个协调的系统整体，获得低成本、高回报的营销效率。当今能够成为营销手段的资源已经远远超出传统营销的想象力，除了企业自身的营销渠道、营销人员等资源外，不仅合作企业、竞争对手、创新媒体、社会活动等能够成为营销资源，消费者、客户、人脉等同样可以成为整合的营销资源。

比如，在移动互连信息化的今天，因手机而成为自媒体人的所有人都加入了"营销海洋"，整合营销的作用就是让自媒体人清晰地了解自己既是消费者也是营销传播者，当他们愿意为了同一个目标做到"我要我的消费，我用我的媒体"，整合营销的威力就能达到无边、无界、"每个人都是渠道，每个人都是终端"的超级营销效果。

整合营销与传统营销是有区别的，传统营销在中国已经有三十多年的历史，而整合营销是近几年才兴起的。整合营销主要解决三个方面的问题：

①"整合营销"不是针对社会公众的所有人，而是针对具有共同消费需求的目标人群，"量体裁衣"的做法使得消费者的需求满足感最大化。

②"整合营销"和消费者本身有关，需要全面地观察消费者，消费者的消费观念日趋复杂，很可能消费是为了配合其他的消费、很可能消费是为了获得盈利等，已经超越了传统营销的理念，因此，要多角度、多层次地观察消费者，创造更多的营销机会。

③"整合营销"考虑如何与消费者建立新型沟通，与消费者之间有更多的"联络点"或"接触点"而不是单靠媒介宣传，消费者之间会产生"病毒传播"的营销效果。

10.1.2　整合营销策划的理论

整合营销理论产生和流行于 20 世纪 90 年代，是由美国西北大学市场营销学教授唐·舒尔茨（Don Schultz）提出的，当时提出的整合营销理论是"根据企业的目标设计战略，并支配企业各种资源以达到战略目标"，而整合营销策划的理论则是我们国家近年来在营销策划实践中发展起来的理论，强调了从"以营销者为中心"到"以消费者为中心"的营销策划模式的战略转移，比舒尔茨教授提出的理论更进一步，实现"支配市场各种资源以达到战略目标"，明确指出不仅产品和服务的对象是消费者，营销的渠道和终端也是消费者。整合营销策划理论倡导更加明确的消费者导向理念，对我国在移动互连时代市场营销的发展起到重要的指导意义和实用价值。

整合营销策划的重要意义是，以满足消费者价值追求为取向，协调了纵向、横向各种不同的营销资源，从而使企业的营销工作实现低成本、高回报，形成营销高潮。

整合营销的理论基础是 4C，而传统营销的理论基础则是 4P。

在整合营销策划的理论中，4C 即：

忘掉产品 P（Product），考虑消费者的需要和欲求——C（Consumer wants and needs），在那些欲求中，消费者期望不仅不花钱还能挣钱，比如商家因此发明了无须消费就能积累积分、积分可以换钱的营销模式，这个模式的目的是为了增加人流量而增加营销传播规模。

忘掉定价 P（Price），考虑消费者为满足其需求愿意付出多少——C（Cost），消费者愿意付出的是未来还给他们机会挣回来，比如商家因此发明了会员制，会员介绍新会员、会员传播体验信息等都可以获得回报。

忘掉渠道 P（Place），考虑如何让消费者方便——C（Convenience），微商城将渠道建立在每一个消费者的手机上，将产品配送到家里，商家已经不需要在线下建设任何渠道和终端。

忘掉促销 P（Promotion），考虑如何同消费者进行双向沟通——C（Communication），消费者需要的是沟通而不是推送信息，无须谋面的 QQ、微信等手段使沟通变得毫无顾忌，非常融洽，消费已经不是购买而是体验。

10.2　实训流程简介

以真实工作过程为导向，经过对系统化知识与技能的解构，采用七步法，按课程建设的需要，构建整合营销策划创意实训流程如下，参见表10.1。

表10.1　整合营销策划创意实训流程

实训流程	内容要求
市场调查分析	企业背景资料和市场环境资料收集，进行需求分析、对手分析，完成市场定位
营销战略确定	确定营销战略目标，明确品牌和产品的独特销售主张、营销目标
创意汇集	头脑风暴，汇集整合营销策划创意
创意确定	确定整合营销策划策略的创意，确定赢利模式、资源整合模式、传播模式
创意文案和提案制作	撰写文案，制作提案，进行演讲和答辩
创意评价	项目委托方代表、行业专家参与提案评分、评价
自我总结	召开团队总结会，对照老师点评和专家评价进行总结、反思

10.3　市场调查分析

这是整合营销策划创意的第一个环节，主要实训内容是企业背景和环境资料收集与消化，客户需求调查分析，竞争对手分析，以及产品分析。要求采集企业内部资料及市场外部资料，运用市场营销学的分析工具进行分析。

首先是企业内部资料收集和市场外部环境资料分析，包括资料收集和消化，对企业、产品、品牌、对手等市场环境进行深入细致的分析和研究；其次，明确企业经营战略目标对整合营销策划提出的要求，以满足消费者需求为出发点，分析产品及品牌在市场上的独特位置，进而确定目标市场定位、产品定位、品牌定位；最后，综合分析并利用企业各种内外部资源，进行有机组合和有效整合，创新整合营销策划的内容、方法和手段。

表 10.2 所示为实训内容与实施、自检的要求。

表10.2 实训内容与实施、自检要求

内 容	操作步骤	操作方法	注意事项	自 检
企业内部资料收集	1. 直接沟通	①与客户进行各种方式的沟通，并深入企业现场，收集有关企业资料和产品资料	必须能与产品经理、销售经理、项目经理、企业领导等进行沟通，以使资料具有权威性	• 资料收集表格和清单 • 沟通问题
环境资料收集	2. 间接采集 3. 直接采集	②通过商场、卖场、门店和网络、报刊、书籍，以及政府公布的数据，进行第二手资料收集 ③确定调查目标、调查内容、调查问卷、样本窗、抽样数量、抽样方法、调查计划 ④亲赴真实市场，以标的产品为对象开展市场调查	①开展资料采集之前，需明确项目产品及其企业，做好人员分工，落实调查分析的工具，如电脑、纸笔、计算器等 ②复习之前学过的市场调查分析知识与工具	• 调查问卷 • 抽样数量 • 抽样方法 • 调查计划 • 调查分工
环境资料消化	4. 数据统计 5. 图表描绘	⑤问卷数据输入电脑，统计输出结果 ⑥根据产品定位分析需要，绘制柱图、饼图等	①团队成员分工，共同协调、协助完成 ②注意图形标注合理，色彩搭配美观	• 统计结果 • 绘制图形
企业资源现状调查	6. 产品及品牌资源调查 7. 外部资源分析	⑦完成基本信息调查，包括产品名称、特征、特性、预期价值、品牌等 ⑧进行市场进入优势和竞争对手比较优势分析 ⑨进行 SWOT 分析	① 产品是否有差异化独特优势 ② 运用 SWOT 工具进行分析	• 品牌价值 • 品牌竞争力 • SWOT 矩阵分析表
目标市场分析	8. 细分市场 9. 确定目标市场	⑩分析客户需求、行为和特征，根据客户对品牌的态度、行为习惯、人口变量、心理变量和消费习惯细分市场 ⑪分析和选择企业的市场覆盖战略：单一市场、产品专门化、市场专门化、有选择的专门化、完全覆盖 ⑫分析和选择企业的目标市场策略：无差别性市场、差别性市场、集中性市场	①注意产品、品牌现状分析，学会运用单变量、二变量、三变量、多变量细分市场 ②必须与客户进行沟通	• 是否符合市场细分的"五性"要求 • 目标市场描述文档
品牌与产品分析	10. 品牌定位 11. 产品定位	⑬定位是头脑之战，寻找消费者的心理空间占位，按照定位方法一步一步练习 ⑭确定选用的定位方法	在创意中注意避免：过度定位、混乱定位、过窄定位、过宽定位	• 品牌定位 • 产品定位 • 定位步骤 • 定位策略 • 独特卖点

10.4 营销战略确定

10.4.1 实训内容与实施、自检的要求

这是整合营销策划创意的第二个环节，主要实训内容是根据确定的目标市场、品牌与产品定位，确定营销战略。

表10.3所示为实训内容与实施、自检的要求。

表10.3 实训内容与实施、自检要求

内　　容	操作步骤	操作方法	注意事项	自　　检
营销战略	12. 营销战略 13. 独特销售主张	⑮ 从定位提升到战略，以自身优势瞄准市场空白点或市场差异，确定产品独特销售主张 ⑯ 对宏观环境、市场、行业、本企业状况等进行分析，以期准确、动态地把握市场机会 ⑰ 描述营销战略：提出营销的基本指导思想，明确企业和产品的明确定位，确定采取怎样的竞争态势和渠道系统规划，指出需要达到的营销目标	经营理念、方针、企业战略、市场营销目标等，是企业制订市场营销战略的前提条件	• 独特销售主张 • 营销目标

10.4.2 相关知识与工作内容

1. 赢利模式

赢利模式是企业赖以赢利的经营模式和商业模式，是企业经营的关键获利方式。赢利模式决定企业生存与发展，企业在创业之前就应该先行设计出适应本企业可用资源和市场环境的赢利模式，否则将很快在市场竞争中失去方向。赢利模式应该具有清晰性、针对性、相对稳定性的特征。企业的商业模式是指企业为了打造核心竞争力、实现商业价值和营销目标，为本企业量身打造的资源整合模式。

赢利模式有五要素。

① 赢利源。是指目标消费群。

② 赢利点。是能够帮助消费者实现消费价值最大化的独特销售主张，也称为独特卖点。赢利点是撬动赢利杠杆的支点，也就是商业模式的支点。

③ 赢利杠杆。是商业模式的关键内容，杠杆的左边是企业提供的核心价值（独特销售主张），右边是目标消费群的消费需求，中间是客户关系管理，为链接左右的部分。

④ 赢利门槛。是指其他企业能够利用相似的赢利源、赢利点和赢利杠杆所需要跨过的门槛，通常在市场上表现为核心资源独占程度、核心价值差异化程度和忠诚客户规模化。

⑤ 赢利创意。是如何创新运用赢利杠杆、发挥赢利点效益的系统性构思，是企业的核心竞争力。

2. 资源整合

资源整合是通过一定的手段组织和协调企业内外部资源，既把企业内部彼此相关但却彼此分离的资源，又把企业外部具有独立经济利益但却有共同目标的资源，整合成一个能够实现发展战略的系统整体。

资源整合是企业对不同来源、不同层次、不同结构、不同内容的资源进行识别与选择、汲取与配置、激活和融合，使其具有较强的柔性、条理性、系统性和价值性，并创造出新的资源的一个复杂的动态过程。

资源整合是企业战略调整的手段，也是企业经营管理的日常工作。整合就是要优化资源配置，就是要有进有退、有取有舍，获得整体的最优。

3. 传播模式

传播模式是指营销传播的目标、过程、性质、效果和方法。首先，传播模式具有构造功能，能揭示各传播资源之间的次序及其相互关系，能使我们对传播有一个很难从其他方法中获得的整体形象，而且通过传播模式可以为各种不同的特殊传播状态提供一个一般的图景。其次，传播模式具有解释的功能，它能用间接的方式提供如果改用其他传播方法则可能相当复杂或含糊的信息。

10.5 创意汇集

10.5.1 实训内容与实施、自检的要求

这是整合营销策划创意的第三个环节，主要实训内容是根据确定的品牌战略，组织头脑风暴，汇集整合营销创意，进而确定整合营销策略的创意。

表10.4所示为实训内容与实施、自检的要求。

表10.4 实训内容与实施、自检要求

内　　容	操作步骤	操作方法	注意事项	自　检
创意汇集	14. 头脑风暴	⑱ 每个成员发挥灵感创意，团队按头脑风暴法进行创意活动，汇集创意	每个成员均应事先练习创意思维方法和创意工具运用	会议记录
明确整合营销策略	15. 确定整合营销目标 16. 明确整合营销策略	⑲ 确定整合营销的目标 ⑳ 明确整合营销策略的内容	整合营销策略必须符合发展战略	• 整合营销目标 • 整合营销策略

10.5.2 相关知识与工作内容

1. 整合营销手段

整合营销在整合资源过程中所需要利用的主要营销手段如下。

（1）广告

广告（Advertising）是指为了某种特定的需要，通过一定形式的媒体，并消耗一定的费用，公开而广泛地向公众传递信息的宣传手段。广告的英文原意为"注意"、"诱导"，即"广泛告知"的意思。

美国广告主协会对广告下的定义是：广告是付费的大众传播，其最终目的是传递信息，改变人们对广告商品或事项的态度，诱发其行动而使广告主获得利益。

（2）促销

促销是指企业利用各种有效的方法和手段，使消费者了解和注意企业的产品，激发消费者的购买欲望，并促使其实现最终的购买行为。

促销的实质是信息沟通。企业为了促进销售，把信息传递的一般原理运用于企业的促销活动中，在企业与中间商和消费者之间建立起稳定有效的信息联系，实现有效的信息沟通。

（3）赞助

赞助是指企业为了实现自己的目标（获得宣传效果或品牌增值）而向某些活动主办方提供资金支持的一种投资行为。这项投资需要为赞助者带来相应的商业回报。赞助可以采用资金，也可以采用物质资料，甚至是提供人力资源等多种形式。

赞助是赞助提供者的一种战略性的市场营销投资行为，这意味着活动主办方必须把赞助者当成一种商业伙伴关系。大多数赞助商是投资人，他们希望借助活动对他们的品牌价值带来直接影响（强化认知度和形象），同时增加销售和利润。在公共领域的赞助者则希望看到社会营销的效果，如让公众了解水源保护的好处及醉酒驾驶的危害等。

（4）展览展销会

展览展销是指通过实物并辅以文字、图形或示范性的表演来展现社会组织成果，以提高组织形象、促进产品销售的专题活动。展览展销会有大量的公共关系内容，是各社会组织力求塑造最佳组织形象的好机会。

展览展销是一种十分直观、形象生动的复合型传播方式。展览展销会可为社会组织和公众提供直接的双向交流、沟通的机会。它可以同时用产品说明书、宣传手册、活页广告等文字媒介，照片、幻灯片、录像片及电影等音像媒介，讲解、交谈和现场广播等声音媒介，现场表演、示范等动作语言媒介及实物媒介等多种形式，进行全方位的宣传。

（5）包装

在我国《包装通用术语》国家标准（GB 4122—83）中将包装明确定义为：包装是指在流通过程中为保护产品、方便储存、促进销售，按一定技术方法而采用的容器、材料及辅助物等总体名称，包括为了达到上述目的而进行的操作活动。

（6）网络营销

网络营销是21世纪最有代表性的一种低成本、高效率的全新商业形式，是以互联网为核心平台，以网络用户为中心，以市场需求和认知为导向，利用各种网络应用手段去实现企业营销目的一系列行为。虽然网络营销以互联网为核心平台，但也可以整合其他资源形成整合营销，如销售渠道促销、传统媒体广告、地面活动等。互联网拥有其他任何媒体都不具备的综合营销能力，网络营销可进行从品牌推广，到销售、服务、市场调查等一系列的工作，包括电子商务、企业展示、企业公关、品牌推广、产品推广、产品促销、活动推广、挖掘细分市场、项目招商等。这里所指的网络不仅包括因特网（Internet），还应该包括外部网（Extranet）

及内部网（Intranet），即应用互联网技术和标准建立的企业内部信息管理与交换平台。

（7）体验营销

体验营销是通过看（see）、听（hear）、用（use）、参与（participate）的手段，充分刺激和调动消费者的感官（sense）、情感（feel）、思考（think）、行动（act）、关联（relate）等感性因素和理性因素，重新定义、设计一种思考方式的营销方法。这种思考方式突破传统上"理性消费者"的假设，认为消费者消费时是兼具理性与感性的，消费者在消费前、消费中和消费后的体验才是购买行为与品牌经营的关键。

2．整合营销的操作思路

（1）以整合为中心

着重以消费者为中心，并把企业所有资源综合利用，实现企业的高度一体化营销。整合既包括企业营销过程、营销方式及营销管理等方面的整合，也包括对企业内外的商流、物流及信息流的整合。

（2）讲求系统化管理

整体配置企业所有资源，企业中各层次、各部门和各岗位，以及总公司、子公司，产品供应商，与经销商及相关合作伙伴协调行动，形成竞争优势。

（3）强调协调与统一

企业营销活动的协调性不仅仅是企业内部各环节、各部门的协调一致，而且也强调企业与外部环境协调一致，共同努力以实现整合营销。

（4）注重规模化与现代化

整合营销十分注重企业的规模化与现代化经营。规模化不仅能使企业获得规模经济效益，而且能为企业有效地实施整合营销提供客观基础。整合营销同样也依赖于现代科学技术、现代化的管理手段，现代化可为企业实施整合营销提供效益保障。

10.6　创意确定

这是整合营销策划创意的第四个环节，主要实训内容是在头脑风暴后，分析并筛选创意，确定最优创意，拟定实现创意的计划和预算。

表 10.5 所示为实训内容与实施、自检的要求。

表10.5　实训内容与实施、自检要求

内　　容	操作步骤	操作方法	注意事项	自　　检
创意确定	17．创意验证 18．优选创意 19．修正创意	㉑运用市场检验、客户沟通、专家评价来验证创意的效果 ㉒根据创意验证效果的评分和综合考虑，由团队投票决定选择哪个创意 ㉓进一步对照企业营销战略、市场目标，对整合营销策划创意作出更完善的修正	特别考察创意在整合营销策略中的构思	● 创意描述 ● 创意评分表 ● 创意修正要点

续表

内 容	操作步骤	操作方法	注意事项	自 检
整合营销策略实施计划与预算	20. 实施计划 21. 费用估算与效果预测	㉔ 为实现整合营销策略创意所做的实施计划安排，并做效果预测 ㉕ 费用预算与效果预测	① 费用预算和效果预测是论证、审定活动方案的重要依据 ② 特别注意各项费用测算必须实际搜集市场信息来完成，必须符合当前实际	• 实施计划 • 效果预测 • 费用预算

10.7　创意文案和提案制作

这是整合营销策划创意的第五个环节，主要实训内容是根据已经确定的创意和策略，撰写文案和制作 PPT 提案，并通过演讲、答辩的形式向项目委托方汇报，争取本方案获得　认可。

表 10.6 所示为实训内容与实施、自检的要求。

表10.6　实训内容与实施、自检要求

内 容	操作步骤	操作方法	注意事项	自 检
创意文案撰写	22. 策划创意说明书 23. 整合策划建议书	㉖ 描述整合营销策划创意思路和创意的独特点 ㉗ 根据整合营销策略及其计划实施的需要，编写整合营销策划建议书	① 注意独特亮点的表达要同样能吸引读者 ② 脚本文案的文字以清晰、明白为原则，要求图文并茂	• 创意说明书 • 创意文案
创意提案制作	24. 提案构思 25. 提案制作	㉘ 在整体风格、美学效果、时间把握方面首先进行构思 ㉙ 使用最新版 PowerPoint 工具进行电子幻灯片提案制作	注意团队中至少有一个成员对 PowerPoint 工具的运用比较熟练	PowerPoint 提案
演讲与答辩	26. 预演练习 27. 正式演讲与答辩	㉚ 练习背诵、解读、时间控制、与电脑操作的组员配合 ㉛ 商务礼仪展现、职业能力体现、专业能力展示	① 预演、预演、再预演，是成功的基础 ② 现场氛围控制非常重要，这是通过礼仪和能力来把握的	• 预演 3 次 • 演讲 • 礼仪 • 预备问题

10.8　创意评价

这是整合营销策划创意的第六个环节，主要实训内容是对本项目的创意工作形成客观的评价。评价意见来自两方面：一方面是项目委托方的评价，另一方面是行业专家的评价。教学团队的老师必须在模拟竞标完成后，根据学生团队表现和客户及专家评价意见，对每一个学生团队的作品和表现进行全面的点评。

表 10.7 所示为实训内容与实施、自检的要求。

表10.7　实训内容与实施、自检要求

内容	操作步骤	操作方法	注意事项	自 检
客户评价	28. 客户意见和建议	㉜ 在投标演讲答辩中，客户会很直接地提出意见和建议	详细记录客户所说的每一句话，诚恳地解释自己的创意	客户评价

续表

内容	操作步骤	操作方法	注意事项	自　　检
专家 评价	29. 专家提问和点评	㉝ 在评标中，邀请的行业专家会从专业的角度提出问题，并点评提案演讲和回答问题的表现	详细记录专家所说的每一句话	专家评价
教师 点评	30. 教师点评	㉞ 模拟投标PK活动结束后，指导老师要进行综合点评和评分排名，向中标者宣布中标名单和中标内容	详细记录指导老师所说的每一句话	教师点评

10.9　自我总结

这是整合营销策划创意的最后一个环节，主要实训内容是在模拟竞标和客户沟通的过程中，根据客户的要求、评委的意见，修正完善创意和策略，并在团队内部进行总结。

表10.8所示为实训内容与实施、自检的要求。

表10.8　实训内容与实施、自检要求

内　　容	操作步骤	操作方法	注意事项	自　　检
修正完善 创意	31. 修正完善创意	㉟ 在文案和提案制作过程中，根据最新资料的分析、客户意图的理解、市场环境变化的分析、市场目标和营销战略的调整等，在投标演讲前，可以做进一步的修正和完善	客户的要求和市场的状况是对立统一的关系，以客户为中心是工作的重点，务必注意协调处理好客户关系	完善活动的纪要
自我总结	32. 自我总结	㊱ 每个团队均应在项目结束后，专门组织撰写自我总结报告，召开总结会议，会上要进行充分讨论，畅所欲言，以达到总结提高的目的	人人都必须提交自我总结报告和在小组会上发言，无论是遗憾的体会，或是欣喜的收获，都是一次难得的促进	• 总结笔记 • 总结报告

10.10　典型整合营销策划创意的技巧

10.10.1　移动互连整合营销策划创意的技巧

网络整合营销是一种对各种网络营销工具和手段资源进行系统化利用的营销方法，可根据环境进行即时动态修正，以实现资源交互各方价值最大化为目标。

1. 整合"大集市"营销资源

在传统媒体时代，信息传播是"教堂式"，信息自上而下，单向线性流动。声音单一、威严、无可置疑，消费者们只能被动接受。那时候，只需控制媒体设置"公众议题"、管理传播内容，简单的"出招"就可以影响舆论导向，"俘获"目标消费者。

而在网络媒体时代，信息传播是"集市式"，信息多向、互动式流动。声音多元、嘈杂、互不相同。网络媒体带来了多种"自媒体"的爆炸性增长，博客、论坛、IM、SNS······借助此，每个草根消费者都有了自己"嘴巴"和"耳朵"，同时也滋长了强烈的自我觉醒意识。他们不会再被动地接受传媒信息，而是主动地收集多元化的声音，并反复对比，选择听从哪些内容。

此外，他们还张开了"嘴巴"，生产并传播内容，向其他消费者传递他们对品牌和产品的认识与经验。这些个体的声音虽然弱小，但似乎要比厂商营销信息的"大声牛"更有力量。这些消费者正汇集成巨大长尾，强力的影响可以左右其他消费者的购买行为。比如周正龙拍虎、王石门、三聚氰胺、反对法货······

2. 改变"狩猎"营销为"垂钓"营销

面对这些"起义的长尾"，传统的营销方式显然不可能再适用。传统营销方式像"狩猎"，通过硬性的媒介购买，直接用"广告信息子弹"激烈地"打击、围猎"消费者，消费者对品牌广告信息的接受是被动、痛苦的。在传统"教堂式"传播环境下，消费者们只有招架之力，没有还手之功，"狩猎"似乎是行得通的。但是网络营销中，"狩猎"式传播可以"隐退江湖"了，它叱咤风云的光辉岁月已经宣告落幕。

"威逼不成，只能利诱"，硬气功失效，软太极才是王道，称霸网络营销江湖的将是"垂钓"营销。营销人需要学会运用"创意真火"煨炖出诱人"香饵"，而品牌信息作为"鱼钩"巧妙包裹在其中。"鱼儿"们闻香而来，愿者上钩，大快朵颐之时也将鱼钩快乐地吞下肚子。

3. 4I 原则

（1）Interesting（趣味）原则

八卦是网络火爆的通行证，《馒头》是《无极》的墓志铭。当芙蓉姐姐大 S 身材火爆网络时，当越来越多的信息都带好"泛娱乐化的假面"时，一个娱乐至死的年代来临了。中国互联网的本质是娱乐属性的，在互联网这个"娱乐圈"中，广告、营销也必须是娱乐化、趣味性的。当我们失去权力对消费者说"你们是愿意听啊，是愿意听啊，还是愿意听啊，绝不强求"之时，显然，制造一些趣味、娱乐的"糖衣"的香饵，将营销信息的鱼钩巧妙包裹在趣味的情节当中，是吸引鱼儿们上钩的有效方式。

"伟大的网络营销，他身上流淌着趣味的血液！他不是一则生硬的广告，他不是一则生硬的广告！娱乐因子在他身上灵魂附体！"

（2）Interests（利益）原则

在市场营销中，天下熙熙，皆为利来，天下攘攘，皆为利往。网络是一个信息与服务泛滥的江湖，营销活动不能为目标受众提供利益，必然寸步难行。将自己变身为一个消费者，设身处地、扪心自问一句："我要参加这个营销活动，为什么呢？"

但这里想跟大家强调的是，网络营销中提供给消费者的"利益"外延更加广泛，我们头脑中的第一映射"物质实利"只是其中的一部分，还可能包括如下内容。

① 信息资讯。

营销传播的最高境界是没有广告，只有资讯。消费者抗拒广告，但消费者需要了解其需求产品的相关信息与资讯。直接推销类的广告吃闭门羹，但化身为消费者急需的资讯是免费的福利，消费者接受度自然会大增。

② 功能或服务。

消费者的生活中必然有很多迫切需要解决的"痛点"，直接宣称自己是"万能的神"必然会被怀疑，但若有 300 个消费者说这就是"万能的神"，必然有人会来试试功效。若你的产品果然不俗，虽然不至于是"万能的神"，但好心的消费者一定会给你好评。

③ 心理满足。

心理满足比生理满足更满足，因为它带有社会性。也许物质利益还有那么一点点，但心理利益的放大可以没有成本，星星、月亮、皇冠、钻石多多益善，比起在传统营销渠道上看黑脸、受冷遇舒服多了。

（3）Interaction（互动）原则

网络媒体区别于传统媒体的另一个重要的特征是其互动性，如果不能充分挖掘运用这个资源，直接沿用传统广告的手法手法，无异于"买椟还珠"。再加上网络媒体在传播层面上失去了传统媒体的"强制性"，如此的"扬短避长"、单向布告式的营销，肯定不是网络营销的前途所在，只有充分挖掘网络的交互性，充分地利用网络的特性与消费者交流，才能扬长避短，让网络营销的功能发挥到极致。

不要再让消费者仅仅单纯接受信息，数字媒体技术的进步，已经允许我们能以极低的成本与极大的便捷性，让互动在营销平台上大展拳脚。而消费者们完全可以参与到网络营销的互动与创造中来。犹如在陶艺吧中亲手捏制的陶器弥足珍贵，因为融入了自己的汗水。同样，消费者亲自参与互动与创造的营销过程，会在大脑皮层回沟中刻下更深的品牌印记。把消费者作为一个主体，发起其与品牌之间的平等互动交流，可以为营销带来独特的竞争优势。未来的品牌将是半成品，一半由消费者体验、参与来确定。当然，营销人在其中找到能够引领和主导二者之间互动的方法是极为重要的。

（4）Individuality（个性）原则

在移动互连时代，YOU，已经被钉在了无以复加的高度，那么 YOU 高大的身影在营销中投射的影像，就是 I！

Individuality（个性）在网络营销中的地位也因此凸显。对比"大街上人人都在穿"和"全北京独此一件，专属于你"，你就明白专属、个性显然更容易俘获消费者的心。因为个性，所以精准；因为个性，所以诱人。个性化的营销，让消费者心理产生"焦点关注"的满足感，个性化营销更能投消费者所好，更容易引发互动与购买行动。但是在传统营销环境中，做到"个性化营销"成本非常之高，因此很难推而广之，仅仅是极少数品牌品尝极少次的豪门盛宴。但在网络媒体中，数字流的特征让这一切变得简单、便宜，细分出一小类人，甚至一个人，做到一对一行销都成为可能。这一点在移动营销中尤为突出，天赐良机，怎能不用？

4．整合，整合，除了整合还是要整合

刚开始做移动互连营销，可能会将搜索引擎、建站、硬广告等认为是网络营销的全部。一招半式的网络营销功夫，显然已经落后于时代！这点可能和实体营销不同，在移动互连营销时代，媒介碎片化、网民分众化、个性小众化的趋势，只有大数据分析的整合营销策略才能全面地渗透受众。

10.10.2　传统产业整合营销策划创意的技巧

由于产品的特殊性，还有许多传统产业（如食品、服装、汽车等）仍然离不开生产厂家、实体渠道、当面服务等亲身体验方式，但可以通过 O2O 和在线支付整合网下与网上（线下与线上）的营销资源。

1．O2O

O2O 即 Online To Offline（从线上到线下），意思是线下体验产品线上交易产品，将线下的商务机会与互联网结合，让互联网成为线下交易的前台。这个概念最早来源于美国。美国主流商业管理课程均对 O2O 这种新型的商业模式有所介绍及关注。2013 年 O2O 进入高速发展阶段，开始了本地化及移动设备的整合，于是 O2O 商业模式横空出世，成为 O2O 模式的本地化分支。

对于消费者来说，他们想的只会是线上线下同款是否同价，线上和线下的会员权益是否打通，商家的售后如何，无论是门店还是网店，他们可以实现 A 店购买，B 店换货，C 店退货。因此整合线下终端资源，为消费者提供会员制营销系统是 O2O 营销模式的基础。

2．在线支付

实现 O2O 营销模式的核心是在线支付。通过 O2O 模式，将线下商品及服务进行展示，并提供在线支付"预约消费"，这对于消费者来说，不仅拓宽了选择的余地，还可以通过线上对比选择最令人期待的服务，以及依照消费者的区域性享受商家提供的更适合的服务。为了使 O2O 模式更加具有吸引力，企业会使用比线下支付更为优惠的手段吸引客户进行在线支付，这也为消费者节约了不少的支出。

从表面上看，O2O 的关键似乎是网络上的信息发布，因为只有互联网才能把商家信息传播得更快、更远、更广，可以瞬间整合强大的营销能力。但实际上，O2O 的核心在于在线支付，一旦没有在线支付功能，O2O 中的 Online 不过是替他人做嫁衣罢了。就拿团购而言，如果没有能力提供在线支付，仅凭网购后的自家统计结果去和商家要钱，结果双方无法就实际购买的人数达成精确的统一而陷入纠纷。因此，在线支付不仅是支付本身的完成，更是某次消费得以最终形成的唯一标志，也是消费数据唯一可靠的评价标准和大数据的分析依据。

无论 B2C，还是 C2C，均是在实现消费者能够在线支付后，才形成了完整的商业形态。而在以提供产品与服务性消费为主（不以广告收入为主）的 O2O 中，在线支付更是举足轻重。

 ## 知识练习

一、问答题

（1）整合营销策划的重要意义是什么？

（2）赢利模式五要素是什么？

（3）整合营销要解决哪三个方面的问题？

（4）移动互连整合营销策划创意技巧的重点是什么？

二、判断题

（1）O2O 即 Online To Offline（从线上到线下），意思是线下体验产品线上交易产品。（　　）

（2）垂钓营销就是将产品信息作为"鱼钩"巧妙包裹在"香饵"中。"鱼儿"们闻香而来，愿者上钩，大快朵颐之时也将鱼钩快乐地吞下肚子。（　　）

（3）离开了战略策划的目标，公关的战术活动就失去了灵魂。（　　）

（4）赢利模式是企业赖以赢利的经营模式和商业模式。（　　）

三、选择题

（1）4C 是指：

A．需要和欲求

B．营销渠道

C．价格定位

D．让消费者方便

E．同消费者进行双向沟通

F．愿意付出多少

（2）4I 是指：

A．趣味原则

B．国际原则

C．利益原则

D．尊重原则

E．互动原则

F．个性原则

G．满意原则

 # 实务训练

目标：移动互连整合营销成为迅猛发展的一种趋势，尤其以微商城的整合营销策划最为有代表性。请各团队利用 20 分钟为孕妇产品的淘宝店进行整合营销策划的创意。

内容：为孕妇产品淘宝店制定发展战略，列出可用于整合的营销资源，创新营销策略。

组织形式：请每个团队按照以下流程完成任务。

①用 5 分钟策划孕妇产品淘宝店的发展战略。

②用 5 分钟头脑风暴，讨论可以利用的整合营销资源。

③用 10 分钟列出创新的整合营销策略。

④老师抽选部分团队上台分享他们创新的整合营销策略，并给予点评。

要求：每个团队必须参与练习。

创业策划创意实训

 学习目标

1. 知识目标

通过本章实训，掌握创业策划创意的概念、流程和技巧，学会创业策划创意的分析工具和创新方法，学会投入产出预算和经营计划，学会撰写创业策划方案。

2. 能力目标

掌握如何结合自身优势利用现有资源与机会的能力，能够组建创业团队，能够建立创业项目的赢利模式，能够设计融资方案，较好地完成创业项目的策划创意。

学习导航

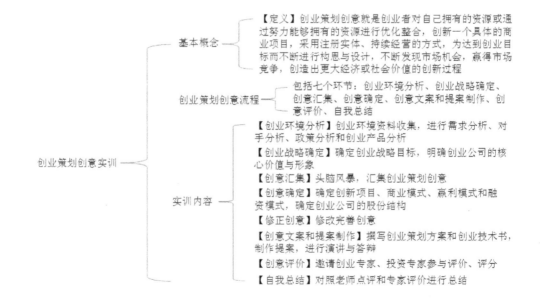

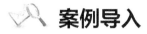 **案例导入**

"环江香猪" 创业案例

1. 基本情况

罗彬杰，南宁职业技术学院 2013 级营销与策划专业学生（以下简称小罗），一个内心充满强大能量的农村孩子，大学一年级下学期报名到学校的创业班尝试创业，与几个有着同样创业热血的同学进行了"校内 O2O 商城"的尝试。但第一次创业并不顺利，因经营不善，商城严重亏损，向家里借的八千元也很快用完，小罗心里非常着急：是继续创业，还是毕业工作后慢慢赚钱还上借款？他冷静思索再三，决心还是要创业改变命运，但这次不是盲目创业，而是重回专业好好学习营销策划的技能，尤其是创业策划的能力。

回到专业经过将近一年的学习，小罗终于迎来了他的第二次创业机会。小罗发现广西家乡环江县明伦镇是中国珍稀猪种、广西唯一正宗香猪的发源地，拥有广西唯一的中国原产地地理标志"环江香猪"，但是由于邻居巴马县引进养殖香猪并凭借"长寿村"的概念后来居上，"环江香猪"反而没有多少人购买。小罗认识到凡是好食材都是由地理环境决定的，这是一个绝好的市场机会。他通过自己的创业策划方案说服了一家公司参股给他投资，由他和团队另外两个人负责创业公司的管理和营销。此番创业重新起航，很快就打开局面，订单越来越多，成功的喜悦终于如愿以偿地挂在小罗的脸上。

2. 创业策划过程

在小罗的香猪创业计划里，把创业划分为三个步骤：第一步为准备、注册、微商城开发阶段；第二步为香猪代理、市场推广阶段；第三步为"公司＋养殖户"和深加工阶段。小罗详细规划了各个阶段的发展蓝图，初步设想实现这三个步骤也许需要五年时间。

2015 年 3 月开始第一步，小罗花了两个月的时间。在这至关重要的起步阶段，小罗和他的团队首先用了三周时间开展市场调查分析，采集了大量的市场数据，然后向有意向的公司提交《创业策划方案》。方案中包括需求分析、竞争对手分析、市场规模分析、环江香猪市场定位和独特销售主张分析，同时提出了商业模式、赢利模式、香猪产品标准、微商城市场营销策划和创业公司股权结构。由于数据翔实、说服力强，只用了几天就说服了一家公司投资几万元参股，完成了创业的准备工作。随后，小罗马上着手去工商部门注册公司，同时利用微信第三方平台"有赞微商城"开发"金著环江香猪"微商城，因之前创业积累了平台建设经验，商城的搭建在几天之内就完成了。有了投资公司的参与，资金保障无后顾之忧，在经营管理的经验方面也少走了很多弯路，小罗可以将绝大部分精力用在市场开发上。

2015 年 5 月开始第二步，小罗启动香猪市场营销，参见图 11.1。小罗决定做自己最擅长的事情，就是市场营销，香猪产品只需去签订排他性代理合同就好了，并不需要自己亲自去养，虽然看起来养殖的利润很大，但风险也更大。小罗以微信上的微商城为销售门店，通过整合营销，自己和团队不断加入目标客户喜欢参与的微信群、QQ 群、朋友圈等社交圈子，以健康安全食品和扶持有机农业的话题交友，越来越多的客户开始关注微商城。虽然小罗代理的中国原产地地理标志"环江香猪"价格比其他厂商的贵，但过硬的品质使越来越多的客户形成了消费习惯，罗彬杰创业公司的名字"金著"及其 Logo 标志也成为食客圈中可信赖的品牌。

什么时候开始第三步？罗彬杰表示，将根据"环江香猪"产品的市场培育而定，当市场规模超出了目前代理产品的养殖规模，自己的创业公司也发展到了一定的规模，那时候才能启动"公司＋养殖户"和深加工项目，而到那个时候，也许就有更多的公司抢着来投资，也会有公司来帮助自己到创业板去上市。

（本案例来自编者带领学生创业的真实情况）

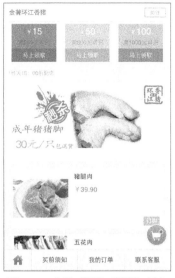

图11.1 金著"环江香猪"创业

 做中学

家乡农副产品创业策划创意

实训目的：国家对农副产品采取了免税的支持，对大学生创业也同样给予更多减免税费的支持。大学生创业从自己的家乡入手，因为熟悉产品、掌握资源，既能够尽快创业成功，也能够帮助家乡父老脱贫致富，是一个非常不错的创业方向。通过实训，使同学们掌握农产品创业策划的方法和流程。

实训内容：在本团队的同学家乡中选择一款大家都感兴趣的农副产品作为创业项目，然后完成以下工作：

① 市场分析和产品分析。

② 商业模式、赢利模式和融资模式设计。

③ 整合营销策划。

④ 经营计划和组织机构。

⑤ 撰写《创业计划书》。

实训步骤：学生模拟公司按照工作流程开展实训。

成果评价：四周后提案，以文案和 PPT 形式提交，现场讲解、答辩，特邀创业专家参与评分、评价。

百度百科：所谓农副产品是由农业生产所带来的副产品，包括农、林、牧、副、渔五业产品，分为粮食、经济作物、竹木材、工业用油及漆胶、禽畜产品、蚕茧蚕丝、干鲜果、干鲜菜及调味品、药材、土副产品、水产品等若干大类，每个大类又分若干小类。

传统的农副产品一般是自产自销，没有品牌。但是近年来，一些农副产品生产者已经意识到品牌对产品的重要性，因此，这些生产者开始致力于为自己的农副产品树立品牌，务求以优良的品质和实惠的价格打入市场。

11.1　基本概念

11.1.1　创业策划创意的定义

创业策划创意就是创业者对自己拥有的资源或通过努力能够拥有的资源进行优化整合，创新一个具体的商业项目，采用注册实体、持续经营的方式，为达到创业目标而不断进行构思与设计，不断发现市场机会，赢得市场竞争，创造出更大经济或社会价值的创新过程。

对于一个真正的创业者，创业过程是充满激情与艰辛的，需要付出坚持不懈的努力，但正确的策划创意方法能够加速成功，从而为创业者带来更大的欢乐与幸福。

创业策划创意作为一个面对市场挑战的创业项目创新行动，致力于分析市场环境，作出创新的市场定位，审时度势地选择一种创新方法，如创新产品、市场或创新生产工艺、材料，能够帮助创业者及时捕获市场机会，以最少的投资换取最大的回报，创新有效的商业模式和赢利模式，从而拥有持续经营、稳定收益的经济实体。

11.1.2　创业策划创意的原则

1．创新意识原则

创新意识是创业策划创意的思维基础，创业精神是创业策划创意的行为条件，具备创新意识的创新型人才才能成为创业人才。因此，在创业策划过程中的每一个环节内容，都应该充满批判、挑剔、不满的逆向思维。

2．创新能力原则

创新能力是一种能够将创新意识转变为实际创新行动的实践能力，因此，在创业过程中面对机会和挑战，要不断改善自己的批判、洞察、决策、协调、领导能力。

3．创新环境原则

创新环境是在当前社会及行业环境中创新自我生存与发展的环境，通过自身努力在这个环境中创造出新市场、新机会、新产品。

4．创新实践原则

创新实践是将创业策划方案、创业计划书、创业项目经营等行动放到真实环境去实践的方法，这样的创新才能把握创业风险，真正具备能够赢得市场竞争的商业模式和赢利模式，学生在创新中体验创业的各个环节，包括项目评估、创业融资、创办企业与经营管理等。

11.2　实训流程

以真实工作过程为导向，经过对创业过程进行解构，采用七步法，按课程建设的需要，对创业策划创意实训流程进行设计，如表11.1所示。

表11.1　创业策划创意实训流程

实训流程	内容要求
创业环境分析	创业环境资料收集，进行需求分析、对手分析、政策分析和创业产品分析
创业战略确定	确定创业战略目标，明确创业公司的核心价值与形象
创意汇集	头脑风暴，汇集创业策划创意
创意确定	确定创新项目、商业模式、赢利模式和融资模式，确定创业公司的股份结构
创意文案和提案制作	撰写创业策划方案和创业技术书，制作提案，进行演讲与答辩
创意评价	邀请创业专家、投资专家参与评价、评分
自我总结	对照老师点评和专家评价进行总结

11.3　创业环境分析

11.3.1　实训内容与实施、自检的要求

这是创业策划创意的第一个环节，主要实训内容是创业环境资料收集与消化，需求分析、对手分析、政策分析和创业产品分析等。

表 11.2 所示为实训内容与实施、自检的要求。

表11.2　实训内容与实施、自检要求

内　容	操作步骤	操作方法	注意事项	自　检
创业环境资料收集	1. 间接收集 2. 直接收集	①通过网络、报刊、书籍，以及政府公布的数据，进行第二手资料收集 ②进行市场第一手资料调查时，首先确定调查目标、调查内容、调查问卷、样本窗、抽样数量、抽样方法、调查计划 ③然后亲赴真实市场，围绕创业项目开展市场调查	① 开展资料收集之前，需明确创业项目所处的行业和市场，做好人员分工，落实调查分析的工具，如电脑、纸笔、计算器等 ② 复习之前学过的市场调查分析知识与工具	• 调查问卷 • 抽样数量 • 抽样方法 • 调查计划 • 调查分工
创业环境资料消化	3. 数据统计 4. 图表描绘	④问卷数据输入电脑，统计输出结果 ⑤根据产品定位分析需要，绘制柱状图、饼状图等	① 团队成员分工，共同协调、协助完成 ② 注意图形标注合理，色彩搭配美观	• 统计结果 • 绘制图形
创业环境分析	5. PEST 分析 6. 新产品需求分析 7. 竞争对手分析 8. 创业产品分析 9. 创业资源分析	⑥创业所处的政治、社会、经济、科技四个方面的条件分析很重要 ⑦创新的创业产品进入新市场，要进行波特五力分析 ⑧进行 SWOT 分析，着重分析 SO，即优势针对机会的策略分析 ⑨分析创业所需资金、团队、渠道、客户、公关等资源	① 创建或代理的产品和品牌应该有清晰的基本信息 ② 全面分析，重点突破，调查优势资源	• PEST 分析 • 波特五力分析 • SWOT 分析

续表

内　容	操作步骤	操作方法	注意事项	自　检
市场分析	10．细分市场 11．确定目标市场	⑩ 分析客户需求、行为和特征，根据客户对品牌的态度、行为习惯、人口变量、心理变量和消费习惯细分市场 ⑪ 分析和选择企业的市场覆盖战略：单一市场、产品专门化、市场专门化、有选择的专门化、完全覆盖 ⑫ 分析和选择企业的目标市场策略：无差别性市场、差别性市场、集中性市场	注意产品、品牌现状分析，学会运用单变量、二变量、三变量、多变量细分市场	● 是否符合市场细分的"五性"要求 ● 目标市场描述文档
产品分析	12．品牌与产品定位步骤 13．品牌与产品定位方法	⑬ 定位是头脑之战，寻找消费者的心理空间占位，按照定位方法一步一步练习 ⑭ 确定选用的定位方法	① 在创意中注意避免：过度定位、混乱定位、过窄定位、过宽定位 ② 确定产品独特卖点	● 产品定位 ● 独特卖点

11.3.2　相关知识与工作内容

1．创业资源的概念

创业资源是指创业项目在创造价值的过程中需要的特定资源，包括有形与无形资产，它是企业创立和运营的必要条件。创业者获取创业资源的最终目的是为了组织这些资源赢得创业机会，提高创业绩效，获得创业成功。无论是要素资源还是环境资源，无论它们是否直接参与企业的生产，它们的存在都会对创业绩效产生积极的影响。

创业资源包括要素资源和环境资源两个方面。

① 要素资源。资金、人才、技术、产品等要素资源，可以直接促进新创企业的成长。

② 环境资源。政治、社会、经济、科技政策及客户关系、公共关系等环境资源可以影响要素资源，间接促进新创企业的成长。

创业者往往不知道如何准备资源，资源不足使创业团队成功的概率很低。当然，完全充分资源也是不可能的。因此，从资源准备上来说，这是创业策划创意的重要内容，可以抓住两种重要的资源来创新：

一是起码资源。要求创业者有进入一个行业的起码资源，如资金、团队、注册公司、营运的场地等。

二是差异化资源。是帮助创业公司在某行业创业能够取得市场竞争胜利和不断赢利的资源，如创新产品、创新市场机会、创新商业模式、创新赢利模式。

2．创业公司的创新工作内容

（1）创新是从发散到集中的思维

创新的问题在于，当创意产生时，很容易变成一场混战，很难达成共识。发散性思维需要时间和空间。就像朝着一面墙壁扔出创意，并看到接连的反应。发散性思维是创造性的、革新性的、跳出固定思维的。但是如果要解决一个特定的问题，那么这种思维方式是不会有效果的。这时候需要采取集中思维。召开创业创意会议的时候，应该明确"这是一个发散性思维还是一个集中思维会议"。这对创业创新的效率会产生很大的影响。

（2）让创新制度化

采用一个非常结构化的方法来创新。通常在周一，创业公司的全体例会，会在这时进行头脑风暴，解决公司 KPI 问题（关键业绩指标问题）。没有什么事是不能在这时谈的，大家会积极发表自己的看法，彼此会产生思维碰撞，这时就是真正的头脑风暴。这时通常会产生愚蠢或者"认为不可能"的想法，但大多数都是非常宝贵的想法，这是在公司日常的运营过程中绝不会产生的想法。让所有人来参与思考、表达，但不是从执行的角度出发，所以即使是一位工程师也可以提出他自己对于市场营销活动的看法，反之亦然。因此，基于讨论和反馈，我们可以收集宝贵的想法，之后再测试这个想法。

（3）关于业绩增长因素的创新

与大多流行的看法相反，创新的目的并不是为了去做一些让我们可以获得更多收入的事情，而是去探索增长因素。需要思考的问题是：今天可以做些什么改进，从而为我们的顾客、客户或者用户提供更多的利益或者好处？为了回答这个问题，需要了解人们的最大需求是什么。一旦找到了这个答案，就找到了一个创新产品、创新服务的机会，帮助我们的客户获得更有利的条件，从而选择与我们合作。

（4）验证创新产品的市场及其规模

创业项目就是找到一个人们愿意花钱消费的好创意。怎样才能知道人们是否愿意为这个创意买单呢？可以到淘宝网、唯品会、京东商城等去看看，分析一下人们愿意把钱花在哪些服务或产品上。然后你可以列出一张表，再到淘宝网上核对一下。你也可以在微信圈上看看是否有人在上面提出你正在解决的问题。通过这些方法，你可以知道市场的规模。在 QQ 上发广告是也是一个途径，可以让你了解市场的大小，不需要去获得这些具体数字而真去运营这个广告。之后，可以观察客户对这个产品的价格预期是多少，这样就可以知道每个客户的价值，将每个顾客的价值乘以市场的大小就是所创新产品、服务的总体市场价值。如果这个数字是非常可观的，那么就开始验证一下这个想法，看看这个产品是否跟理论一样经得住考验。

（5）先向团队推销创意

如果不能让自己的团队认可创意，那么就更不可能获得全世界的认可。通常应该对同一个创意有很多次的推销，每次基于团队的批判和反馈会让这个创意更成熟。有些创意会在团队的质问中偃旗息鼓，但有的则会越来越清晰、越来越明确。这些新的创意对创业公司的发展将产生很大的影响。

大胆地把创意分享给更多的人，在与他们的交流过程中，可以从别人的问题中全方位地思考你的创意，而通常自己一个人思考时往往不会面面俱到。在创业公司，这应该成为一个团队的游戏规则，当创意者向团队推销创意时，看看他是否能够回答每个人对创意所提出的各种问题。

（6）通过现有的客户验证创意

当我们试图去开发一个新的创业项目时，以现有的客户作为基础，尝试小范围的推销来验证这个新产品、新项目是否可行。创业公司的资金有限，时间更是宝贵，绝不能将时间和资源花在一个不能销售出去、没有市场的产品上。不仅是创业公司，其实有太多企业都会错误地将时间与精力花在他们认为自己的客户肯定也会喜欢的创意上，但因疏忽或偷懒没有去验证，结果酿成大错。因此，一定要在正式生产新产品前，先验证这个创意是否会有市场。

（7）在真正试产验证创意前，还可以进行大数据分析

如果创业公司有自己积累或从别处拿来的客户消费习惯大数据，采用大数据进行分析则更加节省成本，这个办法称之为"在验证前先分析"。这样，在真实的世界中试产验证前，我们还可以用更低的成本去分析一个创意，而且也非常贴近目标客户需求的实际。区别于客户调查或是花时间、精力在理论的市场研究上，基于客户消费习惯细分的大数据，会让创业公司在开发新产品前了解到该产品的成功率有多大，淘宝、微软、苹果等公司都是采用大数据分析来决定是否启动一个新产品项目的。

阅读资料

破船如何变豪船

丹尼尔·洛维格白手起家创业，完全凭借自己的创意和勤劳创立了一个极为庞大而复杂的、令人不可思议的企业王国，它包括遍布世界的一系列独资或控股公司，覆盖众多产业：金融、旅馆饭店、房地产、钢铁、煤炭、石油化工，等等。此外，他还拥有一支总吨位达500万吨的庞大船队。

最初，洛维格就是采用抵押方式贷款的创意开创了美国银行界贷款方式的先河，并迅速发展起来。当时，运油比运输普通货物赚钱，而买普通货船又比买油轮便宜。洛维格就想买一条货船，再将其改装成油轮，从事石油运输。但当他向大通银行申请贷款时，银行职员告诉他说："贷款可以，但你必须保证将来能够还本息。"洛维格当然满口答应。但银行却不管他的信誉旦旦，坚持要他提供贷款抵押。

洛维格只有一条破烂不堪，但勉强能航行的老式油轮，其价值连新式货轮的一半也没有，根本不可能指望它去抵押。但洛维格没有放弃，他想如果将这条轮船租借给一家信誉好的石油公司，用它的租借费用偿还银行的本息数目，这样银行因为石油公司的关系，也许会给他贷款。

他找到大通银行，试探地问："我现在有一条船，正在被西方石油公司租用，如果把这条船先过到银行门下，你们直接跟石油公司收取租金，以此来偿还我每月贷款的本息，如何？"

这种银行贷款的担保方式在当时的银行还是新鲜事，经过一番争论，大通银行决定给洛维格一次机会。虽然洛维格谈不上有多少财富，也缺乏足够的信用，但是西方石油公司却是响当当的牌子。

洛维格借用石油公司的牌子，提高了自己的信用等级，很快借到一笔巨款。不久这笔钱换做了一艘货轮，洛维格将其改造成油轮，航行于中东和美国之间。之后，他又用这条船做抵押，买了另一条船，循环往复，财源滚滚而来。

除此之外他还想起了一种"双保险贷款"方式，也为当时银行家所采纳。

洛维格首先选定一艘还没有造好的货轮或油轮，然后向可能的顾主推销这条船，当顾主决定承租这条船后，他拿着与顾主的承租契约到银行申请贷款。在这种情况下，船未下水之前，银行只能收取很少的本息，甚至是一文钱也不能收，而一旦船造好后，租金就归银行所有，若干年后，洛维格把贷款还清，还可以把船开走。这样他没有花一分钱，就成为正式的船主了。

洛维格就是靠这种别出心裁的创意，实现了自己的发财梦想，最后成为美国数一数二的大财主。

（摘自美国船王丹尼尔·洛维格的故事 http://www.honggushi.com/news/mingrengushi/hgs13840.html）

11.4 创业战略确定

11.4.1 实训内容与实施、自检的要求

这是创业策划创意的第二个环节，主要实训内容是根据确定的目标市场、产品与品牌定位、创业资源分析等，确定创业战略。

表 11.3 所示为实训内容与实施、自检的要求。

表11.3 实训内容与实施、自检要求

内　　容	操作步骤	操作方法	注意事项	自　　检
创业战略	14．明确核心价值和自身定位 15．明确创业目标 16．拟定创业的战略和规划	⑮ 分析自身优势，瞄准市场空白点或市场蓝海，明确自身定位 ⑯ 进行资源分析，把握创业机会，明确创业目标 ⑰ 制订创业管理制度，拟定创业的战略，分阶段拟定创业的规划	资金、人才、技术、市场机会、行业经验等资源，是创业者制订创业战略的前提条件	• 创业目标 • 创业管理 • 产品定位 • 创业战略 • 资源分析 • 创业规划

11.4.2 相关知识与工作内容

1．创业战略

创业战略是在创业资源的基础上，描述未来发展的总体构想和目标，决定着未来的成长轨道及资源配置。创业战略并不是指较短时间段的行动准则或具体的行动方法，它是一个全局的布置，是在较长的时间内，创业者利用资源，通过合理的战术手法达到自己的战略目的。总而言之，战略制订就是通过创业者的智慧，将小的资源转化为大的资源，将少的资金转化为多的资金。

创业战略犹如打一场仗，如何布局自己手中的资源（步兵、空军、电子兵、导弹部队、战术核武器等），以己之所长，攻敌之所短。集合无数的战术手段，最终让它们攻之一点，从而使自己赢得这一场创业战争。所以说，战略是无数个战术的组成。

2．创业规划的一般阶段

第一阶段：生存阶段。

以手上的产品、技术、渠道为优势，获得生存空间；只要有想法（点子）、肯努力、会销售，就可以获得相应的机会。在这一阶段，与其说是在"创业"，不如说是在"做生意"。

第二阶段：稳定阶段。

通过规范运营，建立稳定的系统，来增加机构效益。关键是"建立一套持续稳定的运作

系统"和"被动现金流"，即建立可持续发展的、能增值造血的商业模式和赢利模式，让企业不再依赖于创业者的个人能力和背景获得发展。这需要创业者的思维从想法提升到思考的高度，而原先的做生意转变为成就事业，创业团队也初步形成。

第三阶段：发展阶段。

这时依靠的是硬实力（产业化的核心竞争力），整个商业机构形成了系统平台，依靠的是一个个团队通过系统平台来完成管理，人治变成了公司治理，销售变成了营销，区域性渠道转变成一个个地区性的网络，从而形成了系统。思维从平面到三维，创业者就有了"被动现金流"系统，它是24小时为你工作的，这就是许多创业者梦想达到的理想状态。

第四阶段：成熟扩张阶段。

这是创业的最高境界，是一种无国界的经营，也就是俗称的跨国公司。集团总部的系统平台和各子集团的运营系统形成的是一种体系。集团总部依靠的是一种可跨越行业边界的无边界核心竞争力（软实力），子集团形成的是行业核心竞争力（硬实力），这样将使集团的各行各业取得它们在单兵作战的情况下所无法取得的业绩水平和速度。思维已从三维到多维，这才是企业发展所能追求和达到的最高境界。

案例资料

白手起家成为大富翁

有个日本人，名叫中山洋介。开始时，中山洋介和别人一样，手中既无资金，也无技术。但他和别人不一样的是，他有一股不服输的志气，当他跟别人说起准备经商时，大家都不相信。可他不但成了一个成功的商人，而且经营的还是资本量很大的房地产。

经营房地产，利润很大，但是风险也很大，要有一大笔的资本做后盾，对于一般人而言，恐怕只能看别人赚钱了。但中山洋介没有悲观，他有白手起家的妙计。

中山洋介经过考察发现，在日本，土地十分宝贵，不少人想开工厂，但资本金连土地都买不起，更谈不上建筑厂房了。与此相反，许多土地却在闲置。如果不买土地，只租用土地，那些企业主就可以负担得起，而且肯定能受到欢迎。

有了这样一个构思，中山洋介立即行动起来。他首先打听那些闲置的土地，这些土地往往比较偏僻，多是卖不出去的。他同这些土地的所有者商谈，提出改造利用土地的计划。土地所有者正为这些土地没有买主着急，现在有一个开发的方法，真是雪中送炭，他们纷纷愿意出让土地，有的甚至还拿出一定的资金充当股份。

有了土地，中山洋介组建洋介土地开发公司，组织人员上门推销土地。这些工厂主正为没有资金兴建工厂着急，现在看到可以不用巨额资金，又有土地可以出租，当然十分高兴，于是乎上门和中山洋介签约的厂主络绎不绝。

中山洋介的做法是：从租用厂房者处收取租金后，扣除代办费用和厂房分摊偿还金，所剩的钱归土地所有者。厂房租金和土地租金之间的差额，除去修建厂房的费用，便是中山洋介的赢利。

企业主、土地所有者、中山洋介三方达成协议后，中山洋介就向银行贷款、建房，然后按分期还款的方式归还银行的费用。

中山洋介实际上起到了一个中介的作用。以他为纽带，土地所有者和工厂主联系起来。

一开始，这一创意就很吸引人。那些偏僻的土地有了用处，而工厂主可以减去积累资金的时间。中山洋介第一年仅手续费就收入了 20 亿日元，有了这笔钱后，就不用再向银行贷款了。就这样，中山洋介从营造小厂房到建筑大厂房，再到营建更大规模的工业区，他的公司像滚雪球似的越滚越大，公司的经营也不再只限于租用土地。白手起家的中山洋介终于成为日本数一数二的大企业家。

11.5 创意汇集

11.5.1 实训内容与实施、自检的要求

这是创业策划创意的第三个环节，主要实训内容是根据确定的创业战略，组织头脑风暴，展开创意思维，进而汇集商业模式创意和创业策略创意。

表 11.4 所示为实训内容与实施、自检的要求。

表11.4 实训内容与实施、自检要求

内　　容	操作步骤	操作方法	注意事项	自　　检
头脑风暴	17. 头脑风暴	⑱ 每个成员发挥灵感创意，团队按头脑风暴法进行创意活动，创意的目标是商业模式和创业策略	每个成员均应事先练习创意思维方法和创意工具运用	头脑风暴会议记录
创意汇集	18. 商业模式创意 19. 创业策略创意	⑲ 以价值链为核心线索，整合创业要素和创业资源，形成可持续发展的、具有自我造血功能的商业模式 ⑳ 进行创业策略创业	商业模式和创业策略必须在创业战略的框架下进行设计	• 商业模式描述 • 创业策略内容

11.5.2 相关知识与工作内容

1．商业模式

商业模式是指一个完整的产品、服务和信息流体系，包括每一个参与者和其在其中起到的作用，以及每一个参与者的潜在利益和相应的收益来源与方式。在分析商业模式的过程中，主要关注一类企业在市场中与用户、供应商、其他合作方的关系，尤其是彼此间的物流、信息流和资金流。

成功的商业模式具有 3 个特点。

第一，成功的商业模式要能提供独特价值。有时这个独特的价值可能是新的思想，而更多的时候，它往往是产品和服务独特性的组合。这种组合要么可以向客户提供额外的价值，要么使得客户能用更低的价格获得同样的利益，或者用同样的价格获得更多的利益。

第二，商业模式是难以模仿的。企业通过确立自己与众不同的模式，如对客户的悉心照顾、无与伦比的实施能力等，来提高行业的进入门槛，从而保证利润来源不受侵犯。例如，直销模式（仅凭"直销"一点，还不能称其为一个商业模式），人人都知道其如何运作，也都知道戴尔公司是直销的标杆，但很难复制戴尔的模式，原因在于"直销"的背后，是一整套完

整的、极难复制的资源和生产流程。

第三，成功的商业模式是脚踏实地的。企业要做到量入为出、收支平衡。这个看似不言而喻的道理，要想年复一年、日复一日地做到，却并不容易。现实当中的很多企业，不管是传统企业还是新型企业，对于自己的钱从何处赚来，为什么客户看中自己企业的产品和服务，乃至有多少客户实际上不能为企业带来利润，反而在削减企业的收入等关键问题，都不甚了解。

案例资料

"机场免费车"的商业模式

相信不少人都有过搭乘飞机的经验，我们知道通常下了飞机以后还要再搭乘另一种接驳交通工具才能到达目的地。在四川成都机场有一个很特别的景象，当你下了飞机以后，你会看到机场外停了上百辆的休旅车。

如果你想前往市区，平均要花 150 元的车费去搭出租车，但是如果你选择搭乘那种黄色的休旅车……看到它的"屁股"上写了"免费接送"吗？只要一辆车坐满了，司机就会发车带乘客去市区的任何一个地方，完全免费！

居然有这样的好事呀？先略读下面这则新闻：

四川航空公司一次性从风行汽车订购 150 辆风行菱智 MPV。四川航空公司（以下简称川航）此次采购风行菱智 MPV 主要是为了延伸服务空间，挑选高品质的商务车作为旅客航空服务班车来提高在陆地上航空服务的水平。为此，川航还专门制定了完整的选车流程。作为航空服务班车，除了要具备可靠的品质和服务外，车型的外观、动力、内饰、节能环保、操控性和舒适性等方面都要能够达到服务航空客户的基本要求。

川航向风行汽车买了 150 辆休旅车，这么大一笔订单当然是为了要提供上述免费的接送服务用途，其中还包含了一个有趣的商业模式。

原价一辆 14.8 万元的休旅车，川航要求以 9 万元的价格购买 150 辆，提供给风行汽车的条件是，川航令司机于载客的途中提供乘客关于这辆车的详细介绍，简单地说，就是司机在车上帮车商推销车子。在乘客的乘坐体验中顺便带出车子的优点和车商的服务。那么，司机哪里找？

想象一下有很多找不到工作的人，其中有部分人很想当出租车司机，据说从事这行要先缴一笔可观的保证金，而且他们没车。因此川航征召了这些人，以一辆休旅车 17.8 万元的价格出售给这些准司机，告诉他们只要每载一个乘客，川航就会付给他们 25 元。

到目前为止，川航进账了 1320 万元：(17.8–9)×150=1320（万元）。那么，司机为什么要用更贵的价钱买车？因为对司机而言，比起一般出租车要在路上到处找客人，川航提供了一条客源稳定的路线，这样当然能吸引到司机来应征。

接下来，川航推出了只要购买 5 折票价以上的机票，就送免费市区接驳的活动。基本上整个资源整合的商业模式已经形成了。再进一步分析……

对乘客而言，不仅省下了 150 元的车费，也省下了解决机场到市区之间的交通问题，划算！对风行汽车而言，虽然以低价出售车子，不过该公司却多出了 150 名业务员帮他卖车子，还省下了一笔广告预算，换得一个稳定的广告渠道，划算！对司机而言，与其把钱投资在自行开出租车营业上，不如成为川航的专线司机，获得稳定的收入来源，划算！至于对川航而言呢，这150辆印有"免费接送"字样的车子每天在市区到处跑来跑去，让这个优惠信息传遍大街小巷；与车商签约在期限过了之后就可以开始酌收广告费（包含出租车体广告）；此外，川航最大的获利还有1320万元，以及……当这个商业模式形成后，据统计，川航平均每天多卖了10 000张机票。回想一下川航付出的成本有多少？这里体现了资源整合的惊人效益。

如何"找到更多的人帮你的顾客付钱，找到更多的人帮你付成本"，就是将资源整合运用，而非各自赢利各自负担成本的传统商法。营销的本质是"交换"，就以上的商业模式而言，也可看成一个整合式的营销策略，形同一个互利的"交换系统"。由此证明，用资源整合的概念思考，可以帮助企业找到创新的商业模式。

（资料来源：http://blog.sina.com.cn/linweixien）

2．商业模式的特征

商业模式必须具有以下两个特征。

① 商业模式是一个整体的、系统的概念，而不仅仅是一个单一的组成因素。例如，收入模式（广告收入、注册费、服务费）、向客户提供的价值（在价格上竞争，在质量上竞争）、组织架构（自成体系的业务单元、整合的网络能力）等，这些都是商业模式的重要组成部分，但并非全部。

② 商业模式的组成部分之间必须有内在联系，这个内在联系把各组成部分有机地关联起来，使它们互相支持、共同作用，从而形成一个良性的循环。

3．商业模式的要素

客户价值最大化、整合、高效率、系统、赢利、核心竞争力、整体解决这7个关键词构成了商业模式的7个要素，缺一不可。其中，整合、高效率、系统是基础或先决条件，核心竞争力是手段，客户价值最大化是主观追求目标，持续赢利是客观结果。

4．创业策略

创业策略是经过思维产生的解决创业问题的主意、办法、手段等。

（1）改进策略

一般而言，从已有的商业模式中重新改创，创造一个全新的商业模式会容易一些，风险也更小些。因此，很多创业者都是从自己曾经任职的公司中寻找这方面的经验，如发现产品的需求未能满足某些市场需求、产品品质存在问题或未能完善、产品制作流程不科学等。事实上，大部分离职创业者的动机也是源于相信自己能创造出比原公司更好、更经济的产品而选择创业道路。

（2）新兴策略

当一个新兴产业出现时，必定能产生出以围绕该产业而出现的创业机会，引发大批创业高潮。但是追随新兴产业的背后，也需承担相当大的风险。究竟这项新兴产业的市场规模有多大？如何发掘潜在客户的需求？它们的赢利点在哪里？这些都没有太多的例子可以借鉴，需要创业者一步一步慢慢地去探索。

（3）链条策略

似乎当PC产业出现时，曾引发大批围绕该产业上下游价值链相关产品与服务的创业机会，但是并不是所有的创业者都可以在这些价值链条中获得成功，只有那些能把握产业成长时机、适时挖掘利润价值、适度投资创业的创业者，才能最后获得成功。

（4）灵感策略

有些人将创业策略（点子、创意）的产生归因于灵感或投机取巧。不过有研究表明，创意只是创业点子产生的冰山一角，没有平时的努力，机缘也不会如此凑巧。无数的人看到苹果落地，但却只有牛顿能产生地心引力的联想。所谓的机缘巧合，主要是创业者在平时生活中培养出对环境的敏锐观察力，当周边环境发生变化时能作出判定。例如，在旧金山淘金热形成之际，无数的穷人满怀着美丽憧憬奔向旧金山，李维公司创办人却机缘巧合地看到了"供给坚固耐用的帆布"这个商机。于是，他立即开展以帆布为布料制成牛仔裤的生产事业，把产品卖给上述众多淘金客，从而成为日后创业成功的美谈。

11.6 创意确定

11.6.1 实训内容与实施、自检的要求

这是创业策划创意的第四个环节，主要实训内容是在头脑风暴汇集创意后，分析并确定最优创意，拟定实现创业的投入产出规划和投资预算。

表 11.5 所示为实训内容与实施、自检的要求。

表11.5 实训内容与实施、自检要求

内 容	操作步骤	操作方法	注意事项	自 检
创意确定	20．创意验证 21．优选创意 22．修正创意	㉑ 运用市场检验、客户沟通、专家评价来验证创意的效果 ㉒ 根据创意验证效果的评分和综合考虑，由团队投票决定选择哪个创意 ㉓ 进一步对照创业战略、创业目标，对创意作出更完善的修正	特别考察创意在创业策略中的作用	● 创意描述 ● 创意评分表 ● 创意修正要点
投入产出规划及投资预算	23．投入产出规划 24．投资预算	㉔ 创业投入产出的规划及创业效果预测 ㉕ 收支平衡点测算 ㉖ 投资预算	① 投资预算和效果预测是论证、审定创业计划和方案的重要依据 ② 特别注意收支平衡点和各项投资测算必须实际搜集市场信息来完成，必须符合当前实际	● 创业计划 ● 效果预测 ● 投资预算 ● 收支平衡点

11.6.2 相关知识与工作内容

1．创业计划

创业计划是创业者叩响投资者大门的"敲门砖"，一份优秀的创业计划往往会使创业者达到事半功倍的效果。

一般来说，在创业计划中应该包括三个主要问题和六大关注点。

（1）三个主要问题

① 可操作性。如何保证成功。

② 可赢利性。能否带来预期的回报。

③ 可持续性。我们能生存多久。

（2）六大关注重点

① 项目的独特优势：市场机会与切入点分析。

② 问题及其对策。

③ 投入、产出与赢利预测。

④ 商业模式：如何保持可持续发展的竞争战略。

⑤ 风险应变策略：确立创业目标应考虑的因素（6M 方法）。

- 商品（Merchandise）：所要卖的商品与服务最重要的那些利益是什么？
- 市场（Markets）：要影响的人们是谁？
- 动机（Motives）：他们为何要买，或者为何不买？
- 信息（Messages）：所传达的主要想法、信息与态度是什么？
- 媒介（Media）：怎样才能到达这些潜在顾客？
- 测定（Measurements）：以什么准则测所传达的成果和所要预期达成的目标？

⑥ 创业计划团队的最佳组合。

2．创业投资预算应该避免的错误

创业之初的企业家应该从历代企业家身上学习些什么呢？应避免犯以下 5 种常见错误。

（1）夸大预算规划

投资者有时往往会过度看重短期内的数字效应，最终却深受其苦。切实可行的预算及预算规划可能会延长融资期，但一旦融资期结束，就可以踏踏实实地使用融资所得投入运营，并制订未来几年的赢利计划。

（2）忽视当前预算需要

如果预算计划急需投入 50 万元进行市场营销，那就不要只拨 3 万元。

（3）赢利并不预示着现金流的到来

实际交易过程中存在着交易完全结束与现金收集结束的时间差，如果做了充足的准备，这本该是正常的业务流转，不会构成什么实质问题。而事实却是好多企业都对此没有任何准备，结果导致严重的现金流问题，因为它们超前支付了还未到手的资金。

（4）忽略政府存在

最终收支往往会大于实际收支。销售税与员工的税款扣缴暂时存留于企业的账户之中，但最终归政府所有。因而企业的资产负债表中不应把上述项目作为所有财产列入其中，否则将会出现未来项目预算风险，难以支付巨额成本。

（5）难以把握合适的广告时机

广告促销本来应该是顺理成章的营销模式，然而很多企业却将广告预算同期归入销售业绩中。为确保销售效益，广告、营销活动应至少在销售开始前一段时间投入运作。

3. 收支平衡点的测算

创业时，最关心的问题是投入资金后，需达到多少业绩才能损益平衡。这首先需要将企业的营运经费分成固定费用与变动费用两部分。固定费用与营业额的增减无关，是在一定期间内所发生的费用，因此固定费用的分担率与营业额的增减成反比。而变动费用则是随营业额的增减而发生变化的，变动费用与营业额的增减成正比。

上述两类费用需依企业的经营规模及所投入的人、财、物等进行详细分类，再进一步配合损益平衡点进行估算。以下是较简易的计算方式。

$$BEP = TFC \div (SUP - VCUP)$$

式中，BEP——收支平衡点（Break Even Point），TFC——总固定成本（Total Fixed Costs），VCUP——单位变动成本（Variable Costs per Unit of Production），SUP——单位产品价格（Savings or additional returns per Unit of Production）。

如果不知道收支平衡点，那就是在盲目经营企业。事实上每年都有数千家公司倒闭。为什么呢？一个决定性的因素就是它们不清楚自己的财务数据。

任何企业都可以将上述公式融入自己的价格政策中。不论企业是提供服务，还是销售产品，都必须充分了解自己的直接和间接成本，了解它们如何影响定价和赢利模式，它还可能会决定这一年是赢利年还是亏损年。

分5个步骤可以测算收支平衡点。

第一步，确定产品和服务的单位零售价与直接成本。直接成本就是提供产品和服务所需要的成本（也就是直接的原料和直接的人工投入）。假设是一个礼品篮子公司，直接成本就是篮子的价格、篮子里的礼品价格、篮子的包装价格，以及投入的人力成本。

第二步，计算单位产品的边际收益。根据每一产品或服务的零售价和直接成本，可以计算出单位产品边际收益，也就是超出直接成本的那部分（可以把计算单位设定为一件产品或者一小时的服务）。假设还是这个礼品篮子公司，如果零售价是50元，直接成本共计40元，那么单位边际收益就是10元。销售单位产品或服务所需的营业间接成本不能超过这个数额。

第三步，计算营业间接成本。营业间接成本包括保险费、间接人力费用、租金、税款、应付款及捐款、广告费、办公用品费等。这些都是以公司整体计算的，而不是按单位产品计算的。除了直接费用外，还必须支付了营业间接成本后才可能实现赢利。

第四步，确定收支平衡点。把营业间接成本加在一起除以单位边际收益（上面的第二步已经得出答案）即可。例如，营业间接成本是1000元，单位边际收益是10元，那么收支平衡数量就是1000÷10，也就是需要卖出100单位产品。因此，礼品篮子公司必须以50元的单价卖出100个礼品篮子才能达到收支平衡。如果不能收回直接和间接成本，公司就不能赢利。只有卖出100单位产品之后才能达到收支平衡。从第101单位产品起，公司会获得利润。如果根据市场预测每个月都只能卖出40单位产品，那么将永远无法获利，并且需要重新考虑公司的业务想法或者产品定价。通过提高定价和削减成本或许可以增加边际收益，得以维持公司正常运转。

第五步，必须定期重新计算收支平衡点。随着零售价、直接成本和营业间接成本的变动，收支平衡点也会变化，所以在其他经营成本发生变化时一定要重新计算收支平衡点。不知道收支平衡点，就永远不会知道怎样做才能赢利。

我们需要把计算收支平衡点作为定价政策的一部分，这样才能确保所卖出的每单位产品或服务能够赚到钱，并且能够在成本和销售额的基础上保持赢利。如果无法赢利，公司就无法正常运转。

任何类型的公司都可以在自己的定价模式中考虑这一因素。不管公司是提供产品还是服务，都要了解直接成本和营业间接成本，并且了解它们如何影响定价和赢利模式。

案例资料

小店创业如何控制成本

为配合小店营运的合理化及资金的合理运用，小店创办者应对各项经营费用的节约等密切关注。小店创办人员要有"创业观"，咬紧牙关，克服困难，勤俭节约，将每一分钱都用在刀刃上。

随着竞争越来越激烈，一般店铺的营业额提升较慢，但管理费用却逐年增加。在这种情况下，店主必须严格控制管理费用，才不致因费用增加而使店铺的利润下降，造成投资成本回收时间延长。

（1）固定费用

管理费用：如薪金、津贴、加班费、资金、退职准备金、福利金等。

设备费用：如装潢费、设备折旧费、保险费、租金等。

维持费用：如水电费、事务费、杂项费等。

（2）变动费用

变动费用包括维修费、广告宣传费、包装费、盘损、营业税等。

（3）管理费用分析举例

店铺的管理费用究竟要控制在什么范围内才算合理？下面是一家连锁店铺的损益分析：假设店铺的月营业额为180万元，而毛利为25%，其营业总费用与销售总额比例要控制在18%之内才行。具体如下。

装潢折旧：以投资36万元分5年分摊计算，每月需分摊0.6万元，占销售总额的0.33%。

设备折旧：以投资1 685万元分5年分摊计算，每月需分摊28万元，占销售总额的15.6%。

人员薪金：24小时营业约需7人，费用控制在12万元之内，占销售总额的6.66%。

水电费：每月控制在3万元内，占销售总额的1.66%。

租金：租金在97万元内，占销售总额的53.8%。

维修费：维修费为0.5万元，占销售总额的0.27%。

营业税：营业税为23万元，占销售总额的12.7%。

盘损：盘损为0.9万元，占销售总额的0.5%。

杂费：杂费为1万元，占销售总额的0.6%。

邮电费：邮电费为0.2万元，占销售总额的0.11%。

以上总费用包括固定费用与变动费用，只要将总费用控制在18%之内，就有可观的利润。

另外管理控制由每月管理分析来实施，店主应考虑下列5项基本原则。

① 店员薪金总额不得超过总经费的一半。

② 人事费用占销售总额比例需小于 7%。

③ 总费用占销售总额的比例要在 18% 以内。

④ 固定费用占总费用的比例应为 85%。

⑤ 变动费用占总费用的比例应为 15%。

店铺经营遵循上述 5 项原则，就能获得可观效益。

11.7 创业文案和提案制作

11.7.1 实训内容与实施、自检的要求

这是创业策划创意的第五个环节，主要实训内容是根据已经确定的创意和计划，撰写文案和制作 PPT 案，并通过演讲、答辩的形式向项目委托方汇报，争取本方案获得认可。

表 11.6 所示为实训内容与实施、自检的要求。

表11.6　实训内容与实施、自检要求

内　容	操作步骤	操作方法	注意事项	自　检
创意文案撰写	25. 策划创意说明书 26. 创业计划书	㉗ 描述创业策划创意思路和创意的独特亮点 ㉘ 根据创业目标及创业融资的需要，编写创业计划书	① 注意独特亮点的表达要同样可以吸引读者 ② 创业计划书的文字以清晰、明白、说服力强为原则，要求图文并茂	• 创意说明书 • 创业计划书
创意提案制作	27. 提案构思 28. 提案制作	㉙ 在整体风格、美学效果、时间把握方面首先进行构思 ㉚ 使用最新版 PowerPoint 工具进行电子幻灯片提案制作	注意团队中至少有一个成员对 PowerPoint 工具的运用比较熟练	PowerPoint 提案
演讲与答辩	29. 预演练习 30. 正式演讲与答辩	㉛ 练习背诵、解读、时间控制、与计算机操作的组员配合 ㉜ 商务礼仪展现、职业能力体现、专业能力展示	① 预演，预演，再预演，是成功的基础 ② 现场氛围控制非常重要，这是通过礼仪和能力来把握的	• 预演 3 次 • 演讲 • 礼仪 • 预备问题

11.7.2 相关知识与工作内容

1. 写好创业计划书需要考虑的问题

① 关注产品。

② 敢于竞争。

③ 了解市场。

④ 表明行动的方针。

⑤ 展示你的管理队伍。

⑥ 出色的计划摘要。

2．创业计划书的内容

（1）封面

封面的设计要有审美观和艺术性。一个好的封面会使阅读者产生最初的好感，形成良好的第一印象。

（2）计划摘要

计划摘要是浓缩了的创业计划的精华。它涵盖了计划的要点，以求一目了然，使读者能在最短的时间内评审计划并作出判断。

计划摘要一般包括以下内容：公司介绍；管理者及其组织；主要产品和业务范围；市场概貌；营销策略；销售计划；生产管理计划；财务计划；资金需求状况等。

计划摘要要尽量简明、生动，特别要说明自身企业的不同之处及企业获取成功的市场因素。

（3）企业介绍

这部分的目的不是描述整个计划，也不是提供另外一个概要，而是对企业作出介绍，因而重点是企业理念和如何制订企业的战略目标。

（4）行业分析

在行业分析中，应该正确评价所选行业的基本特点、竞争状况及未来的发展趋势等内容。行业分析的典型问题如下：

① 该行业发展程度如何？现在的发展动态如何？

② 创新和技术进步在该行业扮演着一个怎样的角色？

③ 该行业的总销售额有多少？总收入为多少？发展趋势怎样？

④ 价格趋向如何？

⑤ 经济发展对该行业的影响程度如何？政府是如何影响该行业的？

⑥ 是什么因素决定着它的发展？

⑦ 竞争的本质是什么？将采取什么样的战略？

⑧ 进入该行业的障碍是什么？将如何克服？该行业典型的回报率有多少？

（5）产品（服务）介绍

产品介绍应包括以下内容：产品的概念、性能及特性；主要产品介绍；产品的市场竞争力；产品的研究和开发过程；发展新产品的计划和成本分析；产品的市场前景预测；产品的品牌和专利等。

在产品（服务）介绍部分，企业家要对产品（服务）作出详细的说明，说明要准确，也要通俗易懂，使不是专业人员的投资者也能明白。一般地，产品介绍都要附上产品原型、照片或其他介绍。

（6）人员及组织结构

在企业的生产活动中，存在着人力资源管理、技术管理、财务管理、作业管理、产品管理等。而人力资源管理是其中很重要的一个环节。因为社会发展到今天，人已经成为最宝贵的资源，这是由人的主动性和创造性决定的。企业要管理好这种资源，更是要遵循科学的原则和方法。

在创业计划中，必须对主要管理人员加以阐明，介绍他们所具有的能力、他们在本企业中的职务和责任、他们过去的详细经历及背景。此外，在这部分创业计划中，还应对公司结构做一个简要介绍，包括：公司的组织机构图；各部门的功能与责任；各部门的负责人及主要成员；公司的报酬体系；公司的股东名单，包括认股权、比例和特权；公司的董事会成员；各位董事的背景资料。

经验和过去的成功比学位更有说服力。如果准备把一个特别重要的位置留给一个没有经验的人，一定要给出充分的理由。

（7）市场预测

市场预测应包括以下内容：需求预测；市场现状综述；竞争厂商概览；目标顾客和目标市场；本企业产品的市场地位等。

（8）营销策略

对市场认识错误是企业经营失败的最主要原因。在创业计划中，营销策略应包括以下内容：市场机构和营销渠道的选择；营销队伍和管理；促销计划和广告策略；价格决策。

（9）制造计划

创业计划中的生产制造计划应包括以下内容：产品制造和技术设备现状；新产品投产计划；技术提升和设备更新的要求；质量控制和质量改进计划。

（10）财务规划

财务规划一般要包括以下内容，其中重点是现金流量表、资产负债表及损益表的制备。

① 流动资金是企业的生命线，因此企业在初创或扩张时，对流动资金需要预先有周详的计划和进行过程中的严格控制。

② 损益表反映的是企业的赢利状况，它是企业在一段时间运作后的经营结果。

③ 资产负债表则反映在某一时刻的企业状况，投资者可以用资产负债表中的数据得到的比率指标来衡量企业的经营状况及可能的投资回报率。

（11）风险与风险管理

需要思考以下问题：

① 公司在市场、竞争和技术方面都有哪些基本的风险？

② 准备怎样应付这些风险？

③ 公司还有一些什么样的附加机会？

④ 在资本基础上如何进行扩展？

⑤ 在最好和最坏情形下，五年计划表现如何？

⑥ 如果估计不那么准确，应该估计出误差范围到底有多大？

⑦ 如果可能的话，对关键性参数做最好和最坏的设定。

3. 对创业计划书进行检查

可以从以下几个方面加以检查：

① 是否显示出具有管理公司的能力。

② 是否显示出有能力偿还借款。

③ 是否显示出已进行过完整的市场分析。

④ 是否容易让投资者领会。创业计划应该备有索引和目录，以便投资者可以较容易地查阅各个章节。还应保证目录中的信息是有逻辑和现实的。

⑤ 是否有计划摘要并放在了最前面。计划摘要相当于企业创业计划的封面，投资者首先

会看它。为了保持投资者的兴趣，计划摘要应写得引人入胜。

⑥是否在文法上全部正确。

⑦能否打消投资者对产品（服务）的疑虑。

案例资料

马云自述的创业故事

1. 不平凡的少年

12岁时，我对学习英语产生了兴趣。每天早上，不管刮风下雨，我都要骑车40分钟，到杭州西湖旁的一个小旅馆去学英语，这一学就是8年。那时，中国已经逐渐对外开放，许多外国游人到杭州旅游观光。我经常为他们充当免费导游，带他们四处浏览的同时练习英语，这8年的学习深深改变了我。外国游客带给我的知识和从老师、书本学到的很不一样，我开始比大多数人更具有全球化的视野。

另一件使我发生根本改变的事发生在1979年，我遇到了一个来自澳大利亚的家庭，这家有两个小孩，我们一起玩了3天，后来变成了笔友。1985年，他们邀请我暑假到澳大利亚去，我于是7月份去了那里，住了31天。在我出国之前，我以为中国是世界上最富裕、最幸福的国家。当我到了澳大利亚，我才发现，我以前的想法并不正确。

2. 屡遭挫折

我高考考了3次，才被杭州师范大学录取。在大学里，我有幸当上了学生会主席，后来还成为杭州大学生联合会主席。但那时，我的未来基本上被圈定为中学英语老师。毕业时，我成为500多名毕业生中唯一一位在大学教书的教师。我的工资是每月100～120元，相当于12～15美元。

在5年的教书生涯中，我一直梦想着到公司工作，如饭店或者其他什么地方，我就是想做点儿什么。1992年，商业环境开始改善，我应聘了许多工作，但没有人要我。我曾经应聘过肯德基总经理秘书职位，但被拒绝了。

接着在1995年，我作为一个贸易代表团的翻译前往西雅图。一个朋友在那儿首次向我展示了互联网。我们在雅虎上搜索"啤酒"这个单词，但却没有搜索到任何关于中国的资料，我们决定创建一个网站，并注册了"中国黄页"这个名称。

我借了2000美元，创建了这家公司。当时我对PC和电子邮件一窍不通，甚至没接触过键盘。这也是我为什么说自己是"盲人骑瞎马"。我们与中国电信竞争了大约一年，中国电信的总经理表示愿意出资18.5万美元，和我们组建合资公司。我还从来没见过那么多钱。遗憾的是，中国电信在公司董事会中占据了5个席位，而我的公司只有2个席位，我们建议的每件事他们都拒绝，这就像蚂蚁和大象博弈一样，根本没有任何机会。我决定辞职单干。那时，我得到了来自北京的一个职位，负责运营一个旨在推动电子商务的政府组织。

3. 创业梦想

我的梦想是建立自己的电子商务公司。1999年，我召集了18个人，在我的公寓里开会。我对他们讲述了我的构想，两个小时后，每个人都开始掏腰包，我们一共凑了6万美元，这就是创建阿里巴巴的第一桶金。

我想建立一家全球性的企业,因此选择了一个全球性的名字。阿里巴巴很容易拼写,而且《一千零一夜》里"芝麻开门"的故事家喻户晓,很容易被人记住。

当时,阿里巴巴基本上是一个"三无"企业,无资金、无技术、无计划,但我们最终存活了下来。我们每一分钱都用得非常谨慎,公司的办公地点就选在了我的公寓里。我们1999年从高盛获得了资金注入,2000年又从软银获得了投资,公司的规模开始扩张。

我们能取得地位是因为我相信一件事:全球视野,本土能赢。

我们自己设计业务模式,我们主要关注如何帮助中小企业赚钱。我们从不从美国复制经营模式,不像许多中国的互联网企业那样。我们关注产品质量,我们一定要实现"点击,得到"。如果不能得到,那就是垃圾。

我说阿里巴巴曾犯下一千零一个错误。我们扩张得太快,在互联网泡沫破裂后,我们不得不裁员。到2002年,我们拥有的现金只够维持18个月。阿里巴巴网站的许多用户都在免费使用服务,我们不知道如何获利。于是我们开发了一款产品,为中国的出口商和美国的买家牵线,这个业务模式拯救了我们。到2002年年底,我们实现了1美元净利润,终于跨过了盈亏平衡点。自那以后,公司的经营业绩每年都在提高,现在阿里巴巴的赢利能力已经相当强。

4. 启示和展望

我在那些黑暗日子里学到的一课就是你必须保持团队的价值、创新和视野。只要你不放弃,就仍然拥有一线机会。当你的力量还很渺小的时候,你必须非常专注,靠你的大脑生存,而不是你的力气。

上市对于阿里巴巴来说是一个里程碑,上市的时机选择正确。我们的B2B公司已经有了比较稳固的基础,市场环境也比较健康,公司管理也很强。阿里巴巴在中国香港的成功上市证明:内地的企业也可以在中国香港获得投资者的青睐和高水平的估值。

我的打算是建立一个电子商务生态系统,让消费者和企业能够在网上进行所有的交易。我们还与雅虎合作,进军搜索服务领域,并且开通了网络拍卖和支付业务。我希望创造100万个工作机会,改变中国的社交和经济环境,使中国成为全球最大的互联网市场。

我是一个比较正统的人。我看重的是,在我的一生中,我能够做些事,影响许多人,影响中国的发展。当我成就理想时,我认为自己是放松的、幸福的,有了一个好的结果。

(编者注:据统计,截至2014年年底,阿里巴巴旗下的电子商务生态系统包括淘宝网、天猫网、速卖通等网店数量达914万家,交易额达到2万亿元人民币,创造工作机会超过2000万个,已经远远超过2004年马云做这篇创业回忆录时的期望数据)

11.8 创意评价

这是创业策划创意的第六个环节,主要实训内容是对本项目的创意工作形成客观的评价。评价意见来自两个方面:一方面是创业专家和投资专家的评价,另一方面是创业项目所处行业专家的评价。教学团队的老师必须在创业策划创意方案提案完成后,根据学生团队表现和客户专家评价意见,对每一个学生团队的作品和表现进行全面的点评。

表 11.7 所示为实训内容与实施、自检的要求。

表11.7 实训内容与实施、自检要求

内　容	操作步骤	操作方法	注意事项	自　检
客户评价	31. 客户意见和建议	㉝ 在投标演讲答辩中，客户会很直接地提出意见和建议	详细记录客户所说的每一句话，诚恳地解释自己的创意	客户评价
专家评价	32. 专家提问和点评	㉞ 在评标中，邀请的行业专家会从专业的角度提出问题，并点评提案演讲和回答问题的表现	详细记录专家所说的每一句话	专家评价
教师点评	33. 教师点评	㉟ 模拟投标 PK 活动结束后，指导老师要进行综合点评和评分排名，向中标者宣布中标名单和中标内容	详细记录指导老师所说的每一句话	教师点评

11.9　自我总结

这是创业策划创意的最后一个环节，主要实训内容是根据专家评价意见，修正完善创意，召开团队总结会议进行自我总结。

表 11.8 为实训内容与实施、自检的要求。

表11.8 实训内容与实施、自检要求

内　容	操作步骤	操作方法	注意事项	自　检
修正完善创意	34. 修正完善创意	㊱ 在文案和提案制作过程中，根据最新资料的分析、创业意图的理解、创业环境与资源变化的分析、创业目标和战略的调整等，在投标讲演前，可以做进一步的修正和完善	客户的要求和市场的状况是对立统一的关系，以客户为中心是工作的重点，务必注意协调处理好客户关系	完善活动的纪要
自我总结	35. 自我总结	㊲ 每个团队均应在项目结束后，专门组织撰写自我总结报告，召开总结会议，会上要进行充分讨论，畅所欲言，以达到总结提高的目的	人人都必须提交自我总结报告和在小组会上发言，无论是遗憾的体会，或是欣喜的收获，都是一次难得的促进	• 总结笔记 • 总结报告

 知识练习

一、问答题

（1）什么是创业策划创意？

（2）创业策划创意的四项原则是什么？

（3）创业公司必须要做的七项创新工作是什么？

（4）怎样才能知道人们是否愿意为这个新产品创意买单呢？

二、判断题

（1）创业公司的资金有限，时间更是宝贵，绝不能将时间和资源花在一个不能销售出去、

没有市场的产品上。（　　　）

（2）基于客户消费习惯细分的大数据，会让创业公司在开发新产品前了解到该产品的成功率有多大。（　　　）

（3）建立可持续发展的、能增值造血的商业模式和赢利模式，让企业不再依赖于创业者的个人能力和背景获得发展，这是创业公司生存阶段的关键。（　　　）

（4）创业时，最关心的问题是投入资金后，需达到多少业绩才能损益平衡。（　　　）

三、选择题

（1）创业的差异化资源是指：

A．创新产品

B．创新市场机会

C．创新价格

D．创新赢利模式

E．创新商业模式

F．创新需求

（2）商业模式的七个要素是指：

A．客户价值最大化

B．整合

C．高效率

D．客户关系

E．系统

F．赢利

G．核心竞争力

H．整体解决

 ## 实务训练

目标：所有的行业都可以创业，不局限有形的产品还是无形的服务，只要能够产生赢利的现金流，能够超过盈亏平衡点，创业就能成功地生存与发展。请各团队利用 30 分钟为"大学生兼职换购"服务项目进行创业策划的创意。

内容：为"大学生兼职换购"制订创业战略和创业规划，分析可以利用的创意资源，创意有关的创业策略。

组织形式：请每个团队按照以下流程完成任务。

① 用 10 分钟分析该项目的创业资源。

② 用 5 分钟头脑风暴，讨论该项目的服务内容，包括如何提供换购产品和兼职岗位等。

③ 用 10 分钟写出创业战略和创业规划提纲。

④ 老师抽选部分团队上台分享训练成果，并给予点评。

要求：每个团队必须参与训练。

参 考 文 献

[1] 廖灿等著. 创意中国. 北京：中国经济出版社，2008.

[2] 林伟贤. 正道. 北京：人民邮电出版社，2009.

[3] 吴粲，李林. 广告策划学. 北京：中国人民大学出版社，2007.

[4] 余明阳，陈先红. 广告策划创意学. 上海：复旦大学出版社，2008.

[5] 朱华锋. 营销策划理论与实践. 合肥：中国科学技术大学出版社，2010.

[6] 程宇宁. 整合营销传播，北京：中国人民大学出版社，2014.

[7] （美）艾伦著，王向宁等译. 活动策划完全手册. 北京：旅游教育出版社，2006.

[8] 杨明刚. 营销策划创意案例解读. 上海：上海人民出版社，2010.

[9] 叶茂中. 谁的生意被策划照亮. 北京：中国人民大学出版社，2008.

[10] 陈勤. 全媒体创意策划攻略. 北京：中国编译出版社，2011.

[11] 高原，胡卫红. 不懂策划怎能成功. 北京：中国言实出版社，2008.

[12] 吴粲. 策划学. 北京：北京师范大学出版社，2008.

[13] 余宜芳. 奥美的创意解码. 北京：中信出版社，2009.

[14] 陈放. 创意学. 北京：金城出版社，2007.

[15] 周培玉. 策划思维与创意方法. 北京：中国经济出版社，2007.

反侵权盗版声明

电子工业出版社依法对本作品享有专有出版权。任何未经权利人书面许可，复制、销售或通过信息网络传播本作品的行为；歪曲、篡改、剽窃本作品的行为，均违反《中华人民共和国著作权法》，其行为人应承担相应的民事责任和行政责任，构成犯罪的，将被依法追究刑事责任。

为了维护市场秩序，保护权利人的合法权益，我社将依法查处和打击侵权盗版的单位和个人。欢迎社会各界人士积极举报侵权盗版行为，本社将奖励举报有功人员，并保证举报人的信息不被泄露。

举报电话：（010）88254396；（010）88258888

传　　真：（010）88254397

E-mail：dbqq@phei.com.cn

通信地址：北京市万寿路 173 信箱
　　　　　电子工业出版社总编办公室

邮　　编：100036

《营销策划创意训练教程（第2版）》读者意见反馈表

尊敬的读者：

感谢您购买本书。为了能为您提供更优秀的教材，请您抽出宝贵的时间，将您的意见以下表的方式（可从 http://www.hxedu.com.cn 下载本调查表）及时告知我们，以改进我们的服务。对采用您的意见进行修订的教材，我们将在该书的前言中进行说明并赠送您样书。

姓名：_____ 电话：_____

职业：_____ E-mail：_____

邮编：_____ 通信地址：_____

1．您对本书的总体看法是：

　　□很满意　　□比较满意　　□尚可　　□不太满意　　□不满意

2．您对本书的结构（章节）：□满意　□不满意　　改进意见_____
_____
_____

3．您对本书的例题：　　□满意　　□不满意　　改进意见_____
_____
_____

4．您对本书的习题：　　□满意　　□不满意　　改进意见_____
_____
_____

5．您对本书的实训：　　□满意　　□不满意　　改进意见_____
_____
_____

6．您对本书其他的改进意见：
_____
_____
_____

7．您感兴趣或希望增加的教材选题是：
_____
_____
_____

本书编辑　贾瑞敏　电话：010-88254019　E-mail：123863841@qq.com

地址：北京市万寿路南口金家村 288 号 华信大厦 1104 室 电子工业出版社职业教育分社　邮编：100036